Thomas Leif (Hrsg.)

Leidenschaft: Recherche

Thomas Leif (Hrsg.)

Leidenschaft: Recherche

Skandal-Geschichten und Enthüllungs-Berichte

2., erweiterte Auflage

Westdeutscher Verlag

1. Auflage 1998
2., erweiterte Auflage 1999

Der Westdeutsche Verlag ist ein Unternehmen der Bertelsmann Fachinformation GmbH.

http://www.westdeutschervlg.de

Höchste inhaltliche und technische Qualität unserer Produkte ist unser Ziel. Bei der Produktion und Verbreitung unserer Bücher wollen wir die Umwelt schonen: Dieses Buch ist auf säurefreiem und chlorfrei gebleichtem Papier gedruckt. Die Einschweißfolie besteht aus Polyäthylen und damit aus organischen Grundstoffen, die weder bei der Herstellung noch bei der Verbrennung Schadstoffe freisetzen.

Umschlaggestaltung: Horst Dieter Bürkle, Darmstadt
Umschlagbild: Nina Faber de.sign, Wiesbaden
Foto Rückseite: G. Ruge, Th. Leif und H. Leyendecker während der Buchvorstellung auf der Frankfurter Buchmesse (Wolfgang Reuter 1998)
Druck und buchbinderische Verarbeitung: Druckerei Hubert & Co., Göttingen
Printed in Germany

ISBN 3-531-13386-1

Inhalt

Vorwort
Recherche: Kein Zauberwerk - sondern Handwerk.

Hans Leyendecker

Erst Stille, dann ist Atem zu hören. Der Laptop zwitschert und piepst. Jemand rutscht auf dem Stuhl herum, klopft mit den Fingern auf der Schreibtischkante einen komplizierten Takt. Dann geht er auf und ab und schnieft ganz laut. Später hämmert er in die Tasten. Kurz gesagt: Da schreibt einer. Warum schreibt einer? Weil er nichts anderes gelernt hat oder weil er es weit bringen will?

Wenn es weit gebracht hat, kreiselt er kunstvolle Kritiken im Feuilleton. Es gibt vorzügliche Reporter und in den Wirtschaftsteilen gut informierte Redakteure. Die Deutschen sind Meister im Meinungsjournalismus. Wer den Leitartikel tuten, den Fernsehkommentar sprechen darf, hat den Ausweis höchster Kompetenz erreicht. Aber die Zeitung und Sender beschäftigen nur wenige Rechercheure, die Enthüllungsstories liefern wollen. Die Sparte ist chronisch unterbesetzt.

Wann haben Sie im deutschen Fernsehen in jüngerer Zeit eine bilanzsichere Dokumentation unsauberer politischer Vorgänge gesehen? Wann die letzte Enthüllung gelesen, die das Wort verdient? „Leidenschaft Recherche“?

Ein Viertel aller deutschen Journalisten recherchiert pro Tag nicht mehr als eine Stunde. Zum Vergleich: In Amerika recherchieren vierundvierzig Prozent der Reporter und nur achtzehn Prozent kommentieren. In Amerika gibt es einen Verein, der IRE heißt. IRE ist das Kürzel für „Investigative Reporters and Editors“. Der 1975 gegründete Verein hat mehr als fünftausend Mitglieder und etliche der Kollegen arbeiten in Rechercheteams, sogenannten Task Forces, die von der Routine der Tagesberichterstattung befreit sind. Auf IRE-Kongressen wird tagelang über die beste Methode der Recherche diskutiert. Wann ist es beispielsweise sinnvoll, ein Zeitungs- und ein Fernsehteam zusammenzubringen? Wie geht man mit anonymen Quellen um? In welchen Situationen empfiehlt sich das Rollenspiel „Bad guy“, „Good guy“, bei dem zwei Journalisten mit unterschiedlichem Auftreten von einem sperrigen Gesprächspartner möglichst viel erfahren wollen?

Autoren zeigen noch einmal die Recherchewege auf (natürlich nur die, über die sie reden können), geben Tips und reden über falsche Fährten bei ihren Ermittlungen. Richtig ist, daß der investigative Fleiß der Medien erlahmt und die riskante Recherche auch in den USA eher eine Rarität geworden ist. Dem Journalismus in den USA droht eine Gefahr, die auch Deutschland bevorstehen wird: Daß die Öffentlichkeitsarbeit der Verbände, Parteien, Firmen am Ende siegen wird. Längst übersteigt der finanzielle Aufwand für die interessengebundene Verbreitung von Information den Recherche-Aufwand der Medien. Aber, bei aller Kritik. Zumindest ist Recherche ein Thema, über das geredet wird. Auf die in deutschen Talkshows gestellte Frage, ob ein Informationssammler Detektiv oder Journalist sei, käme in den USA niemand.

Die Presse, die Medien, sie werden gelegentlich die Vierte Gewalt genannt. Für die Vierte Gewalt, so es sie denn geben sollte, können die Verleger, die Intendanten reden. Der Journalist spricht als Journalist. Leidlicher Journalismus ist immer der Versuch gewesen, dem Leser über die Brücke dessen, was er gerne lesen, sehen oder hören möchte, das zu vermitteln, was er erfahren sollte.

Die Krankheit des deutschen Journalismus ist nicht die gepflegte Kampagne, sondern die Verwischung von Grenzen zur Politik, zur Wirtschaft, der wechselseitigen Instrumentalisierung für politische und eigennützige Zwecke. Es gibt Eigenschaften, von denen sich schwer sagen läßt, ob sie eher „typisch deutsch" oder „typisch Journalist" sind: beispielsweise der Glaube, selbst mächtig zu sein, wenn man den Mächtigen nur nahe genug kommt. Von dem deutschen Journalisten Kurt Tucholsky stammt der Satz: „Der deutsche Journalist braucht nicht bestochen zu werden, er ist stolz, eingeladen zu sein, er ist schon zufrieden, wie eine Macht behandelt zu werden".

Anfang der achtziger Jahre erhielten Journalisten noch einmal Lektionen in Staatsbürgerkunde. Blätter wie der „SPIEGEL" recherchierten den Flick-Fall und die Parteienspendenaffäre. Ein Konzern hatte die Republik inventarisiert und Abgeordnete mit Barem bedacht, andere Unternehmen hatten zugunsten der Parteien Millionensummen in Geldwaschanlagen geschleust. Die staatstragenden Parteien hatten am Staat vorbei die Gesetze gebeugt. Als sie erwischt wurden, wollten sie in die Amnestie flüchten. Deutsche Zeitungen verlangten, daß in dem „Saustall" aufgeräumt werden müsse. Aber sie schrieben über die Parteienspendenaffäre in Japan und einen Herrn Tanaka und hängten den Verbreitern der schlechten deutschen Nachrichten die Schelle um.

Wäre das Bonner Parlament in der Lage gewesen, den Parteispendenskandal aufzudecken? Wer hat die Regierenden und die Opposition daran gehindert, sich schnell die Absolution über ein Gesetz zu erteilen? Wer zeigt die Mißstände im Richterwahlausschuß auf, wo die Parteien schon lange danach streben, durch willfährige Kandidaten - gleich welcher Couleur - die Rechtsprechung auf ein unschädliches Mittelmaß zurechtzustutzen?

Journalisten machen sich unter Politikern, Wirtschaftsführer, keine Freunde, wenn sie Affären aufdecken. Recherchierender Journalismus, egal, wo er ausgeübt wird, muß den Politikern unangenehm sein: Der Journalist sucht Mißstände im politischen Apparat, recherchiert von unten, zapft Quellen an, die öffentlich nicht zugänglich sind, stellt Sachverhalte in Frage, die andere ungeprüft übernehmen oder aus Gefälligkeit verbreiten. Viele Journalisten könnten mutiger, manche könnten redlicher und fast alle könnten mißtrauischer sein.

Recherchierender Journalismus, wie er in diesem Buch vorgestellt wird, ist kein Zauberwerk, sondern Handwerk. Geschichten wie über den „Fall Hagenuk“, „Recherche im braunen Netzwerk oder „Die Paten der Fleischwirtschaft“ sind ein Stück Aufklärung. Ohne Rechercheure, die Mißstände aufspüren und aufdecken, bleibt Journalismus eine Volkshochschulveranstaltung. Dabei können auch Fehler passieren. Vom Katheder läßt sich gut über Ethik und Moral im Journalismus räsonieren. Ein Reporter aber, der den Stoff besorgt, der die Informationen und die Dokumente beibringt, arbeitet mit erhöhtem Risiko. „Flop“ und „scoop“ liegen dicht beieinander. Manchmal ist die beschaffte Information eine Mogelpackung. Jeder Journalist kennt das mulmige Gefühl, ob ein Informant letztlich glaubwürdig ist und die Überprüfung der Quelle das richtige Ergebnis gebracht hat. Aber, wem es zu heiß ist, der sollte nicht in die Küche gehen.

Hans Leyendecker ist Redakteur bei der Süddeutschen Zeitung.

Leidenschaft Recherche: Die Kontrollfunktion der Medien braucht Pflege und Ermutigung

Thomas Leif

Für den Schweizer Publizisten René Grossenbacher steht der Sieg der Interessen-Lobby in der Öffentlichkeitsarbeit über den kritisch-recherchierenden Journalismus fest. „Das Public-Relations-System hat auf Kosten der Medien und der Journalisten gewonnen; dieser Trend wird anhalten." Fast zwei Drittel der Berichterstattung basieren „auf offiziellen Verlautbarungen, Pressekonferenzen, Pressemitteilungen und anderen PR-Quellen. Weil nur noch jeder zehnte Artikel aus journalistischer Initiative entstehe -so Grossenbacher- werde der Journalist zunehmend zum „Textmanager", der sich „aufs Kürzen und oberflächliches Neutralisieren von Texten" beschränke. Die Folge dieser Medienentwicklung: Journalisten konzentrieren sich in der Regel auf die einfache Ergänzungs-Recherche, die lediglich der Frage nachgeht, *ob* sich die Story rasch und unkompliziert umsetzen läßt.

Frank Esser hat in seiner materialreichen Dissertation mit dem Titel „Die Kräfte hinter den Schlagzeilen" (1998) die zugänglichen Studien zur Recherchebereitschaft von Journalisten im internationalen Vergleich zusammengetragen. Demnach verbringen in Deutschland nur 21 Prozent der Journalisten „sehr viel Zeit mit Berichten auf der Grundlage persönlicher Recherche." In Großbritannien und Amerika sind es mehr als doppelt soviel.

Der Deutschland-Korrespondent von The Times, Robert Boyles, urteilt dementsprechend hart über seine deutschen Kollegen: „Deutsche Zeitungsjournalisten scheinen sehr abhängig zu sein von den Presseagenturen. Viele Artikel, die unter ihrem Namen erscheinen, sind identisch mit dpa- oder deutschen AP-Reports vom Vortag. Wenn es einen Unterschied gibt, dann den, daß der Journalist seine Meinung hinzugefügt hat - ohne eigene Recherche."

Jochen Bölsche und Hans Werner Kilz beklagten bereits vor zehn Jahren die Randstellung der Recherche in Deutschland: „Im bundesdeutschen Journalismus sind investigative Recherche und kritische Berichterstattung, die bilanzierende Dokumentation unsauberer politischer Vorgänge, viel zu wenig entwickelt. Die Deutschen sind Weltmeister im Meinungsjournalismus, der Leitartikel wird als Ausweis höchster Kompetenz angesehen. (...) Aber die Zeitungen beschäftigen nur wenige Rechercheure, die Enthüllungsstories liefern - die Sparte ist unterbesetzt."

Hans Leyendecker, eine der Gallionsfiguren des investigativen Journalismus, bilanziert etwas bitter, daß recherchierender Journalismus in Deutschland eher anrüchig ist: „Geehrt werden die warm und trocken sitzenden Feuilletonisten und Leitartikler, die Dichter und Denker," schrieb Leyendecker 1996 in der Woche.

Die verschärfte Medienkonzentration und die unerbittliche Medienkonkurrenz haben dazu geführt, daß die Aushöhlung klassischer journalistischer Prinzipien - wie die intensive Recherche - langsam und stetig voranschreitet. Negative Impulse kommen sowohl von der Politik als auch von der Wirtschaft und anderen Interessengruppen: so rühmen sich Politiker, wenn es ihnen gelingt, die ‚Medien-Meute' mit präzise ausgetüftelten „sound bites" abzuspeisen. So jubeln die großen Konzern-Kommunikations-Zentralen, wenn Journalisten ganz selbstverständlich ausschließlich das vorbereitete Text- und Bildmaterial nutzen. Wen wundert es, daß etwa die „Informationsstelle der Deutschen Zahnärzte" den Kontakt zu Produktionsfirmen sucht, die bereits für aktuelle Redaktionen produzieren. „Durch die beabsichtigte Kooperation mit Ihnen möchten wir erreichen, daß unsere Themen stärker in diesen Sendeplätzen präsent sind." Und ganz unverblümt fragt der Lobbyist Christof Schumacher: „Dankbar wären wir auch, wenn Sie eine Kostenvorstellung nennen könnten, beispielsweise für einen typischen 3-Minuten-Bericht." Und - das ist Ehrensache: „Selbstverständlich sichern wir Ihnen Vertraulichkeit zu." Sicherlich tägliche Routine in der Medienszene - nur selten so dreist präsentiert.

Der Trend hin zum Beliebigkeitsjournalismus wird aber noch aus weiteren Quellen gespeist. Keck gibt Ulla Kock am Brink etwa in einem petra-Gespräch mit Beate Wedekind ihre Gegenstrategien im Mediendschungel zum Besten: „Journalisten sind wie Krokodile. Man muß sie nicht lieben, man muß sie füttern. Aber mal im Ernst: Die Presse braucht Dich und du brauchst die Presse. Zum Beispiel für ein neues Image." (7/98) Nachrichten werden in diesem Klima gehandelt wie auf dem Jahrmarkt. Gérard Depardieu soll dem Pariser Politmagazin "Marianne" Exclusiv-Interviews angeboten haben - wenn dafür sein Promillegehalt (2,8) verschwiegen wird. Das schreibt die "Bunte". Und für die hat der neue Kolumnist Wolfgang Joop den entscheidenden Tip für die angestrebte journalistische Qualität: „Die Bunte sollte die Fakten endgültig anderen überlassen und pralle Unterhaltung bieten, bei der die Leser selber entscheiden können, was sie glauben." (Spiegel, 28/98) In diese Kulisse paßt der Aufstieg von Haus- und Hof-Journalisten, die wie Privatsekretäre von Politikern oder Wirtschafts-Kapitänen Texte prominent plazieren oder auf Sendung gehen. Ganz gleich ob der neue Chefredakteur der "Welt am Sonntag", Kai Diekmann, Kanzler Kohl jeden Wunsch von den Lippen abliest oder FAZ-Redakteur Udo Ulfkotte, Autor des Buches „Verschlußsache BND" nur das über Geheimdienste schreibt, was die Informanten auch lesen wollen. In diesem „Bonner Treibhausklima" blühen Desinformationskampagnen gegen die Enthüllungen anderer Autoren. Schlechte Zeiten also für nachforschenden, fragenden und aufklärenden Journalismus?

Gegen die um sich greifende Beliebigkeit des Journalismus wollen wir mit diesem Buch auf die Leidenschaft für die Recherche setzen. Gegen das Leitbild des Produzenten im fiebrigen Medienmarkt (der auch Kebab verkaufen würde, wenn das Image entsprechend wäre) stellen wir ein berufliches Ethos, das die Kontrollfunktion der Medien zum Maßstab nimmt. Sicher - ein hochgestecktes Ziel, aber ansprechender und anspruchsvoller Journalismus müssen sich nicht ausschließen.

Das vorliegende Buch ist zunächst als Steinbruch gedacht. Ein Steinbruch voller Ideen, Anregungen, Impulse, sperriger Gedanken und erfrischender Konzepte. Die Autoren sind im gewissen Sinne Gedankenhändler, die dem Leser einen freien Blick in ihre Werkstatt ermöglichen. Nicht ohne Risiko. Denn wer intensiv recherchiert, die Latte der Ansprüche hoch hängt, muß sich nicht wundern, wenn auch mit Neid und Mißgunst auf diese journalistische Arbeit reagiert wird. Das Buch ist weder Vademecum noch Rezeptbuch, weder Lehrbuch noch Handbuch. Aber die Recherche-Berichte aus zahlreichen Themenfeldern und aus der Feder höchst unterschiedlicher Autoren sollen vorhandene Lehrbücher sinnvoll ergänzen und als Kontrast-Lektüre dienen. Wer die analytischen Beiträge liest, wird vieles von dem, was in den gängigen Recherche-Büchern steht, mit anderen Augen lesen, sein Wissen über Recherche gründlich hinterfragen und möglicherweise den eigenen Arbeitsstil verändern. Die Enthüllungs-Berichte und Skandal-Geschichten sollen auch die Augen öffnen und ermutigen, manche Themen aus einer anderen Perspektive zu sehen, Umwege einzukalkulieren, um schließlich ans Ziel zu kommen. Weil die intensive Recherche heute die Ausnahme ist, sollen die Beiträge ermutigen, den eigenen Arbeits-Horizont zu erweitern, neue Methoden auszuprobieren. Die Texte sollen dazu anregen, besonders dann weiter zu „ermitteln", wenn die Blockaden am größten sind.

Der Sammelband ist bewußt als Lesebuch angelegt, der nicht für die *eine* Technik wirbt und andere Methoden geißelt. Wer sich intensiv auf die Arbeitsberichte einläßt, wird feststellen, daß *die* einzig gültige Methode kaum zu erkennen ist. Journalistische Recherche hat - das lehren die Texte- viel mit einer „bricolage"-Technik zu tun. Jeder arbeitet mit anderen Mitteln, verändert und verfeinert seine Herangehensweise. Einblicke in die jeweilige „patchwork"-Arbeit gewähren die Autoren freimütig und schnörkellos.

Das Buch verfolgt neben diesem Lehrcharakter ohne Zeigefinger aber noch ein zweites Ziel. Zentrale Konflikte und Skandale der Republik werden aufgegriffen und mit (Zwischen)-Ergebnissen präsentiert. Die Verschränkung zwischen Thema und Methode ist also Prinzip, ergänzt um die fast ausgestorbene Kultur der Medienkritik.

Besonders wichtig ist dieser Aspekt: Journalisten kritisieren immerzu. Aber die

Bereitschaft, den eigenen Berufstand mit allen Glanzleistungen und Verwerfungen ebenso kritisch unter die Lupe zu nehmen, ist kaum entwickelt. Allzu schnell wird vernünftige Kritik mit Nestbeschmutzung gleichgesetzt. In diesem Buch aber reflektieren Journalisten ihre Arbeit, erläutern Motive und Hintergründe, Zusammenhänge und Prozesse und liefern damit einen wichtigen Beitrag zur unterentwickelten Diskurs-Kultur der Medien. Die offenen Darstellungen aus der journalistischen Praxis könnten dazu führen, daß die Medien-Produzenten selbst ihr Arbeitsverständis immer wieder selbst überprüfen.

Viele angefragte Autoren wollten sich nicht in die Karten schauen lassen oder sich nicht der Kritik aussetzen. Denn fest steht: dieses Buch schafft Transparenz in einem Bereich, der bislang eher nicht durch „glasnost" geprägt war. Klar ist auch, daß im Grunde jede erfolgreiche Recherche die Gegenseite zu Gegenmaßnahmen animiert: noch perfektere Kontrollen, noch weniger Exemplare von unbequemen (abgezählten) Tischvorlagen oder entlarvenden Gutachten, noch mehr Ablehnungen von Interviews und Stellungnahmen. Dieser von PR-Agenturen angetriebene Trend zur perfekten, unauffälligen Informationsunterdrückung ist ohnehin nicht aufzuhalten. Dagegen hilft nur mehr Phantasie, mehr Durchsetzungskraft, mehr Energie und Systematik.

Über all diese notwendigen Sekundärtugenden erfährt der Leser etwas in diesem Buch zu einer seltenen Leidenschaft. Erfolgreiche Recherche - das ist eine Essenz der Beiträge - kommt bei aller Systematik nicht ohne andere Tugenden aus: Hartnäckigkeit, Ehrgeiz, Ausdauer und Kontaktfähigkeit. Aus ganz verschiedenen Perspektiven geben die Autoren dazu Hinweise und Tips.

Leider wird diese Sichtweise nur von einer Minderheit in der Medienszene vertreten. Die Protagonisten des „Instant-Journalismus" verlangen Recherchen im Stundentakt. Entsprechend sehen die Resultate aus. Eine Vertreterin dieser Mikrowellen-Recherche ist die Lehrmeisterin Ele Schöfthaler, die im List-Verlag das Buch „Recherche praktisch" veröffentlicht hat. Sie schreibt in der „Recherche-Werkstatt" der anerkannten Fachzeitschrift „Medium-Magazin" in einer Checkliste zum Thema „Zeit": „Beißen Sie sich nicht fest an der aufwendigen Recherche. Je weniger Geld auf ihrem Konto ist, desto mehr Zeit sollten Sie auf die Recherchen verwenden, die ihnen umgehend Geld einbringen. Täglich eine halbe oder eine Stunde am Rande für die aufwendige, mehrere Wochen währende Recherche - mehr muß nicht sein." Frau Schöfthaler vermittelt dem weiblichen Nachwuchs noch weitere Ratschläge aus ihrem reichhaltigen Erfahrungs-Fundus: „Sieht sie nett aus, plaudert sie anregend, ist sie charmant, dann ist auch er zum Plaudern geneigt. Journalistinnen können sich beklagen über das alte Spiel - oder die Spielregeln nutzen für ein ertragreiches Recherchegespräch. Schließlich ist es ja nicht viel anders, wenn Frauen recherchierende Männer taxieren." Die Dozentin für praktischen Journalismus hat noch weitere Tips auf Lager - zum Beispiel:

„Lächeln Sie am Telefon! Der Recherchepartner spürt die schlechte Stimmung, wenn der Journalist am anderen Ende der Leitung mit grimmigen Blick seine Fragen stellt."

Diese Einstellung ist offenbar kein Ausrutscher, sondern gängige Praxis. Solche Hinweise werfen ein Schlaglicht auf die Misere der Recherche-Ausbildung. Gleichsam wie eine Orchideen-Disziplin fristet sie eine Randstellung, obwohl die Recherche doch zum Kerngeschäft des Journalismus gehören sollte. Der frühere ZDF-Unterhaltungschef Peter Gerlach hat dies erkannt und die Sender zu einer „Qualifizierungsoffensive für Fernsehberufe aufgefordert." (FR, 1.7.1998) Das gleiche hat der Fernsehreporter Christoph Maria Fröhder anläßlich der Preisverleihung des Hanns-Joachim Friedrichs-Preises getan. Es gibt noch zahlreiche weitere Stimmen -etwa von den Mediengewerkschaften-, die entsprechende Forderungen (bislang erfolglos) stellen. Die Recherche-Ausbildung hat aber nach wie vor Ausnahmecharakter: Recherche-Fähigkeiten werden stillschweigend vorausgesetzt - nach dem Motto: „Recherche kann man, man muß diese Technik deshalb auch nicht extra lernen."

Bei unseren Kursen für Volontäre und Teilnehmer der Zentralstelle zur Fortbildung von Programm-Mitarbeitern von ARD und ZDF (ZFP) war besonders auffällig, daß die vertiefte Recherche, die systematisch ein Thema ‚aufbohrt', von den Teilnehmern zunächst reserviert aufgenommen bzw. abgelehnt wurde. Viele Nachwuchs-Journalisten registrierten rasch, daß sie in der Regel lediglich die Technik der Ergänzungs-Recherche anwenden.

Nötig wäre die Intensivierung der Ausbildung, auch um Auswüchse und Grenzüberschreitungen in der täglichen Praxis einzudämmen. Über Reality-TV empört sich heute niemand mehr. Diese Ignoranz liegt jedoch nicht daran, daß diese Genre sich überlebt hätte. Nein - es ist selbstverständlich in die Tagespraxis eingegangen. Mitte Juli wurden beispielsweise fünf Mitarbeiter des kommerziellen Senders Pro Sieben festgenommen, als sie zum Schein für 25 000 Mark einen Auftragsmörder anwerben wollten. Ganz schön „taff" - aber durchaus ernst gemeint.

In einer Zeit, in der die Quellenlage auf Grund eines boomenden Medienmarktes immer unüberschaubarer wird, könnte die Recherche eigentlich Hochkonjunktur haben. Ein typisches Beispiel: Mitte Juni meldete das Öko-Institut Zweifel an einem Gutachten über den angeblichen Störfall beim ehemaligen Brennelementehersteller Nukem in Hanau an. Das kritisierte Gutachten machte durchaus Furore, ohne daß die Fakten ausreichend geprüft wurden. In einer hochkomplexen, zunehmend unübersichtlichen Welt werden Journalisten immer häufiger mit komplizierten Studien und Untersuchungen konfrontiert. Sie dürfen allerdings nicht nur Übermittler dieser Studien sein, sie müssten die Gültigkeit und das Design der Untersuchungen selbst überprüfen und auf die Kontrast-Forschungen von Gegenexperten eingehen.

Die in jüngster Zeit vermehrt festgestellten Fälschungen von angesehenen Journalisten wie etwa von Stephen Glass von „The New Republic", der CNN-Report über Giftgas-Einsätze in Vietnam oder Pulitzer-Preise für ‚fakes' sollten aufhorchen lassen. Die konservative Steuerung der Lewinski-Affäre über rechte ‚thinktanks' und Literaturagenten, aber auch der Einsatz professioneller Desinformation nach der Aufarbeitung der Irangate-Affäre (Operation October surprise) illustrieren eine gefährliche, kaum beachtete Entwicklung. Aus diesen Fallbeispielen, aber auch aus dem „Fall Born" wurden im deutschen Journalismus bislang keine Konsequenzen gezogen.

Ein weiterer Faktor, der recherchierenden Journalismus indirekt behindert, ist die bewußte Akzentsetzung auf „leichte Kost", auf „Oberflächenreiz" und sogenannte „news to use". Alles muß nützlich, anwendbar und vermeintlich verbraucherorientiert sein. Oftmals ist aber „news to use" -bei genauer Gegenrecherche- einfach nur „unusuable news". Indem aber dieses Service-Genre in vielen Redaktionen zur „Königsdisziplin" erkoren wurde, rückten gründlich recherchierte Geschichten in den Hintergrund. „News to use" ist meist leicht konsumierbar und passt in die kommerziell geprägte politische Landschaft. Recherche-Journalismus dagegen ist sperrig, anstrengend und eckt nicht selten bei etablierten Interessenvertretern an.

Es gibt aber auch genügend Gegenbeispiele, die belegen, daß anspruchsvoller Journalismus sehr wohl erfolgreich sein kann. Der Spiegel-Titel "Auschwitz" etwa war ein Verkaufserfolg. Fernseh-Dokumentationen zu zeitgeschichtlichen Themen sprechen viele Zuschauer an und übertreffen die Quoten-Anforderungen der Programm-Verantwortlichen. Gut recherchierte Themen sorgen zudem für eine intensive Bindung der Leser, Hörer und Zuschauer. Sie vermitteln das Gefühl, von kompetenten, informierten und fähigen Autoren versorgt zu werden. Mit diesem Qualitätsprofil grenzen sie sich vom weit verbreiteten fast-food-Journalismus ab.

Ein junger aufstrebender Chefredakteur verkündete vor kurzem die journalistische Linie für ein ARD-Magazin: „Unser Ziel ist es, ein bißchen schneller, gewitzter und intensiver zu recherchieren als die anderen." Schneller **und** intensiver - ein anspruchsvolles Programm. Beim Thema Recherche sollte nicht verschwiegen werden, daß gründliche Nachforschungen aufwendig und teuer sind. In einer Zeit, in der für neue Studio-Dekoration, Umfragen oder ein modernes Layout mehr ausgegeben wird als für Autoren und Korrespondenten, ist der Hinweis auf die Kosten besonders wichtig. Informationen für gute Geschichten müssen in der Regel dort abgeholt werden, wo die Informanten zu Hause sind. Insider geben ihr Wissen nur ungern „mal so" am Telefon preis. Erfolgreiche Informationsvermittlung zu sensiblen Themen funktioniert meist nur in der face-to-face-Kommunikation, im vertraulichen Gespräch. Dafür sind aber meistens aufwendige Reisen erforderlich. Intensive Recherchen über einen Zeitraum von 10 Wochen können leicht 40 000 Mark allein für Hotelkosten, Spesen,

Flüge, Mietwagen, Infohonorare und die Unterstützung durch Stringer verschlingen. Aber - welcher Verlag kann und will solche Summen investieren? In öffentlich-rechtlichen Rundfunkanstalten sind schon wesentlich geringere Summen ausgeschlossen, Privat-Sender zahlen das Geld lieber für eine sit-com oder einen soft-porno.

Gegen diese Negativ-Tendenzen, die einen recherchierenden Journalismus behindern, stehen die Erfahrungsberichte der Autoren in diesem Buch. Im ersten Teil werden methodische Fragen der Recherche aus ganz unterschiedlichen Blickwinkeln „besichtigt", eingeführte Techniken auf ihre Alltagstauglichkeit abgeklopft und ergänzende Lernschritte angeregt.

Nach dieser Eröffnung, die auch als Folie zur Überprüfung der folgenden Berichte dienen kann, beginnt die Serie der Fallbeispiele. Der Auftakt bilden Berichte über bedeutende Protagonisten berühmter Skandale: sie reichen von Schneider über Barschel bis hin zu Zwick und anderen. Dieser Personalisierung schließen sich Skandal-Geschichten und Enthüllungs-Berichte aus ganz verschiedenen Themenfeldern an. Es dreht sich immer wieder um Korruption, kriminelle Machenschaften, Interessenpolitik und Machtmißbrauch. Zur Vertiefung dieser Stoffe bieten mehrere Autoren ihre Einblicke und Erfahrungen in technischen und medizinischen Themenfeldern an. Auf die rechtsextreme Bedrohung der Gesellschaft - und die besonderen Herausforderungen bei der Berichterstattung darüber - gehen ebenfalls mehrere Autoren ein. Einzelne Fallbeispiele, verpackt in Kolumnen oder Erfahrungsberichte, ergänzen die Reflexion zur Recherchepraxis. Eine zum Teil (selbst)-ironische Sicht auf die Dinge erleichtert möglicherweise die Verdauung des ‚Schwarzbrotes'.

Dieses Buch ist eine Gemeinschaftsleistung der Autoren. Ohne ihren engagierten Einsatz wäre das lange angedachte und vorbereitete Buch nie entstanden. Niemand erhält ein Honorar. Der Gesamterlös dieses „non-profit-Projekts" fließt der Vereinigung „Reporter ohne Grenzen" zu.

Viele haben die Buchidee aktiv unterstützt. Wir danken Barbara Emig-Roller für die intensive Betreuung im Westdeutschen Verlag. Dem passionierten Lektor Jupp Legrand ist ausdrücklich für die zahlreichen controlling-Gänge zu danken. Ohne den engagierten Einsatz von Nina Faber und ihrer Mitarbeiterin Annette Schindler, die nicht nur die Gestaltung des Buches übernommen haben, wäre das Buch wohl nicht erschienen.

Wiesbaden, Mitte August 1998

Methodisches Recherchieren - Fundierte Grundlage journalistisch-qualifizierter Berichterstattung

Frank Politz

„Einen guten Journalisten erkennt man daran,
daß er Distanz zum Gegenstand seiner Betrachtung hält;
daß er sich nicht gemein macht mit einer Sache,
auch nicht mit einer guten Sache;
daß er immer dabei ist, aber nie dazugehört."
(Hanns-Joachim Friedrichs)

Diesen Satz hatte der verstorbene Moderatoren-Altmeister der ARD-Tagesthemen einst in jungen Jahren bei der BBC gelernt - und nie vergessen, wie er in einem Radio-Interview kurz vor seinem Tod erzählte. Für Friedrichs waren diese Worte eine Maxime seines journalistischen Handelns. Zwar recht einfach zu lesen, aber doch mit sehr bedeutungsvollem Inhalt. Denn Distanz zum Gegenstand einer Betrachtung zu halten setzt voraus, das jeweilige Objekt überhaupt erst einmal zu erfassen, und zwar rundum und möglichst vorurteilsfrei. Um sich über einen Vorgang, die daran beteiligten Personen und das Umfeld des Geschehens ein klares Bild zu machen, bedarf es zwischendurch der Nähe, letztlich aber des kritischen Abstands. Nur die eigene Perspektive nämlich gibt die Chance, Schattenseiten zu erkennen und vor allem auch glaubwürdig aufzuzeigen. So ist der gute Journalist -und selbstredend auch die gute Journalistin - immer dicht dran, identifiziert sich aber niemals mit den Protagonisten einer Geschichte, sondern sammelt Informationen und ermittelt Motive, um zu einem eigenen Urteil zu gelangen.

Recherchieren - blinder Fleck des Journalismus?

Auf dem Weg dorthin, als fundierte Grundlage journalistisch-qualifizierter Berichterstattung, ist das methodische Recherchieren unverzichtbar. Es erscheint heutzutage nötiger denn je, allein schon in Anbetracht des rasanten kommunikations-technischen und mithin auch gesellschaftlichen Wandels. Doch in der alltäglichen Praxis wird die Recherche häufig vernachlässigt, und zwar in erschreckender Weise. Beleg dafür ist eine empirische Studie, angefertigt von Barbara Baerns.

Sage und schreibe 85 Prozent aller analysierten Beiträge aus Zeitungen, Hörfunk und Nachrichtenagenturen hatten demnach als Basis jeweils nur eine Quelle: Informationen aus einer Presse-Konferenz oder auch bloß die Zeilen einer PR-Mitteilung aus Ministerien, Ämtern, Behörden etc. Zwar stammt die Untersuchung aus den 80er Jahren, aber gemessen an der medialen Realität der 90er steht zu befürchten, daß sich in den Ergebnissen wohl nicht viel verbessert hat, wenn überhaupt. Denn das Thema Recherche kommt oftmals schon in der Ausbildung viel zu kurz - jedenfalls nach dem zu schließen, was angehende Journalistinnen und Journalisten immer wieder erzählen. Demzufolge wird in Volontariaten offenbar häufig mehr Wert darauf gelegt, dem Nachwuchs beizubringen, wie ein journalistisches Produkt möglichst elegant „verpackt" werden kann, statt sich vorrangig um die Qualität des Inhalts zu kümmern. Die Autoren, Redakteure und Moderatoren in spé lernen zwar eine flotte Schreibe, trainieren „Overtalks" (Sprechen über Musik) oder bekommen beispielsweise auch die Feinheiten eines effektvollen Kameratricks vermittelt; aber über journalistisches Handwerk - und eben dazu zählt auch die Recherche- erfahren sie vergleichsweise wenig. So ist es denn auch nicht weiter verwunderlich, wie planlos und unstrukturiert mitunter vorgegangen wird, wenn es gilt, ein Geschehen und dessen Umstände journalistisch-professionell aufzuhellen. Allein schon die Vorstellungen über eine Recherche sind hin und wieder recht abenteuerlich. Etwas zugespitzt formuliert, verstehen manche darunter nicht viel mehr, als zu einem Pressetext bloß ein, zwei zusätzliche Telefonate zu führen, oder sich aus dem Archiv ein paar ergänzende Informationen zu holen. Für andere wiederum gehört es unweigerlich dazu, von einem geheimnisumwitterten Informanten in einer düsteren Tiefgarage mit streng vertraulichen Papieren gespickt zu werden.

Grund für nachlässige, nicht selten fehlerhafte Recherchen ist unter anderem aber auch die veränderte Medien-Situation. Von einigen Ausnahmen abgesehen, wird der Alltag in deutschen Pressehäusern und Sendern vom Diktat der Kosten und vor allem der Quoten bestimmt. In der Folge stehen viele Redaktionen mehr und mehr unter Druck, insbesondere im Bereich der elektronischen Medien. Aktualität ist dabei weithin fast schon zum Fetisch geworden. Ob Presse, Radio oder Fernsehen - Schnelligkeit ist Trumpf. Und dabei erscheint es mitunter recht zweifelhaft, ob der Informationsgehalt eines Beitrages überhaupt noch stimmt. Denn die Produktionsdichte ist mittlerweile enorm. Ereignis und Sendung liegen oft so eng beieinander, daß für Recherche nur wenig, mitunter auch gar keine Zeit mehr bleibt. Ekkehard Sieker, Mitarbeiter des ARD-Fernsehmagazins „Monitor", zitiert dazu aus einem Aufsatz des gegenwärtigen WDR-Intendanten Fritz Pleitgen: „Fernsehwelt und politische Wirklichkeit - beide haben viel zu häufig wenig, oft sogar nichts miteinander zu tun. Wenn ich die Fernsehnachrichten betrachte, dann beschleicht mich nicht selten ein ungutes Gefühl. Strenggenommen müßten die Verantwortlichen mancher Sendungen wegen Irreführung und Verdunkelungsgefahr belangt werden." Aber Pleitgen klagt nicht nur, sondern nennt auch die Gründe, auf die er das Problem zurückführt, und zwar auf den scharfen Wettbewerb im TV-Geschäft und die moderne Bild-Übertragung: „Um nicht zu spät zu kommen, wird hastig geliefert. Außerdem macht die Technik Druck. Heute können Bilder ohne Verzug aus allen Weltecken direkt in die Sendung geliefert werden. Zeit zum Recherchieren oder zur Informations-Überprüfung gibt es nicht mehr. Der notwendige Gegencheck entfällt. Wenn ehrlich mit dem Publikum umgegangen würde", meint der WDR-Intendant, „müßte eigentlich regelmäßig eingeblendet werden: 'Alles ohne Gewähr'".

Eine solche Einblendung wird es freilich nie geben. Also einfach weiter so wie bisher? Bei Recherchen mit einer „Schrotflinte ins Dunkle schießen und hoffen, irgendwie ins Schwarze zu treffen", wie es Theo Sommer von der „Zeit" einmal kritisch formuliert hat? Die Journalisten würden sich damit den Ast absägen, auf dem sie selber sitzen. Vielmehr müssen sie sich alsbald aufraffen, ihren Beruf neu zu positionieren. Denn wenn auch nur die Hälfte dessen zutrifft, was über die schöne, neue Medienwelt globaler Kommunikation prophezeit wird, stellt sich für Journalisten irgendwann die Existenzfrage. Welchen Sinn und Zweck hat ihr Beruf noch, wenn sich jeder / jede -sofern nur ausreichend finanzpotent- seine Ein- und Ansichten selbst zusammenbasteln kann, aus unterschiedlichsten Quellen via Telefonleitung frei Haus? Soll der in den vergangenen Jahren bereits deutlich zu Tage getretenen Tendenz Einhalt geboten werden und der Journalismus in seiner Gesamtheit nicht noch weiter zum Unterhaltungsfaktor verkommen, dann wird es in einer zunehmend komplexeren Welt darauf hinauslaufen müssen, daß wieder mehr als bisher kompetent Themen analysiert, Zusammenhänge dargestellt sowie Ursachen und Verantwortlichkeiten aufgezeigt werden. Unverzichtbares Mittel dafür: die Recherche.

Im Fachblatt „Medium-Magazin" wurde sie folgendermaßen definiert: „Recherche ist die Basis für Berichterstattung jeglicher Art und setzt umfassende Information voraus. Eine Recherche hat unvoreingenommen zu sein und darf sich nicht mit einer einzigen Quelle zufriedengeben. Idealerweise wird die eigene Beobachtung ergänzt sowohl durch die Suche im Archiv als auch durch Interviews. Presse-Mitteilungen müssen überprüft, ergänzt und im Zweifelsfall verworfen werden, sonst verkommt der Journalismus zu einem Verlautbarungs- und PR-Instrument. Das Ziel der Recherche ist objektive Genauigkeit der Darstellung. Dazu sind die kompetentesten Quellen auszuschöpfen, auch wenn sie nicht in das ursprüngliche Konzept einer Geschichte passen. Die Königsform der Recherche ist der investigative Journalismus. Doch Journalismus lebt nicht nur von Skandal-Enthüllungen, sondern gerade von 'kleinen' Recherchen, mit denen meist am Telefon Presse-Mitteilungen vervollständigt, überprüft und Zusammenhänge verdeutlicht werden."

Eine andere Definition, etwas knapper gefaßt, lautet: „Das Recherchieren ist im engeren Sinne ein Verfahren zur Beschaffung und Beurteilung von Aussagen, die ohne dieses Verfahren nicht preisgegeben, also nicht publik würden. Im weiteren Sinne ist es ein Verfahren zur adäquaten Abbildung realer, das heißt sinnlich wahrgenommener Wirklichkeit mit den Mitteln der Sprache."

Diese beiden Sätze stammen von Michael Haller, der ein höchst empfehlenswertes Buch zum Thema Recherche geschrieben hat. Ebenso wie bei manch anderen Fachautoren vor und nach ihm, konzentriert sich die gängigste Recherche-Methode demnach auf acht Kernpunkte:

Kernpunkte des Recherchierens

1. Recherche-Impuls

Im Prinzip kommen dafür vier Möglichkeiten in Betracht:

- Zugleich der häufigste Fall im Alltagsgeschäft: Die Anregung kommt von außen, und zwar durch eine Agentur-Meldung, einen Presse-Artikel oder durch sonstige Mitteilungen, Erzählungen, Radio/FS-Informationen etc.
- Der Rechercheimpuls kommt aus der Redaktion, hat sich z.B. aus der täglichen Konferenz heraus entwickelt.
- Man hat selbst eine Idee, hakt beispielsweise nach: Was ist eigentlich aus dem damaligen Thema XY geworden?
- Ein Informant liefert erstes Material und packt aus. Dadurch sind so manche Skandale überhaupt erst ins Rollen gekommen, wie beispielsweise in den 80er Jahren die U-Boot-Affäre, die illegale Lieferung von Blaupausen zum Bau von Unterseebooten an das damals noch amtierende Apartheid-Regime in Südafrika. Wenn auch eher selten, so passiert es doch immer wieder mal, daß eine Recherche erst durch Motive wie Enttäuschung, Wut oder Rache ihren Lauf nimmt. Auch Geld kann ein Grund sein, wobei gekaufte Informationen keineswegs schlechter sein müssen, als solche, die anfangs selbst recherchiert wurden.

2. Relevanz einschätzen

Die Einschätzung der Themen-Relevanz ist ein Vorfilter mit zweifacher Funktion: a) soll er grob die Stoßrichtung vorgeben, b) soll er dazu dienen, die meist knapp bemessenen redaktionellen Mittel angemessen einzusetzen. Dabei spielen wiederum zwei Aspekte eine Rolle, nämlich: a) ist das Thema wichtig und b) interessant genug, um den Aufwand einer Recherche zu rechtfertigen? Die Wichtigkeit hängt primär von der mutmaßlichen Tragweite des Ereignisses ab. Ist das Thema tatsächlich von allgemeiner oder zumindest großer Bedeutung? Beispielsweise, weil es völlig neue Informationen erwarten läßt, oder wenigstens einen bislang unbekannten Teilaspekt beleuchtet, der einen schon veröffentlichten Sachverhalt in einem anderen Licht erscheinen läßt? Ebenfalls bedeutsam: Die Prominenz der an der jeweiligen Geschichte beteiligten Personen.

Hinzu kommen publizistische Erwägungen: Mit welchen Federn will sich die Redaktion schmücken? Paßt das Thema zum Profil der Sendung, läßt es sich adäquat dazu realisieren, ist es geeignet, sich gegenüber der angestrebten Zielgruppe entsprechend zu profilieren?

Kurzum: Das Einschätzen der Themenrelevanz ist die erste leichte Hilfe und Orientierung für den weiteren Fortgang der methodischen Recherche, vor allem unter Berücksichtigung der Zeit-Komponente. Anders formuliert: Mit gewisser Erfahrung und nach den eben erwähnten Überlegungen sollte relativ sicher eingeschätzt werden können, welcher Aufwand für das jeweils angepeilte Thema gerechtfertigt erscheint, und was sich in welcher Zeit (Produktionserfordernisse und Sendetermin beachten) vermutlich in Erfahrung bringen läßt.

3. Überprüfen der Anfangs-Information

Grundsätzlich gilt: Jede Recherche beginnt mit der Überprüfung der dem jeweiligen Thema zugrunde liegenden ersten Sachverhalts-Informationen. Leitmotive dabei sind Zweifel und Skepsis. Nichts glauben, was man nicht selbst abgecheckt hat. Das bedeutet, die Basis-Informationen aus einem Zeitungs-Artikel, falls der Recherche-Impuls darauf zurückgeht, sind nicht einfach bedenkenlos zu übernehmen, sondern müssen kritisch hinterfragt und kontrolliert werden. Gleiches gilt übrigens auch für Agentur-Texte. Wie die Praxis gezeigt hat, beinhalten auch Meldungen von Nachrichten-Agenturen mitunter Fehler, die eine Recherche auf ein falsches Gleis führen können. Und ebenso wichtig ist es, möglichst keine Informationen aus zweiter oder dritter Hand zu beziehen, sondern sie aus Primär-Quellen zu schöpfen. Das wird aller Erfahrung nach nicht immer funktionieren, aber versuchen sollte man es.

Dieses Überprüfen der Anfangs-Informationen sollte zweckmäßigerweise in zwei Schritten erfolgen. Und dabei geht es um die Fakten- und um die Quellen-Kontrolle.

Zur Fakten-Kontrolle: Darunter sind objektivierbare Informationen zum jeweiligen Ereignis oder Geschehensablauf zu verstehen. Objektivierbar heißt unstrittig, die Informationen lassen sich zweifelsfrei belegen, z.B. durch Augenzeugen, Experten, Rekonstruktionen etc. Kurz: Wenn andere Personen den ermittelten Sachverhalt prüfen, können auch sie zu keinem anderen Ergebnis kommen.

Zur Quellen-Kontrolle: Dabei gilt es, die Glaubwürdigkeit einer Information zu checken, wobei der Maßstab deren Herkunft ist. Schildert ein Polizeireport beispielsweise den Hergang eines Unfalls, ist daran inhaltlich in aller Regel nicht viel zu zweifeln, denn die betreffenden Beamten waren bei der Unfallaufnahme in neutraler Position. Anders verhält es sich mit einer Presse-Info der Polizei zu einer Demonstration, in deren Verlauf es zu gewalttätigen Auseinandersetzungen kam. Beamte waren in das Geschehen involviert, mithin also Konfliktpartei. Ob die Presse-Info dann noch eine objektive Sachverhalts-Darstellung ist, muß genau geprüft werden. In einem Satz formuliert, ist bei der Quellen-Kontrolle zu beachten: Je distanzierter eine Quelle zum jeweiligen Sachverhalt steht, desto zuverlässiger ist sie.

Der tiefere Sinn dieses dritten Recherche-Abschnitts ist folgender: Die Basis-Informationen werden auf ihre Gültigkeit hin abgeklärt. Zum einen hat das den Zweck, einer eventuellen „Enten-Jägerei" vorzubeugen, zum anderen wird die weitere Recherche auf ein stabiles Fundament postiert.

Wenn diese Arbeit getan ist, die sich übrigens in der Mehrzahl aller Fälle größtenteils vom Schreibtisch aus per Telefon erledigen läßt, kann der Recherche-Fortgang konkretisiert werden. In welche Richtung soll's gehen, wie lautet der lohnenswerteste Aspekt? Der muß allerdings nicht unbedingt auf Anhieb erkennbar sein. Mitunter ist ein Thema nämlich derart komplex, daß es sich empfiehlt, mehrere Fragestellungen aufzuwerfen oder Untergliederungen zu treffen, sich dann gegebenenfalls auf einen Schwerpunkt zu konzentrieren, bevor man sich mit Punkt vier der Recherche befaßt.

4. Erweitern der Recherche-Basis

Dieser Abschnitt beginnt mit einer Kontrolle des vorliegenden Materials. Was hat sich aus der Überprüfung der Erst-Informationen ergeben? Wie lautet der Wissensstand über das jeweilige Thema, die Sachverhalte sowie die beteiligten Personen/Institutionen?

Daran schließen sich dann folgende Fragen an: Läßt sich das Geschehen zutreffend, präzise und detailliert darstellen? Sind die Rollen, Handlungen und Motive der Akteure klar? Können die Betroffenen benannt werden? Ist es möglich, Ursachen und Folgen sowie die Bedeutung des Geschehens der angestrebten Zielgruppe einleuchtend darzulegen?

Aller Erfahrung nach werden in diesem Stadium der Recherche noch längst nicht alle o.a. Fragen umfassend beantwortet werden können. Daher muß der eigene Kenntnisstand noch erweitert werden, und zwar in zwei Richtungen: Zum einen hinsichtlich der Erhöhung der Informationsdichte, zum anderen mit der Erweiterung des Ereignisumfeldes.

Die Erhöhung der Informationsdichte soll dazu dienen, eine genauere Beschreibung des Geschehens zustande zu bringen (Details und Atmosphärisches vor Ort beachten). Die Erweiterung des Ereignisumfeldes zielt darauf ab, die verdichteten Informationen so präzis wie möglich miteinander zu verknüpfen. Maßgeblich hierbei ist die Frage nach dem „Wie": die Antwort darauf soll das Geschehen plausibel erklären können.

5. Motiv(e) ermitteln

Abermals wird zur Selbst-Kontrolle zunächst ein Zwischenfazit gezogen. Bisher konzentrierte sich die Recherche in erster Linie darauf, die Sachverhaltsebene zu klären.

Was also ist bis hierhin über den Vorgang, das Thema bekannt? Zentrale Fragen waren die berühmten „W“ der Nachricht: Wer hat wann, wo und wie was getan? Viele Recherchen enden an dieser Stelle, was keineswegs ein Manko ist, zumal es schon recht aufwendig und erhellend sein kann, ein Ereignis bis in die hintersten Ecken hinein auszuleuchten. Eventuell ergibt sich ja schon dadurch ein anderer Eindruck, als er bis dato beispielsweise durch geschönte Informationen einer Pressestelle vorherrschte. Nach dieser Analyse dürfte sich der jeweilige Geschehensinhalt und -ablauf eines Themas jedenfalls hinreichend und ausführlich darlegen lassen. Nur das „Warum“ fehlt noch.

Dazu heißt es „umschalten“, und zwar von der Sachverhalts- auf die Deutungsebene. Aufgrund des vorliegenden Materials wird es in dieser Phase der Recherche zwar meist schon möglich sein, sich einen Reim darauf zu machen, welches mutmaßliche Motiv der oder die Akteure hatten und wie die einzelnen Punkte des Geschehens mit den jeweiligen Handlungen zusammenhängen, aber dies muß auch hinreichend belegt werden können.

Um für diesen Schritt anfangs einen besseren Überblick zu gewinnen, empfiehlt es sich, zwei Listen anzulegen: eine für die Subjekte und Objekte des Geschehens (in der jeweiligen Spalte untergliedert nach dem mutmaßlichen Grad ihrer Verwicklung) sowie eine zweite für die Handlungen und entsprechenden Folgen. Ist das erledigt, wird beides zunächst nach Plausibilität und Kausalität miteinander in Verbindung gebracht - durch Striche oder Pfeile, Kästchen oder Kreise etc.

6. Hypothese bilden

Nach der geschilderten Verfahrensweise (Sichten, Prüfen, Ordnen und Gewichten) dürfte es nicht mehr allzu schwierig sein, eine Hypothese zu entwickeln. Dazu sind Verantwortliche und Betroffene zu benennen sowie Ursachen und Folgen bzw. Gründe und Ziele des Handelns. Und das möglichst eng und scharf. Für ein Magazinstück von ca. 3 Minuten Dauer ein, zwei Sätze, mehr nicht. Beispiel: Der Automobilkonzern XY hat leichtsinnig Menschenleben von Kfz-Käufern auf's Spiel gesetzt, weil die Bremsanlage des neuen Modells Z stark fehlerhaft war, aber die Produktion und Auslieferung der Wagen wegen zahlreicher Vorbestellungen und großer Gewinnerwartungen nicht gestoppt werden sollte.

Kurzum: In der Hypothese gilt es, Polaritäten aufzuzeigen und die jeweilige Kontroverse zu thematisieren, indem die betreffenden Konflikt-Parteien einfach gegenübergestellt werden - Verantwortliche gegen Betroffene, Subjekte gegen Objekte der Handlung, zusätzlich Ursachen und Folgen benennen.

7. Hypothese überprüfen

Dies geschieht in zwei Abläufen. Zunächst wird anhand der bereits vorliegenden Material-Auswertung überprüft, welche Einzelvorgänge des gesamten Geschehens nachgewiesen und belegt werden können - durch schriftliche Unterlagen, wie beispielsweise Briefe, Faxe, Gutachten, Studien, Archivdaten oder auch Handels- bzw. Vereinsregisterauszüge etc., sowie durch verwendbares Bild- oder Tonmaterial. Dadurch müßten sich so manche Verantwortlichkeiten und Zusammenhänge schon größtenteils abdekken lassen.

Der zweite Durchgang der Hypothesen-Überprüfung ist etwas aufwendiger. Dazu werden alle Personen, Gruppen, Lager und Parteien befragt, die mit den Geschehnissen zu tun hatten oder immer noch haben (Subjekt- / Objekt-Aufteilung). Hinzu kommt ferner die Gruppe der „Neutralen" (Augenzeugen, Experten etc.). Diese Gruppe wird zuerst aufgesucht und befragt; je nachdem, wie es nötig sein sollte, in Form eines knappen Gesprächs oder ausführlichen Interviews. Dabei ist unbedingt darauf zu achten, daß das Verfahren von außen nach innen verläuft. Mit „außen" sind hierbei die mutmaßlich völlig Unbeteiligten gemeint, mit „innen" all jene, die direkt -aktiv oder passiv- mit dem Geschehen zu tun haben, also auch die Betroffenen. Dieses Vorgehen empfiehlt sich aus zwei Gründen: Erstens haben die „Neutralen" meist keinen oder nur wenig Anlaß, etwas zu beschönigen oder überspitzt darzustellen, und zweitens verfügen sie aus ihrer Distanz heraus oftmals über mehr Übersichtswissen als die Beteiligten. Mithin können sie am ehesten eine ungefärbte Einschätzung des Ereignisses liefern und den Rechercheur mit präzisen Angaben ins Bild setzen. Diese Darlegungen der „Neutralen" sind wichtig, weil die aktiv und passiv Beteiligten die jeweilige Sache zwangsläufig parteiisch, also einseitig sehen. Und je involvierter Menschen sind, desto eher tragen sie auch Verantwortung für das, was passiert ist. Dadurch könnten sie sich veranlaßt sehen, ihre Rolle zu verharmlosen oder ihren Anteil am Geschehen gar komplett zu vertuschen. Daraus folgert für die Recherche-Taktik, sich zuvor - eben durch die Vorgehensweise von „außen" nach „innen"- soviel Wissen wie nur irgend möglich über den Kern des Sachverhaltes anzueignen, bevor es an die Haupt-Protagonisten geht. Deren eventuell schönfärberische Darstellung kann somit besser durchschaut werden; Lücken und Lügen lassen sich leichter erkennen.

8. Recherche-Abschluss

Nach Ende der Befragungen wird das Material abermals ausgewertet und damit die Hypothese überprüft. Welche Darlegungen, Aussagen und Einschätzungen bestätigen, welche widerlegen oder modifizieren die Hypothese? Die letzte Variante, nämlich die nötige Änderung der Hypothese, ist übrigens das häufigste Ergebnis.

Zum Schluß einer Recherche -so hat es der bereits erwähnte Michael Haller aufgelistet- kann der Journalist/die Journalistin:

• die Themen-Sachverhalte präzis und detailliert darstellen,

- den Geschehensablauf zutreffend rekonstruieren,
- die beteiligten Personen, deren Rollen, Motive und Handlungen benennen,
- die wahrscheinlichen Ursachen und mutmaßlichen Folgen aufzeigen und
- die Bedeutung des Geschehens der angestrebten Zielgruppe plausibel machen.

Fehlt letztlich noch, den Ertrag der Nachforschungen umzusetzen in eine journalistische Darstellungsform, in einen Bericht, ein Feature, eine Dokumentation oder eine Reportage. Und dabei wird natürlich besonders akzentuiert, was die eigene Recherche erbracht hat.

Fazit und Ausblick

Dieses systematische Vorgehen ist keine Musterlösung, ist nicht *die* Parade-Recherche-Technik für alle nur denkbaren Fälle. Es gibt auch Themen und Fragestellungen, die anders angegangen werden müssen. Dennoch ist das dargestellte Verfahren eine sehr gute und mannigfach erprobte Variante, um zeitlich und qualitativ zu einem wesentlich effektiveren Arbeitsergebnis zu kommen. In der Praxis ist es dabei längst nicht immer nötig und möglich, daß die Recherche genau so verläuft, wie in der Theorie vorgesehen. Das mag angehen, wenn der abzuklärende Sachverhalt eines Themas nicht allzu komplex ist, der Kreis der zu befragenden Personen klein und übersichtlich, das Zeitbudget groß und die zu überprüfende Hypothese eng umrissen ist. Im journalistischen Alltag kommt eine solch ideale Konstellation aber eher selten vor, nicht zuletzt auch, weil die Arbeits-Verdichtung immer höher geworden ist und weiterhin steigt. Das kann und darf jedoch keinesfalls Schlampereien und Fehler rechtfertigen!

Wegen des meist immensen Zeitdrucks in aktuellen Redaktionen ist auch gegen ein verkürztes Recherche-Verfahren nichts einzuwenden, solange die methodischen Standards und dargelegten Grundsätze beachtet werden. Hilfreich ist es dabei, sich nach dem Überprüfen der Anfangs-Informationen darüber Gedanken zu machen, wie weiter verfahren werden soll, quasi eine Art Ablaufplan für das verkürzte Verfahren aufzustellen. Darin sollten mindestens folgende Punkte berücksichtigt werden:

- Analyse des Sachverhalts
- gegebenenfalls Untergliederung in Einzelaspekte
- Fakten- und Quellenkontrolle
- grobe Stoßrichtung der Recherche
- Auswahl des Schwerpunktes
- Informationssuche und Delegations-Möglichkeiten
  (z.B. parallele Archivarbeiten, Sichtung von Studien etc.)
- Gesprächspartner und Interviewtermine

- technische Realisierungsmöglichkeiten (Ton und/oder Bild)
- Überprüfung des erarbeiteten Materials
- Produktionstermin.

Ob nun nach dieser verknappten Methode oder aber in aller Ausführlichkeit verfahren wird - stets sollte ein Recherche-Protokoll angelegt werden. Darin wird exakt dokumentiert, in welchen einzelnen Schritten die Recherche abgelaufen ist. Ferner wird auch dabei das jeweilige Material eingeordnet, und zwar nach Quelle, Datum und Fundort. Außerdem kommt zur Niederschrift, selbst bei Ton- oder TV-Aufnahmen, mit wem über was und wo geredet wurde. Überdies sollten im Protokoll auch zumindest die wichtigsten Zitate enthalten sein, die man später eventuell verwenden will und die zu diesem Zweck entsprechend abgeklärt worden sind. All dies wird auf einem Extra-Block -besser noch- in einem Notizheft vermerkt, und zwar aus mehreren Gründen:

- Bei umfangreicheren Themen liefert das Protokoll eine mitunter wertvolle Gedankenstütze über den bisherigen Verlauf der Recherche.
- Das Vorgehen läßt sich leichter ordnen, die Arbeit gewinnt an Struktur und die jeweils nächsten Schritte können besser geplant werden.
- Im Schichtbetrieb oder bei Teamarbeit können Kollegen/Kolleginnen einfacher übernehmen und schnell zu einer Übersicht gelangen.
- Die einzelnen Punkte der Recherche sind im Kern rasch nachweisbar, falls es in kniffligen Fällen beispielsweise Rückfragen geben sollte.
- Handelt es sich um eine größere Arbeit, die sich mit Unterbrechungen über einen längeren Zeitraum erstreckt, läßt sich mit Hilfe des Protokolls jederzeit wieder leicht der Einstieg finden.
- Außerdem kann es hin und wieder einmal wichtig sein, im Verlauf einer Recherche zu rekapitulieren, wie der Geschehensablauf war und wer dazu wann und was gesagt hat. So bietet sich durch Rekonstruktion die Möglichkeit des chronologischen Überblicks. Dies kann unter Umständen bedeutsam sein, wenn es auf die exakte zeitliche Einordnung von Handlungen ankommt.

Praktische Tips

Zum Punkt Recherche-Protokolle sei unbedingt noch angemerkt, solche Unterlagen nicht für jedermann zugänglich ausliegen zu lassen, sondern sie gut zu verwahren, vor allem, wenn es um Informantenschutz geht. In derartigen Fällen scheiden dafür -wie auch für weiteres Recherche-Material- das Büro oder die eigene Wohnung als Lagerort strikt aus.

Trotz aller guten Vorsätze: Fehler sind auch in Recherchen nicht immer zu vermeiden. Zumeist basieren sie auf Unkenntnis oder Vergeßlichkeit, mitunter aber auch auf Schlamperei. Um dem vorzubeugen, einige Tips:

- Genaues Arbeiten ist für eine hieb- und stichfeste Recherche unerläßlich. Bisweilen leidet die Sorgfalt unter Voreingenommenheit.
- Aber je mehr jemand seine eigenen Vorurteile oder die Neigung dazu erkennt, desto sachlicher läßt sich vorgehen.
- Beim Prüfen von Informationen -auch unter Druck- keineswegs an der Zeit sparen.
- Alle Unterlagen einer laufenden Recherche, selbst Schmierzettel, erst einmal aufheben.
- Ordnung schaffen, etwa mittels gesonderter Ablagen, um schnell, übersichtlich und strukturiert arbeiten zu können.
- Ergebnisse, aber auch Zwischenschritte sauber dokumentieren.
- Gegebenenfalls an Beispiele denken, um ein Problem zu veranschaulichen.
- Beizeiten mit Archiv-Gliederungen und Bibliotheken vertraut machen.
- Im Zweifelsfall auch vertrauten Personen nicht einfach Glauben schenken, denn Skepsis ist wichtiger als Gutgläubigkeit.
- Einen aus beruflichen oder anderen Gründen zweifelnden, unsicheren Informanten behutsam behandeln und u.U. klar absprechen, was als Bild oder O-Ton verwendet werden soll.
- Immer auch die Gegenseite zu Wort kommen lassen.
- Möglichst frühzeitig über die Recherche-Anlage Klarheit schaffen.
- An unhaltbaren Hypothesen nicht festklammern, sondern umwerfen.
- Kontroversen und Widersprüche, die im Recherche-Verlauf nicht aufgelöst werden konnten, auch entsprechend darstellen oder -sofern unerheblich- weglassen. Keinesfalls nur die eine oder andere Version als einzig gültige Variante präsentieren.
- Einem Informanten gegenüber fest zugesicherte Vertraulichkeit niemals preisgeben, auch nicht nach Abschluß einer Recherche.
- Komplizierte Sachverhalte vor Veröffentlichung im Zweifelsfall sicherheitshalber von einem neutralen Experten prüfen lassen.
- Während einer Recherche von Beginn an stets auch auf Details achten, auf Bilder, Geräusche oder O-Töne, mit denen das Stück später eventuell illustriert werden kann.
- Direkte Gespräche „Aug'in Aug'" sind manchmal ertragreicher als Befragungen per Telefon oder Interviews am Rande von Presse-Konferenzen.
- Niemals bloß Fakten sammeln und sie anschließend manipulieren, um ein vorgefaßtes Ergebnis, ein Vorurteil, zu „belegen".
- Stets den Kontext eines Zitates beachten und nichts unterdrücken, was nicht in das Kalkül einer Recherche paßt.
- Bei wichtigen Gesprächen ohne Aufnahmegerät oder Block und Bleistift nicht einfach auf ein gutes Gedächtnis hoffen, sondern danach so schnell wie irgend möglich eine Notiz anfertigen.

Diese Liste ließe sich zweifelsohne noch um so manche Punkte verlängern; die nachfolgenden Recherche-Beispiele in diesem Buch dürften dazu sicherlich noch viele Anregungen liefern. Vor allem aber bleibt zu hoffen, daß die Lektüre dieses Werkes verdeutlicht, was für eine journalistisch-professionelle Recherche notwendig ist: nämlich Disziplin, Fleiß, Ausdauer und Hartnäckigkeit. Sicher, es braucht auch etwas Talent und geistige Beweglichkeit, aber Recherche ist im Prinzip keine hohe Kunst, sondern schlicht Handwerk. Und das läßt sich lernen. Die Mühe lohnt sich. Die ausgesuchten Arbeiten der Mitautoren dieses Buches sind ein eindrucksvolles Zeugnis dafür.

Zum Stand der Recherche

Dagmar Hovestädt

Szenen eines Journalistenalltags, die erste

Szene 1: Mythos Recherche

„Zum Recherche-Seminar fährst du? Das würde ich auch mal gern lernen, recherchieren...", sagt der Kollege lächelnd, nach fast 25 Berufsjahren. Ein Stückchen Koketterie ist dabei, das sei ihm zugestanden. Denn tatsächlich ist er ein Kollege, der in seinen 25 Berufsjahren so gut wie alles gemacht hat, was ein Journalist im Nachrichtengewerbe so tut: berichten und kommentieren, reportieren und glossieren, über Staatsbesuche und Wirtschaftskriminalität, Theaterpremieren und Justizskandale. Nichts von alledem wäre ohne Recherche möglich gewesen. Dennoch bleibt Verwunderung: Wie genau funktioniert das eigentlich, die Recherche?

Die Sehnsucht nach Erklärung für das, was man all die Jahre selbstverständlich macht, ist groß. Die Furcht davor auch. Ironie des Berufsstandes: Der grundlegende Arbeitsgang eines Journalisten - die Recherche - die effektive Technik dazu, die beste Methode, all das ist ein Mythos.

Szene 2: Recherche-Standard - Fehlanzeige

In der Redaktionskonferenz: „Das habe ich ausführlich recherchiert!", der Ton ist fordernd, der Blick triumphierend. Damit hätten sich ja wohl alle Fragen erübrigt, oder? Das Thema wird also umgesetzt - oder abgesetzt. Die Recherche eines Kollegen abzufragen gilt als Frevel. Und würde man es trotzdem tun, offenbart sich gleich der nächste Notstand: Woran messe ich eigentlich die Rechercheergebnisse? Und warum sind meine Fragen nach Inhalten und Zusammenhängen denn nun notwendiger als die, die der Kollege beantworten kann? Und schließlich: Wer läßt sich schon gern in die Karten schauen? Das nächste Mal müßte ich mich dann ja für meine Recherchen rechtfertigen. Das Risiko ist unkalkulierbar.

Im journalistischen Alltag fehlt es an einer Systematik der Recherche, an einem (allseits) akzeptierten Standard.

Szene 3: Fiktion statt Recherche!

Am anderen Ende der Telefonleitung gibt es ein kurzes Räuspern und dann eine unmißverständliche Antwort. „Das würde ich auch gerne wissen, ich bin dazu nie befragt worden. Daß über mich geschrieben wurde, davon habe ich auch erst hinterher erfahren." Diese Auskunft erhielt der recherchierende Journalist, als er mit einem Protagonisten telefonierte, der in einem Artikel eines neuen Nachrichtenmagazins auftauchte. Hätte man mit ihm gesprochen, wäre die Geschichte über Deutsche, die den Besitz „ihrer" Häuser in Polen erhalten wollen, nicht so schön polarisierend möglich gewesen...

Daß viele Geschichten einem Kreislauf unterliegen, daß nicht selten die schreibende Zunft vorlegt und die elektronischen Medien nachklappern, darüber gäbe es sicherlich viel zu schreiben. Produktionszwänge, fehlende Kontakte, Zeitknappheit, aber auch Bequemlichkeit sollen als Stichworte genügen.

Doch wer sich bisweilen daran macht, eine gedruckte Geschichte nachzurecherchieren, um sie angereichert und erweitert zu veröffentlichen, erlebt Erstaunliches. Papier ist geduldig - in den Geschichten stehen Protagonisten, über die geschrieben wird, ohne daß man mit ihnen gesprochen hat, darin sind Sachzusammenhänge behauptet, die nicht stimmen, und es werden Versatzstücke aus Gesprächen abgedruckt, die eine Konfliktlage ergeben - fragt man diese erneut ab, wird die Sinnentstellung durch unzulässige Verkürzung offenbar.

Das heißt: Selbst banale Rechercheschritte sind im Zeitalter von „immer schneller, immer bunter, immer knalliger" unerheblich. Informationsbroker und PR bestimmen nicht selten das Geschäft der Informationen, und schlimmer als das, sie werden oft nicht hinterfragt.

Der Leser, Hörer, Zuschauer scheint sich an eine gewisse Fiktionalisierung der Nachrichten zu gewöhnen - falls er nicht lieber gleich nur Spielfilme guckt.

Die Qualität der Ware Information leidet, auch weil die Recherche schlecht oder unzureichend ist.

Recherche in Deutschland

„...ein Verfahren zur adäquaten Abbildung realer Wirklichkeit mit dem Mittel der Sprache", genau das ist Recherche, folgt man der Definition des bekanntesten Recherche-Theorie-Papstes Michael Haller. Sein Handbuch für Journalisten mit dem Titel *Recherchieren* gibt es mittlerweile in der 4.Auflage, im Herbst '98 erscheint die fünfte. Es ist der wohl anspruchsvollste Versuch, dem Prozeß der journalistischen Recherche ein Stück Systematik, Nachvollziehbarkeit und Regeln zu verpassen. Gleichwohl hat eine systematische Beschäftigung mit journalistischer Recherche längst nicht alle Journalisten erreicht. Daher an dieser Stelle eine kleine Übersicht der wichtigsten Erkenntnisse des Leipziger Journalismus-Professors.

Wer ein Fan von Definitionen ist, dem sei hier noch eine zweite anvertraut, die einem Trainerteam der „ZFP" zu verdanken ist. Recherchieren ist demnach die planvolle Sammlung und Prüfung von Sachverhalten, wobei ein geprüfter Sachverhalt eine Tatsache sein soll. Die Überprüfung verläuft dergestalt, daß jeder andere bei Anwendung derselben Mittel zum gleichen Ergebnis kommt.

Haller hat eine Systematik des methodischen Recherchierens entwickelt, die in sechs Schritten den Gang einer jeden journalistischen Recherche erfaßt.

Am Anfang steht natürlich eine Geschichte, mit Aussagen über etwas, das geschehen ist. Das kann eine Nachricht sein, eine Beobachtung, ein Gerücht, eine Idee. Wie man auf ein Thema kommt, dazu sind der Phantasie keine Grenzen gesetzt. In der Regel ist es eine Agenturnachricht, ein Zeitungsartikel, ein Termin, ein wiederkehrendes Ereigns oder eine Nachrichtenlage, die in der Redaktionskonferenz zum Thema werden. Aber genauso gut kann man die Neugier im Alltag walten lassen: Gespräche an der Supermarktkasse belauschen, in Subkulturen eintauchen, z.B. via Publikationen - die Notiz in der „Bäckerblume" oder die merkwürdige Webpage eines Kosmos-Fan - all das sind Anfänge. Sich wundern, die kleinen Dinge ernst nehmen, hinterfragen: Wie funktioniert das in der Werbung angepriesene Wundermittel eigentlich wirklich? Warum kommt der Angeklagte wieder frei? Warum interessiert sich keiner für Bundestagsdebatten?

In der Systematik der Hallerschen Methodik geht es im *ersten Schritt* nun darum, die Relevanz des gefundenen Themas zu überprüfen. Die Relevanz ist die Eingangstür zur Recherche. Ist das Thema wichtig und interessant? Ist die Geschichte für das Publikum meines Mediums relevant? Und paßt es in das Profil meiner Redaktion? Welche Tragweite hat es?

Eine erste Antwort auf diese Fragen vermittelt a) eine Ahnung vom Umfang der Recherche, vom Zeitaufwand, den Quellen, den Umsetzungsmitteln und damit verhilft es b) zu einem angemessenen Umgang mit den meist knapp bemessenen redaktionellen Ressourcen.

Dieser Schritt vollzieht sich im Kopf des Journalisten, auch in der Diskussion in der Redaktion.

Schritt zwei: Das Thema ist relevant, jetzt folgt zwingend das Überprüfen der eingegangenen Informationen. Was genau weiß ich eigentlich über die Geschichte? Was sind die Fakten? Wie kann ich sie absichern? Und: Wer verbreitet sie?

Jede Recherche beginne also mit der Überprüfung der Sachverhalts-Informationen. Die wichtigsten Tugenden des Journalisten heißen hier Skepsis und Zweifel. Grundsätzlich ist alles zu hinterfragen und muß belegt werden. So weit es irgendwie geht, sollten die Primärquellen befragt werden. Das Ziel ist, eine größtmögliche, nachvollziehbare Kontrolle über die Fakten zu gewinnen, das heißt, objektivierbare Informationen zum jeweiligen Ereignis oder Geschehensablauf zu bekommen. Diese Informationen sollten also unstrittig sein und sich zweifelsfrei belegen lassen, durch Experten, Augenzeugen, Rekonstruktion, Gesetze usw.

Dazu gehört auch, daß die Quelle der Informationen einer Prüfung unterzogen wird. Wie glaubwürdig sind diese Informationen angesicht der Herkunft? Als Merksatz gilt: Eine Quelle ist umso zuverlässiger, je distanzierter sie zum berichteten Sachverhalt steht.

Dieser Schritt führt den Journalisten in Archive und Bibliotheken, an die Quellen der Informationen, zu Experten.

Der *dritte Schritt* heißt Erweiterung der Sachverhalts-Informationen. Sind im wesentlichen die Fakten der Ausgangslage bekannt, kommt der Rechercheur an eine Weggabelung: Hat sich das Thema erhärten lassen? Stimmt es überhaupt? Ist die Relevanz noch gegeben? An dieser Stelle könnte die Geschichte auch schon zu Ende sein, weil sie im ersten Anlauf der Faktenkontrolle weich geworden ist.

Hat das Thema aber Bestand, wird auf Grundlage der ersten Recherche bilanziert: Was ist noch dran an der Ausgangsgeschichte? Was ist bislang bekannt über das Ereignis, die beteiligten Personen/Institutionen? Kann ich Motive, Rollen, Handlungen der Akteure aufzeigen und das Geschehen zutreffend, präzise und detailliert darstellen? In der Regel gibt es noch keine ausreichenden Antworten auf diese Fragen. Es ergibt sich die Notwendigkeit einer Erweiterung der Recherche mit dem Ziel, die Informationsdichte zu erhöhen und das Ereignisumfeld zu erweitern.

Bei der Erweiterung der Recherche geht es aber auch darum, das Thema zu präzisieren, sonst wird es uferlos. Das Thema an dieser Stelle also lieber in die Tiefe als in die Breite recherchieren. Wo will ich eigentlich hin? Auch angesichts der zur Verfügung stehenden Zeit muß an gewissen Punkten eine Entscheidung für den Verzicht getroffen werden.

Auch in diesem Schritt führt der Weg in Archive und Bibliotheken sowie zu Experten, eventuell auch zu Augenzeugen des Geschehens oder zum eigenen Besuch der Orte des Geschehens.

Schritt vier: Hypothesenbildung. Mit den erweiterten Informationen folgt nun das „Umschalten" von der Sachverhaltsebene auf die Deutungsebene. Damit sind Aussagen möglich über die Ursachen und Folgen, über die Verantwortlichen, über Urteile und Beurteilungen von Vorgängen, kurz das „Warum?" des ermittelten und belegten Geschehens. Dazu kann es sinnvoll sein, die Subjekte und Objekte des Geschehens zu Papier zu bringen, untergliedert nach Grad der Verwicklung, und auch die Handlungen und ihre Folgen aufzuzeichnen, im wörtlichen Sinne.

Dieser Vorgang, eine Ordnung in das bislang Ermittelte zu bringen, dient dazu, eine Hypothese zu bilden. Sie muß den Konflikt, die handelnden Personen und die Folgen beinhalten.

Dieser Schritt bedient sich vor allem des bislang zusammengetragenen Materials: durch Sichtung und Gewichtung und logische Verknüpfung.

Im *fünften Schritt* nun wird die Hypothese überprüft, und zwar ergebnisoffen. Zunächst wird das vorhandene Material gesichtet im Hinblick darauf, ob es die These belegt. Dort, wo es Lücken gibt, müssen die Experten und Akteure speziell befragt werden. An dieser Stelle hat sich das Verfahren, „von außen nach innen" zu befragen, bewährt. Die „Neutralen" können mit größtmöglichem Abstand zum Geschehen eher eine Übersichtsperspektive aufzeigen, auch neigen sie am wenigsten zum interessegeleiteten Darstellen. Für den Erfolg der Recherche und den Erfolg einer möglichen Konfrontation im Interview ist es außerdem notwendig, soviel Wissen wie irgend möglich gesichert zu haben, bevor es an die direkt involvierten Akteure geht.

Am Ende dieses Arbeitsschrittes kann es zu einer Bestätigung, Modifizierung oder gar Verwerfung der Ausgangshypothese kommen.

Schritt sechs: In jedem Fall geht es zum Abschluß um das Umsetzen der Recherche in ein journalistisches Produkt, zu einem Artikel oder Film, wobei, wenn möglich, der eigene Ertrag der Recherche als Nachricht herauszustellen ist. Hier angelangt, hat der Journalist das Ziel der Recherche erreicht.

Was nützt all die theoretische Erörterung?

Sie kann der Spiegel des eigenen Tuns sein, sie kann Orientierung im Meer an Informationen und Personen liefern, sie kann zu systematischem und diszipliniertem Arbeiten anleiten. Sie ist definitiv keine Bedienungsanleitung oder eine Rezeptur. Recherche lebt von den Personen, die sie betreiben, die durch den Prozeß einer Recherche miteinander in Berührung kommen, immer wieder neu. Dazu gäbe es ein weiteres Buch zu schreiben (und gibt es auch zuhauf). Die Inhalte seien hier nur mit den Schlagworten Interviewtechnik und Informantenpflege sehr grob umrissen.

Das methodische Recherchieren ist ein Verfahren, das dieses Aufeinandertreffen organisiert und die Qualität der Recherche sichern kann.

Szenen eines Journalistenalltags, die zweite

Investigativer Journalismus in Deutschland? Da gibt es einen Namen, mit dem sich dieses Phänomen wie sonst kaum verbindet: Günter Wallraff. Der Journalist, der im Selbstversuch, quasi undercover, die Geschichten recherchierte, die ansonsten nie das Licht der Öffentlichkeit erblickt hätten. Zu sehr haben sie die Oberfläche der blank polierten Bundesrepublik angekratzt. Er hat im Dienste der Aufklärung am eigenen Leibe die Schattenseiten der schönen, reichen Bundesrepublik erkunden wollen. Und ist erstaunlich fündig geworden. Für viele war und ist er damit ein Dorn im Auge.

Der Journalist als seine beste Quelle, mit diesem Beweis hat er so manche Mythen der Nachkriegsgeschichte gekippt, eine einzigartige journalistische Spielart: Als Reporter Esser bei der BILD-Zeitung oder als Türke Ali bei Thyssen. Kann das wirklich alles mit rechten Dingen zugegangen sein?

In diesen Tagen wird wieder kolportiert, was 1992 schon einmal zu unrecht in der öffentlichen Diskussion war, daß Wallraff ein Stasi-Spitzel gewesen sein soll. Zu allem Hohn noch unter dem Deckmantel der investigativen Recherche, „belegt" durch Dokumente des ehemaligen DDR-Spitzeldienstes Staatssicherheit. Es ist Wahljahr, Wallraff ist ein Linker und ein Idol, soweit zur Unabhängigkeit journalistischer Recherche.

Der Blick nach drüben - von Journalismusschulen und Enthüllungswahn

Wie man in Deutschland Journalist wird, dazu gibt es etliche Ratgeber und Ratgebende. Mittlerweile kann man es auch in etlichen Journalistik-Studiengängen studieren sowie traditionell über Redaktions-Volontariate in den Beruf gelangen. Gemessen an der Häufigkeit, mit der Einstiegstips für den Journalisten-Beruf in Frauenzeitschriften auftauchen, kann man im ausgehenden 20.Jahrhundert geradezu von einem Modeberuf sprechen, besonders im Fernsehbereich.

Bei genauerer Betrachtung gibt es dabei immer noch den vorherrschenden Glauben, am Ende sei alles eine Sache der Begabung: Entweder man hat es oder man hat es nicht, das Zeug zum Journalisten. Dementsprechend ist auch der Stellenwert der „studierten Journalisten" eher gering. Zumal die privaten elektronischen Medien jedem 22jährigen Praktikanten mit ausreichendem Willen zur Selbstausbeutung eine glänzende Karriere als Starreporter offerieren - Telegenität und Sprechtempo als einzig unabdingbare Voraussetzung. Wozu muß man da lange in Ausbildung und Handwerk investieren? Da ist es schwer, handwerkliche Mindeststandards einzuführen oder gar ihr Beherrschen als Voraussetzung zum Eintritt in den Beruf zu fordern - wenn am Ende nur zählt, was hinten rauskommt.

Im Mutterland des „freien, unabhängigen" Journalismus, in den USA, ist zumindest das Ideal ein anderes. Der Einstieg in den Journalismus ist in der Regel nur durch den Abschluß eines „journalism"-Studiums möglich. Die universitäre Vermittlung von handwerklichen Standards, medienspezifischen Umsetzungen und einer Ethik des Journalismus ist die Basis der Tätigkeit. Welche Zwänge am Ende den journalistischen Output auch in den USA beherrschen, dazu später mehr.

Als Bob Woodward und Carl Bernstein nächtens ums Watergate-Hotel schlichen, mit Intelligenz und einem richtigen Riecher versehen aus einem Puzzle an Informationen und Informanten eine Geschichte schrieben, die einem amerikanischen Präsidenten das Amt kostete - da war das Abziehbild der investigativen Recherche geboren. Es war das höchste der Reporter-Gefühle: die Veröffentlichung von Informationen hatte die größtmögliche politischen Konsequenz gezeitigt.

Das Image der investigativen Story ist seither im US-amerikanischen Journalismus unangefochten hoch. Die Verlockung für Verleger und Programmverantwortliche, mit einer dermaßen durchschlagenden Wirkung von Veröffentlichung einer Story Reputation, Auflage und Quote zu steigern, ist enorm groß.

Im Heimatland des Watergate-Skandals ist investigativer Journalismus ein Teil des journalistischen Alltags, sogar ein Unterrichtsfach an den Schools of Journalism, für die fortgeschrittenen Journalistikstudenten. Einige lokale Fernsehstationen leisten sich I-Teams („investigative teams"), Reporter und Producer, die ausschließlich investigative Geschichten recherchieren, ebenso die großen Zeitungen. Eine investigative Geschichte pro Woche, planbar, berechenbar, manchmal auch zwei. Seit 1975 gibt es einen Berufsverband - „ire", investigative reporters and editors.

Auch das schützt in den USA nicht davor, daß bisweilen eher aus Marketinggründen eine alltäglich recherchierte Geschichte zum „investigative report" wird. Oder daß jede Geschichte, die Star-Reporter Peter Miller für Channel 27 abliefert, eine Enthüllungsstory ist, weil das in seinem Arbeitsvertrag und seinem Bildschirm-Image so festgelegt ist. Die Bereitschaft der Verleger und Programm-Manager, tatsächlich Geld und Personal für investigative Geschichten bereitzustellen, ist durchaus auch vorhanden. Wer etwas für das journalistische Image des Hauses tun will, muß in diesem Bereich präsent sein. Wer die vielfach vergebenen Preise für guten Journalismus einheimsen will, um sein Medium damit zu schmücken, der braucht investigative Geschichten. Denn die besten werden in der Regel prämiert.

Streng genommen sind investigative Geschichten definiert als Geschichten, deren Ursprung in der Recherche-Arbeit der Reporter selber liegen und nicht in der Untersuchung einer Behörde; bei denen es Versuche gegeben hat, Informationen zu verbergen, und die für die Öffentlichkeit von großer Bedeutung sind. Gegenstand investigativer Geschichten sind in der Regel Korruption und Mißmanagement im Behörden- und Regierungsapparat sowie Betrug an Verbrauchern.

In den entsprechenden Redaktionen werden systematisch Themen gesucht und generalstabsmäßig untersucht, recherchiert und veröffentlicht. Die bei uns im Verbraucherbereich angesiedelten Themen in der Sparte „consumer abuse" nehmen in den USA einen breiten Raum ein, sie sind einfach publikumsträchtig.

Die investigative Geschichte ist nicht nur die Enthüllung auf Grundlage eines Tips oder eines Verfolgens einer Nachricht. Sie entsteht auch in sehr gründlicher Aufarbeitung und Verdichtung von bereits vorhandenem Wissen zu einem Thema.

Die Arbeitsbedingungen amerikanischer Journalisten unterscheiden sich dabei durch mehrere Faktoren von denen deutscher Journalisten. Sie machen einen direkten Transfer dieser Arbeitsweise nur schwer möglich. Das Wort selber weist auf die notwendigen Qualitäten der investigativen Recherche hin. Sie hat den Charakter einer Untersuchung, mit behördlicher, polizeilicher und staatsanwaltschaftlicher Attitüde, ohne deren rechtlichen Befugnisse. Dafür wird sie getragen vom Wissen um die Unterstützung durch die Öffentlichkeit. In Deutschland wäre es undenkbar, diese Haltung so zu propagieren, die Kompetenzen sind klar verteilt und Grenzüberschreitungen werden nur selten toleriert.

Der wesentliche Unterschied liegt dabei im Verhältnis der US-Amerikaner zu ihrem Staat. Während es in Deutschland eine Tradition gibt, die den Staat als Instanz akzeptiert, wird in den USA der Staat eher als Instrument der Bürger begriffen. Die Einstellung zum Staat ist geprägt von einer großen Skepsis gegenüber der staatlichen Zentralgewalt. Journalismus fungiert tatsächlich als vierte Gewalt im Staate. Er ist damit im öffentlichen Ansehen ähnlich gelagert wie die vielen privaten und gemeinnützigen Organisationen, die dort einspringen, wo der Staat nicht ist und auch nicht sein soll. Sie übernehmen zusätzlich aber auch eine Kontrollfunktion, als sogenannte „government-watchdog-organizations". Damit liefern sie im übrigen für Journalisten ein großes Reservoir an Geschichten.

In der Verfassung der USA ist die Funktion der Presse als vierte Gewalt im Staate mit starken Rechten ausgestattet. Der Freedom of Information Act, kurz FOIA, gibt jedem Bürger und speziell Journalisten weitreichende Auskunftsrechte gegen die Exekutive. Viele behördeninterne Informationen wie die allgemeinen Betriebs- und Organisationsregeln sowie die Arbeitsweise von Behörden sind zugänglich. Alles weitere kann durch eine spezielle Anfrage, den „FOIA-request", zugänglich werden. Nach Einreichen eines formlosen Briefes können so Gerichtsakten, Umweltdaten, Sitzungsprotokolle, Lagepläne usw. gelesen und kopiert werden. Einzige Ausnahmen: klassifizierte Dokumente, personalbezogene Daten, Informationen, die geschäftsschädigend sein können.

Zudem ermöglicht ein relativ schwach ausgetatteter Datenschutz und ein im Vergleich zu Deutschland geringerer Persönlichkeitsschutz für Personen des öffentlichen Lebens weitere ungeahnte und bisweilen aggressive Recherchemöglichkeiten. Der Einsatz einer verdeckten Kamera ist für viele amerikanische Journalisten selbstverständlich. Das Rollenverständnis als Kontrolleur des vom Bürger finanzierten Staatsapparates ist wesentlich ausgeprägter. Davon profitieren die Journalisten und die Mediennutzer.

Daß aber auch im selbsternannten Mutterland der investigativen Recherche nicht immer alles so investigativ ist, wie es scheint, daß die Verlockung, auch Banalitäten zum Skandal hochzuschreiben, groß ist, ist gerade in der letzten Zeit überdeutlich geworden. Die Verquickung von Politik, Sensationsmache und Journalismus im Falle von Monica Lewinsky ist offensichtlich. Der Ursprung der Geschichte liegt in einer Veröffentlichung im Internet, Gegenrecherche - die eiserne Faust-Regel, Fakten mindestens durch eine weitere Quelle gegenzuchecken - ist nicht geschehen. Selbst die ach so renommierte „New York Times" stützte sich am Anfang in ihrer Berichterstattung zum „Skandal" in mehreren Geschichten nur auf „anonyme" Quellen. Am Ende bleibt eine negative Bilanz. Es profitieren auf kurze Distanz die politischen Drahtzieher, die den Präsidenten schädigen wollen, und die Medienmacher, weil ihre Auflage steigt. Schaden auf lange Sicht nimmt die Glaubwürdigkeit des Journalismus und das Vertrauen in den Politikapparat - nur weil es sich so schön verkaufen läßt.

Ähnliche Tragweite hat die Geschichte, die das „Time"-Magazine mit CNN zusammen im Frühjahr veröffentlichte: Berichte über Giftgaseinsätze der US-Luftwaffe im Vietnamkrieg, die die eigenen (desertierten) Soldaten trafen. Nach heftigen Dementis aus dem Pentagon, dem US-Verteidigungsministerium, mußten beide Medienunternehmen die Geschichte wegen Substanzlosigkeit der Vorwürfe zurückziehen. Diese erste Medienallianz zwischen dem Printmedium „Time" und dem Fernseh-Nachrichtenkanal CNN, der frisch mit dem Konzern Time-Warner vereint ist, zeigt damit auch, wie groß der Druck auf eine kommerzielle Auswertung eines Scoops, eines investigativen Knüllers ist. Beim Bemühen um Synergie bei der Veröffentlichung blieb die Qualität auf der Strecke, Gegenchecks unterblieben auch bei dieser Geschichte. Starreporter Peter Arnett mußte zugeben, dem CNN-Stück nur seine Stimme geliehen zu haben. Die „New York Times" krönte dieses Detail mit dem Begriff „Milli-Vanilli-News".

Vor einigen Monaten hat diese Entwicklung einen Medienkritiker auf den Plan gerufen. Mitte Juni erschien die erste Ausgabe von „Brill's Content", einem Magazin, das es sich zur Aufgabe macht, die Fehler und Lügen der amerikanischen Presse aufzudecken. In der ersten Ausgabe geht es zum Beispiel um die Verquickungen zwischen dem Sonderermittler in der Lewinsky-Affäre, Kenneth Starr, und der Washingtoner Presse. Herausgeber Steven Brill glaubt an eine gesicherte Zukunft, die Investigation der journalistischen Recherche sei bei der Vielzahl an unsauber arbeitenden Journalisten ein dankbares Themengebiet.

Kann man recherchieren lernen?

Jürgen Friedrichs / Ulrich Schwinges

Die Meinung, interviewen, moderieren oder recherchieren „könne man oder könne es nicht", - lernen ließe es sich jedenfalls nicht, gehört zu den Vorurteilen vieler Redakteure. Im Gegensatz dazu steht unsere Ansicht: journalistisches Arbeiten ist ein Handwerk und läßt sich deshalb lernen wie jedes andere Handwerk auch. Eine gute Recherche ist mithin wie eine gute Klempnerarbeit. Wir wollen an einem zentralen Weg belegen, wie Recherche zu organisieren ist.

Im Falle der Recherche liegen nach unseren Erfahrungen bei den Teilnehmerinnen und Teilnehmern zahlreicher Recherche-Seminare übertriebene handwerkliche Erwartungen vor. Fast alle jüngeren Kollegen gehen davon aus, es gebe eine Reihe von geheimnisvollen Tips und Tricks, die man für eine gute Recherche lernen könne. Uneingestanden denken sie dabei an einen investigativen Journalismus. So enttäuschend es ist: Diese Erwartungen lassen sich leider nicht erfüllen, denn es gibt eben jene Tricks nicht, beispielsweise den idealen Ratschlag, wie man eine Person davon überzeugt, gegen ihren Willen Informationen zu geben.

Auch Kriminalbeamte arbeiten nicht mit Tricks, sondern kombinieren aus vielen Teilen, Beobachtungen und gelegentlich Überwachungen, die Lösung des Rätsels. Bei den Journalisten ist es in fast allen Fällen die *Erfahrung*, die ihnen die Recherche erleichtert. Es ist auch die im Laufe vieler Jahre entstandene Datei von Personen, die einem entweder direkt helfen können oder aber an eine andere Person vermitteln. Und es ist immer auch ein Element von Glück und Zufall in einer Recherche. Wenn es denn das „Sesam-öffne-dich" nicht gibt - was läßt sich dann lernen? Die ebenso einfache wie treffende Antwort lautet: Nachdenken! Neben jenen oben erwähnten Fertigkeiten, die ja weitgehend auf längerer Erfahrung beruhen, ist es die Fähigkeit, nachzudenken und Ideen über das mögliche Geschehene zu entwickeln. Den Kern dieses Vorgehens bildet ein strategische Prinzip: der *Handlungsablauf*. Hierauf richten sich unsere nachfolgenden Überlegungen und Ratschläge.

Rechercheprobleme sind meist vom Typ eines Puzzles, das aus vielen einzelnen Teilen zusammengesetzt werden muß. Es läßt sich dennoch statt unsystematischen und zufälligen Suchens ein roter Faden finden, um die Recherche zu organisieren. Dieses ist für uns der Handlungsablauf als eine Reihenfolge von Ereignissen und deren Folgen. Damit verbunden sind:

- Ideen über die am Ablauf beteiligten Personen und Institutionen, beispielsweise Verbände, Unternehmen, Organisationen;

- Ideen über die Folgen einzelner Teile des Ablaufs, darunter neue Hinweise und Spuren;
- Annahmen über den vermutlichen Verlauf der Ereignisse; weitere Hinweise für die Organisation der Recherche: Mit wem muß ich Kontakt aufnehmen?
- Ist die Handlung tatsächlich so abgelaufen, wie ich es vermutet habe?

Handlungsabläufe als strategisches Mittel zu verwenden, zwingt uns auch, in Bildern zu denken. Wir stellen uns Ereignisse vor und gelangen dabei an Stellen, die wir uns nicht vorstellen können - woraus sich sofort eine Rechercheaufgabe ergibt. Zudem kommt das Denken in Bildern der Anschaulichkeit in einem Hörfunkbeitrag oder den Drehaufnahmen für einen TV-Bericht zugute.Wir beginnen mit einem einfachen Beispiel: Im Jahre 1988 fragten sich Sportjournalisten, ob Bernd Schuster zum Club Real Madrid wechseln würde oder nicht. Schuster selbst gab dazu keine Auskünfte. Ein findiger Journalist der Frankfurter Rundschau kam dann auf den Gedanken, daß Schuster schulpflichtige Kinder hatte. Er erkundigte sich dann in Madrid, ob Schuster seine Kinder schon in der deutschen Schule angemeldet hatte. Dies war in der Tat der Fall, woraus der Journalist korrekt schloß, Schuster würde nach Madrid wechseln (FR vom 10.03.1988).

Rekonstruiert man das Vorgehen des Journalisten, so hat er folgendes getan: Er hat zunächst überlegt, in welchen familiären Verhältnissen Bernd Schuster lebt, kam dann auf die schulpflichtigen Kinder und verfolgte dann den Handlungsablauf. Was muß Schuster tun, wenn er schulpflichtige Kinder hat und wechseln wollte? Er muß dazu seine Kinder in der hiesigen Schule abmelden und in einer Schule in Madrid anmelden. Hierfür kommen gemeinhin nur eine internationale oder deutsche Schule in Frage. Der entsprechende Anruf erwies sich als Treffer. Im besten Falle hätte der Journalist sogar auch noch herausfinden können, in welchen Schulen die Kinder jetzt angemeldet sind, hätte dort angerufen und die Auskunft erhalten müssen, die Kinder seien zum Ende des Sommers abgemeldet worden. Damit hätte der Journalist sogar eine Kreuzprüfung, also die Überprüfung eines Sachverhaltes aus zwei unterschiedlichen Quellen, erreicht.

Der Journalist hat also Sinnstrukturen verwendet, ein mögliches Handeln einer Person unterstellt, wie es in den meisten Fällen zutreffen dürfte und daher sehr plausibel ist. Gewiß muß das Handeln einer Person nicht immer dem angenommenen Ablauf entsprechen, Fehler sind also nicht auszuschließen. Um uns vor einem voreiligen Schluß zu bewahren, ist daher die oben erwähnte Kreuzprüfung - die ja für viele Recherchen grundlegend ist - erforderlich.

Das Beispiel zeigt auch einen weiteren Vorteil des Handlungsablaufes: man gelangt automatisch auf die an einer Handlung beteiligten Personen und Institutionen und somit darauf, *was* der Journalist bei *wem* recherchieren muß. Ein schwierigeres

Beispiel. Eine Journalistin recherchiert zum Thema „Organhandel“. Die Fragen, wer mit Organen handelt, welche Organe besonders knapp sind und wer von solchem Handel weiß, mögen auf ihrer Liste der zu recherchierenden Sachverhalte stehen. Damit hat sie aber noch keine brauchbare Recherchestrategie. Erneut bietet sich dazu der Handlungsablauf an, sei es zunächst auch nur dazu, um auf ein systematisches, das heißt planvolles und damit zeitsparendes Vorgehen bei der Recherche zu kommen. Die Journalistin versucht also zunächst einmal, einen Ablauf des Geschehens zu rekonstruieren. Wie kommt beispielsweise eine Niere vom Spender zum Empfänger? Um das zu ermitteln, bedarf es im besten Falle nur eines Anrufes bei einem Chirurgen in einer Klinik, die solche Transplantationen durchführt. (Kennt sie keine Klinik, kann sie den nationalen oder regionalen Verband der Ärzte anrufen.) Sie hat nun, sagen wir, drei Krankenhäuser und Namen von Chirurgen, einen von ihnen wird sie gewiß erreichen. Dieser Chirurg wird ihr in etwa folgende Auskunft geben:

- Es gibt eine Eurotransplant-Zentrale in der niederländischen Stadt Leiden. Dort sind Spender und bedürftige Empfänger mit ihren Merkmalen gespeichert. Wenn ein schwer Verunglückter stirbt und er sich mit einer Transplantation zum Beispiel seiner Niere einverstanden erklärt hatte, wird der Fall nach Leiden gemeldet.
- Leiden meldet an ein Krankenhaus mit einem passenden Empfänger, daß eine Niere mit den Merkmalen X eines Spenders in der Stadt Y in den nächsten 24 Stunden verfügbar ist.
- Die Klinik informiert den potentiellen Empfänger, sich umgehend in das Krankenhaus in der Stadt Z zu begeben.
- Dem inzwischen verstorbenen Spender wird die Niere entnommen, konserviert und per Flugzeug in die Klinik in die Stadt Z transportiert. Dort haben bereits die Vorbereitungen zur Operation begonnen. Die Niere wird transplantiert.
- Die Journalistin kann auch auf Folgeprobleme stoßen, darunter die Frage, wer die Kosten übernimmt und ob es eine Nachsorge gibt, ob eventuell therapeutische Gesprächskreise angeraten werden.

Die Auskünfte des Chirurgen können aber auch Angaben über die Knappheit einzelner Organe enthalten. Die Journalistin fragt, ob es nicht angesichts einer Nachfrage, die das Angebot übersteigt, zwangsläufig zu einem Schwarzmarkt kommen müsse. Der Chirurg gibt hierzu eine ausweichende Antwort. Diesem Problem geht die Journalistin nun - erst recht - weiter nach, indem sie mit anderen Chirurgen aus ihrer Liste spricht. Sie kann sich aber auch, sofern sie hierauf stößt, an Redakteure des Ärztetelegramms oder den Informationsdienst „Dr. Mabuse“ wenden oder im Internet fündig werden. Nun konzentriert sich die weitere Recherche auf die Frage, an welcher Stelle der Schwarzmarkt auftreten könne und um welche Organe es sich dabei handelt. Dabei können Anrufe in Leiden weiterführen. Was die Journalistin durch diese Rekonstruktion des Handlungsablaufes weiß, ist, daß es einen Schwarzhandel gibt. Das führt sie nun zu der Frage, ob in Deutschland Chirurgen wissentlich Schwarzmarkt-Organe transplantieren. Hierzu wird sie durchgängig die Auskünfte erhalten, dies sei nicht der Fall, es gäbe jedoch in Großbritannien Kliniken, wo dies geschehe. Die Spender seien häufig Inder, die, obgleich völlig gesund, gegen Geld (im besten Fall) beispielsweise eine Niere abgäben. Hieran schließt sich die Frage, welche Organe sich ohne Spezifikation der medizinischen Merkmale des Spenders übertragen lassen und welche Risiken damit verbunden sind, wenn diese Spezifikation nicht bekannt ist.

Zusammenfassung

Recherchieren kann man wie alle journalistischen Formen lernen. Wir haben dies an einem zentralen „Rezept" dargestellt. Es ist zu erkennen, daß die (Re-)Konstruktion von Handlungsabläufen mehrere Vorteile hat. Sie führt uns auf die beteiligten Personen und Institutionen; und sie erfordert Annahmen darüber, wie der Handlungsablauf gewesen sein könnte. Diese Annahmen werden in der Recherche überprüft, einige beibehalten, andere verworfen. Wir haben schließlich gezeigt, daß der Handlungsablauf auch ein strategisches Mittel zur Organisation des Nachdenkens und somit der Recherche ist.

Recherchieren bei einer Nachrichtenagentur

Guido Rijkhoek

«Jungens, macht rasch,
Jungens macht rascher,
denn es geht um Sekunden!»
Bertolt Brecht

Es geht vielleicht nicht um Sekunden, aber oft genug um Minuten. Bei reinen Nachrichten haben Agenturjournalisten permanent Redaktionsschluß. Eine brandheiße News muß so schnell es geht raus, auf den Draht, wie man in der Branche in Anlehnung an die Zeit sagt, als Nachrichten noch per Telegraf verbreitet wurden. Die Folgen für das Sammeln und Kontrollieren von Informationen sind klar. Tiefschürfende Recherchen, bei denen man Dutzende von Informanten trifft, Archive aller Art durchforstet, tagelang im Internet surft und verhörähnliche Interviews führt, kennt der gemeine Agenturjournalist entweder nur vom Hörensagen oder aus früherer Berufserfahrung. Investigativjournalismus jedenfalls ist unter dem permanenten Zeitdruck, unter dem man bei AP, dpa, Reuters, afp oder einer der übrigen kleineren Agenturen steht, praktisch unmöglich.

Dennoch kommt natürlich auch der Agenturjournalist nicht ohne Recherche aus. Das Sammeln und Kontrollieren von Informationen zielt aber in der Mehrzahl der Fälle weniger auf Exklusivität denn auf Verläßlichkeit. «The choice between being first and being right is no choice at all», heißt es dazu im Handbuch der Nachrichtenagentur AP. Man darf nie vergessen, daß Agenturjournalisten nicht nur ein Endprodukt - eine fertige Zeitungsmeldung etwa - herstellen, sondern auch wichtiges Basismaterial für Kollegen anderer Medien liefern, für TV und Radio, für Magazine und Wochenblätter.

Zuverlässigkeit ist da oberstes Gebot. Also punktgenau recherchieren, und schnell muß es trotzdem gehen. In der Regel bedeutet Recherche ein Anruf bei einem Pressesprecher, einem Politiker, einem Staatsanwalt, einem Wirtschaftsfachmann oder sonstigen Experten. Der richtige Mann oder die richtige Frau müssen dem Journalisten dann halt erklären, warum etwa die Landesregierung X mal wieder im Bundesrat gegen die Bonner Koalition gestimmt hat, warum immer noch Verbrecher durch die Gegend laufen oder warum die Aktienkurse steigen.

Ein wichtiger Teil der Recherche besteht auch aus der Sichtung des eigenen Informationsbestands. Das klingt zwar banal, ist für Agenturjournalisten aber eine ganz wichtige Größe. Da ein Inlandskorrespondent einer Agentur pro Jahr schätzungsweise zwischen 600 und 1000 Meldungen und Berichte schreibt, wächst die Summe der eigenen Arbeit mit der Zeit zu einer Chronik der Ereignisse zusammen. Nach ein paar Jahren gibt es fast nichts, zu dem man nicht irgendwann irgendetwas geschrieben hat.

Wer so klug ist, die eigenen Artikel auf die Festplatte seines Computer zu bannen, verfügt somit über ein Pfund, mit dem sich tüchtig wuchern läßt. Um es an einem Beispiel festzumachen: Wenn ich über einen in Kürze beginnenden Strafprozeß berichten soll, schaue ich zunächst einmal im eigenen Computer nach, ob ich zu dem Thema schon etwas geschrieben habe. Denn in aller Regel hat man über einen Fall, dessen Hauptverhandlung berichtenswert ist, schon geschrieben, als das Verbrechen geschah, und dann nochmal, als die Staatsanwaltschaft Anklage erhoben hat. Mit den wiedererweckten Details aus den eigenen Berichten im Gedächtnis kann man dann unmittelbar vor Prozeßstart nochmals Gericht oder Verfahrensbeteiligte anrufen, um sich auf den letzten Stand zu bringen.

Zum eigenen Bestand gehört bei vielen Agenturjournalisten auch ein Handarchiv. Da die wenigsten Nachrichtenagenturen ein eigenes Pressearchiv führen, sammeln zahlreiche Kollegen auf eigene Faust, was ihnen wichtig erscheint. Das sind in der Regel Presseartikel, aber auch Presseerklärungen von Behörden, Parteien und Verbänden sowie Originaldokumente, soweit man sie in die Finger bekommt. Für brauchbare Hintergrundberichte, die oft fast so schnell geschrieben sein wollen wie reine Nachrichten, ist ein solches Handarchiv unerläßlich. Denn der Besuch eines professionellen Pressearchivs, etwa eines Rundfunksenders oder einer großen Zeitung, verbietet sich in der Regel - die Zeit reicht einfach nicht.

Das gnadenlose Tempo, mit dem in diesem Geschäft oft gearbeitet wird, erfordert ein gutes Auge für das Machbare. Es ist keine Seltenheit, daß mich am späten Vormittag ein Anruf meiner Firmenzentrale ereilt, mit dem Vorschlag für einen aktuellen Hintergrundbericht. Und aktuell heißt, daß das Stück am gleichen Tag bis spätestens 15.00 Uhr, allerspätestens 16.00 Uhr bei den Kunden eingehen soll. Aktuell heißt darüber hinaus, daß die Agentur den Bericht ankündigt und diese Ankündigung mit einer Berichtszeit versieht, die nicht beliebig überschritten werden darf. Wenn ich bei einem solchen Vorschlag «Ja» sage, gibt es kein Zurück mehr.

Ich muß also im Moment des Anrufs sagen können, ob in vier bis fünf Stunden ein möglicherweise komplexes Thema zu recherchieren und zu verarbeiten ist. Dabei ist die Verarbeitung eine gut zu kalkulierende Größe. Agenturberichte sind keine Kunstwerke. Wer ein paar Jahre Praxis auf dem Buckel hat, braucht für ein sogenanntes Feature im Notfall selten mehr als eine Stunde. Bleiben also maximal drei bis vier Stunden für die Recherche. Das ist furchtbar wenig Zeit, wenn man erst um 10.00 oder 11.00 Uhr anfängt und dabei bedenkt, daß die Mitarbeiter vieler Ämter und

Büros zwischen 12.00 und 14.00 Uhr in komfortablen Mittagspausen verschwinden. Die Konsequenz ist, daß ich manchmal mit der Recherche erst gar nicht beginne. Als Anfang Januar 1998 das Bundesverwaltungsgericht die erste Teilgenehmigung des Atomkraftwerks Mülheim-Kärlich aufhob, bat mich eine Kollegin, noch am gleichen Tag einen Korrespondentenbericht über die Zukunft der Atomindustrie in Deutschland zu schreiben. Ich mußte diese Bitte ablehnen, nicht, weil es für mich viel Arbeit bedeutet hätte, sie zu erfüllen, sondern weil ich wußte, daß für mich dieses Thema aus dem Stand nicht zu recherchieren war.

Wer ein bestimmtes Problem innerhalb weniger Stunden journalistisch in den Griff kriegen will, muß sich auf dem jeweiligen Terrain bewegen können. Ich muß spontan wissen, wen ich anrufen kann, wer im Zweifelsfall auch ans Telefon geht, von wem ich schnelle und kompetente Sachinformation bekomme und wer mir vielleicht ein paar schöne Zitate liefert, die das Problem auf den Punkt bringen. Als Korrespondent, der vornehmlich mit Landespolitik und nicht mit Wirtschaftsthemen befaßt ist, mußte ich bei der Zukunft der deutschen Atomindustrie einfach passen.

Vor dem Hintergrund des beschriebenen Zeitdrucks glaube ich, daß auch für die Recherche von Agenturjournalisten das Internet in den nächsten Jahren eine zunehmende Bedeutung erhalten wird. Bereits heute surfen Magazinjournalisten auf der Suche nach neuen Themen und Informationen eifrig im Netz der Netze. Da die vielbewunderte Datenautobahn für Computerlaien aber immer noch einer Schlaglochpiste ähnelt, ist das Revier für Agenturschreiber bislang weitgehend uninteressant. Es dauert mal wieder zu lange. Mit den technischen Verbesserungen, die da zweifellos kommen werden, dürfte sich das in den nächsten Jahren ändern.

Dazu ein abschließendes Beispiel: Als im Herbst 1997 bundesweit die Studenten auf die Straße gingen, schrieb ich mehrere Berichte zur Situation an den hessischen Hochschulen. In diesem Zusammenhang wollte ich mir auch einmal das neue hessische Hochschulgesetz anschauen. In einem Telefonat mit dem Wiesbadener Wissenschaftsministerium erklärte mir der Pressesprecher, der ursprüngliche Entwurf des Gesetzes sei durch die laufende parlamentarische Beratung bereits überholt. Eine aktuelle schriftliche Fassung gebe es nicht in Papierform. Sie fand sich aber auf der Homepage der TU Darmstadt. Denn die Darmstädter Uni hatte die Beratung verfolgt und den Gesetzentwurf in der jeweils aktuellen Fassung ins Internet gestellt.

Ich habe da meine Quellen...
Anmerkungen zum schwierigen journalistischen Umgang mit Nachrichtendiensten

Egmont R. Koch

Ein aktueller Fall, Recherchen aus gegebenem Anlaß. Anfang Juni 1998. Pakistan hat, nach Indien, Atombomben getestet und damit seine nukleare Potenz unter Beweis gestellt. Plötzlich interessiert wieder ein Thema, mit dem ich mich zehn, zwölf Jahre zuvor intensiv beschäftigt, das ich danach aber aus den Augen verloren hatte: die illegalen oder doch zumindest zwielichtigen Lieferungen von Nukleartechnologie aus Deutschland nach Islamabad, meist unter den Augen oder gar mit dem Segen des Bundeswirtschaftsministeriums.

Erste Frage: Wie kann ich mir einen Überblick verschaffen, alte Erkenntnisse auffrischen, neue in Erfahrung bringen? Zum Glück sind einige der „Joes" verschiedener Nachrichtendienste noch auf ihrem Posten, andere inzwischen pensioniert und deswegen sehr zugänglich; einige von ihnen werden wegen ihres Spezialwissens über Pakistan gerade „reaktiviert". In der angelsächsischen Geheimdienst-Welt heißen alle Quellen „Joe"; Namen sind Schall und Rauch.

Es kommt zu einer Reihe von Hintergrundgesprächen mit meinen damaligen Joes aus den Nachrichtendiensten verschiedener Länder, offizielle, halb-offizielle und konspirative. Ich erfahre interessante neue Details, bekomme hier und dort auch ein paar vertrauliche Analysen zugeschoben. Soweit, so gut.

Dann erfahre ich, daß in Stuttgart gerade ein Prozeß stattfindet, gegen einen der Lieferanten, der seit Mitte der siebziger Jahre dem pakistanischen Bombenprojekt auf die Sprünge geholfen haben soll. Von der Anklage gibt es eine Kurzfassung - und eine weitaus spannendere Langversion. Die Staatsanwaltschaft hält sie unter Verschluß - aus nachvollziehbaren Gründen. Dort wird nämlich höchst Bemerkenswertes über die Kontakte des notorischen Schmugglers von Atomtechnologie zum BND geschildert: „Der Angeschuldigte hat dem BND im Zeitraum Januar 1985 bis Februar 1994 als Informationsquelle gedient... Die BND-Mitarbeiter ...räumten anläßlich einer Besprechung in Pullach...ein, seit Oktober 1984 regelmäßig Kontakt zu dem Angeschuldigten aufgenommen zu haben, weil dieser über Zugang zu den höchsten Kreisen der pakistanischen Rüstungsindustrie verfügte und dem BND hierüber Informationen beschafft habe."

Dieser keineswegs überraschende Sachverhalt zeigt einen grundsätzlichen Konflikt auf: Atom-Schieber und andere Wirtschaftskriminelle liefern offensichtlich als

Gegenleistung für die nachrichtendienstliche Duldung ihrer Geschäfte Informationen über die Lage vor Ort.

Aus der Sicht des Nachrichtendienstes mag das durchaus plausibel sein. Er soll seine Regierung über die Lage in den betreffenden Ländern, in diesem Falle Pakistan, informieren. Die Aufklärung betreibt er elektronisch, durch Überwachung des Telefon- und Faxverkehrs zum Beispiel, und vor Ort durch menschliche Quellen, vulgo: Spione. Das Lauschen im Netz bringt zwar eine Fülle von Informationen, deren zeitnahe Auswertung und Interpretation ist aber fast unmöglich. Und Agenten tragen ein erhebliches persönliches Risiko, das in einem „vertretbaren" Verhältnis zum Aufklärungsziel stehen muß.

Also sind Geschäftsleute, die das Land regelmäßig bereisen und sogar noch Zugang zu sensiblen Bereichen haben, sehr gute und weitgehend ungefährdete Quellen. Wer aber, wie der besagte Stuttgarter BND-Informant, mit militärischen Kreisen in Pakistan zu tun hat, liefert sicherlich keine Ersatzteile für Kugelschreiberfabriken oder die Zuckerindustrie - so der Angeschuldigte vor Gericht; er liefert Waffen oder Rüstungsgüter, in diesem Fall Zubehör für die Bombenprojekte Islamabads. Boshaft gesprochen: Je verwerflicher die Lieferungen, desto wertvoller der Lieferant für einen Nachrichtendienst. Der BND bildet da keine Ausnahme.

Das heißt aber auch: Informationen, die ich bei den vertraulichen briefings über die pakistanischen Bombenpläne erfahre, verdanke ich letztendlich auch jenen Leuten, gegen die sich meine Berichterstattung eigentlich richtet, die „Händler des Todes". Ich meine, man sollte das im Kopf behalten.

Es gibt andere Probleme im Umgang mit Nachrichtendiensten. Das Verhängnisvolle an exklusiven Informationen ist, daß deren Herkunft lokalisierbar sein könnte. Welche Information von meinem einen Joe darf ich mir also von meinem zweiten Joe bestätigen (oder widerlegen) lassen, ohne daß meinem zweiten Joe sofort klar ist, daß ich sie von meinem ersten Joe habe. Schwierig. Mancher Eiertanz wird da aufs Parkett gelegt.

Und dann ist da noch die ständige Frage über das Motiv meines nachrichtendienstlichen Gesprächspartners, sich mit mir (und womöglich mit Trenchcoat und Schlapphut) zu treffen. Um über sein Spezialgebiet zu plaudern? Ist er an einer möglichst seriösen, fundierten Geschichte interessiert? Will er von meinen Recherchenerkenntnissen profitieren (vielleicht ist für ihn die eine oder andere Rosine dabei)? Oder fühlt er sich vom Kontakt mit einem Pressemann geschmeichelt, weil der Bürokratenfrust tief sitzt und all diese Informationen, die er über Jahre beschafft hat, in Bonn, Washington, London oder sonstwo kein Schwein interessieren und womöglich gleich in den Schredder wandern? Kann alles sein.

Und wenn er ein Spiel treibt, das der Desinformation? Natürlich lancieren Geheimdienste Nachrichten, weil sie damit bestimmte Zwecke verfolgen. Sie wollen der

Öffentlichkeit oder manchmal auch der Gegenseite, die ja auch Ausschnitts-Service und Pressespiegel hat, Sand in die Augen streuen, sie an der Nase herumführen. Das gilt, nach dem Ende des Ost-West-Konflikts, speziell unter befreundeten Diensten.

Nachrichtendienste tischen aber nicht nur falsche Geschichten auf, sie lügen auch, wenn es der eigenen Politik dient oder um den Schutz ihrer Quellen geht. Auch das sollte man sich vergegenwärtigen.

Bei jedem Kontakt, auch mit Quellen, die man inzwischen als gute Bekannte einstufen würde, muß demnach die Frage bedacht werden: Will er mich instrumentalisieren? Solange mein Joe sein Sachgebiet durch öffentliche Erwähnung intern wichtiger machen will - geschenkt! Problematischer wird es, wenn er plötzlich und unerwartet eine eigene Idee einbringt: „Sie müßten sich mal um dies und das kümmern..." oder „Wenn Sie mal wieder Zeit haben, hätte ich da eine Anregung für Sie." Dann sollten bei uns Journalisten die Alarmglocken läuten.

Dabei klingt es natürlich verlockend. Man hat nach so vielen Jahren endlich ein so gutes Vertrauensverhältnis zu seinem Joe aufgebaut, daß er einen von sich aus mit heißem Material zu füttern beginnt. Und dann soll man auf die Geschichte verzichten? Nicht notwendigerweise! Man sollte nur kritisch bleiben. Vielleicht möchte der Mann tatsächlich nur seine Geschichte in der Presse lesen und damit seine Vorgesetzten beeindrucken (self fullfilling prophecy); vielleicht aber möchte er mich durch eine euphorische, vertrauensselige Stimmung aus der Reserve locken, herausfinden, wo meine anderen Quellen sitzen.

Alle Nachrichtendienste erwarten etwas dafür, daß sie Journalisten ins Vertrauen ziehen: die eigenen Recherchenerkenntnisse - und einen pfleglichen Umgang im nächsten Bericht. Sonst droht Liebesentzug. Wie weit kann man gehen, ohne sich zu verbiegen? Bei manchen Kollegen bin ich immer wieder (und durchaus anerkennend) erstaunt, wie sie diesen Spagat zustande bringen: einerseits den Zugang zu den Diensten nicht zu verlieren, andererseits diese dort, wo es nötig ist, auch hart, bisweilen sehr hart zu kritisieren. Siehe Plutonium-Skandal. Wenn es nach einer solchen öffentlichen Ohrfeige keine nachhaltig beleidigten Leberwürste gibt, die alten Kontakte nicht abreißen und die Infos weiterhin sprudeln, dann zeugt das weniger von Toleranz der „Schlapphüte" als vielmehr von ihrem Eigeninteresse, mitzumischen im Tauschgeschäft mit Herrschaftswissen.

Die Entlarvung der Geheimwaffe "M"

Christoph Maria Fröhder

Der Kameramann hatte perfekt ausgeleuchtet. Alles war fertig, um auf dem Gang des Bundeskriminalamtes ein Interview aufzunehmen. Thema: „Die Möglichkeiten der modernen Kriminaltechnik." Plötzlich kam ein aufgeregter Beamter auf unser Team zu und begann mit dem Mitarbeiter der Presseabteilung, der uns begleitete, zu tuscheln. Der ging sofort in eine Art Hab-Acht-Stellung und forderte uns auf, einige Zeit in einem Nebenraum zu warten. Warum wir den Gang so plötzlich verlassen sollten, erklärte er uns nicht. Da ich jedoch darauf bestand, daß unser teures Equipment auch im BKA nicht unbewacht stehen könne, handelten wir einen Kompromiß aus. Der Mitarbeiter der Presseabteilung blieb auf dem Gang, ein Verwaltungsangestellter leistete uns während der Wartezeit Gesellschaft. Während wir uns über alles mögliche unterhielten, machte ich noch einmal meine Irritation über diese merkwürdige Unterbrechung deutlich. Der Verwaltungsangestellte versuchte uns mit dem Hinweis bei Laune zu halten, selbst hochrangige BKA-Beamte müßten sich in solch einem Fall mit dem Gesicht zur Wand stellen. Doch dieser Beschwichtigungsversuch weckte erst recht mein Interesse. Ich wollte wissen, was auf dem Gang ablief, wenn es sogar hochrangigen BKA-lern verborgen bleiben mußte.

Tage später fragte ich einen mir als umgänglich bekannten Beamten nach dem Zwischenfall. Seine Miene versteinerte, und mit spröden Worten erklärte er, über diesen Vorfall dürfe er nicht reden. Damit wurde noch deutlicher klar, in der obersten Polizeibehörde lief etwas ab, was nicht einmal andeutungsweise der Öffentlichkeit bekannt werden durfte.

Für mich stellten sich nun folgende Fragen:

1. War der Vorgang nur ein Ritual, das nicht bekannt werden sollte, oder war die Angelegenheit von so wichtiger Bedeutung, daß eine Recherche gerechtfertigt war?
2. Würden durch eine Recherche möglicherweise wichtige Polizeieinsätze gefährdet?
3. Hing dieser konspirative Vorfall möglicherweise mit einer Terroristenfahndung zusammen, die damals auf Hochtouren lief?

Auf den ersten Blick standen sich hier die Staatsräson und das journalistische Selbstverständnis der „watchdog role" gegenüber.

Nach reiflicher Überlegung entschloß ich mich, die Kontrollfunktion der Presse höher einzustufen, und das erkennbare Bemühen der Behörde, einen Vorgang geheim zu halten, nicht so ohne weiteres zu akzeptieren. Basis meiner Entscheidung war auch diesmal meine feste Überzeugung, daß auch sensible Tatbestände Gegenstand öffentlicher

Diskussionen sein müssen, um eine demokratische Meinungsbildung zu ermöglichen.

Die ersten Rechercheversuche verliefen zäh. Ich sprach insgesamt 14 aktive und ehemalige Beamte an. Eines wurde dabei sofort deutlich: Nur eine kleine Zahl von Eingeweihten wußte überhaupt von vergleichbaren Vorfällen, wie dem auf dem Gang des BKAs. Aber die wenigsten von diesen Informanten konnten mir Hintergründe nennen.

Da es keinen Sinn gemacht hätte, BKA-Beamte nach dem Zufallsprinzip anzusprechen, ging ich mit System vor. Als erstes wertete ich meine gesamten Notizbücher nach Polizeibeamten aus, die ich bei früheren Reportagen kennengelernt hatte. Mein größtes Handicap war die Tatsache, daß ich außer der Schilderung der Situation auf dem Gang der Wiesbadener Behörde praktisch nichts wußte, um den Sachverhalt gründlich zu hinterfragen. Dies erkannten meine Gesprächspartner, und die Folge war ein schnelles Ende der Gespräche. Meist ging es in eine allgemeine Witzelei über. Ein Beamter, der mittlerweile einen Lehrauftrag an einer Fachhochschule innehatte, erklärte sich bereit, mit mir über die Hintergründe zu reden, sobald ich „meine Hausaufgaben gemacht hätte". Aus dem Gespräch mit ihm konnte ich immerhin zwei Dinge ableiten: Zum einen war der Gegenstand meines Interesses auch für einen Beamten wichtig, dessen Bildungsniveau erkennbar über dem Durchschnitt der Polizeibeamten lag. Zum anderen hatte der Hochschullehrer angedeutet, daß der Vorgang mit der Bekämpfung „Organisierter Kriminalität" zu tun habe. Dies war nun endlich ein Anhaltspunkt für meine Recherchen. Als erstes versuchte ich unter dem Stichwort „Organisierte Kriminalität" im Zeitungsarchiv des hessischen Rundfunks einen Hinweis zu finden. Dies erwies sich jedoch als äußerst schwierig, weil alles - vom Banküberfall über Erpressung und Kindesmord bis zur Geiselnahme - in einer Mappe unter dem Stichwort Kriminalität abgelegt war. Nach 14tägigem Studium des Archivmaterials war ich zwar bestens über die Verbrechen der letzten fünf Jahre informiert, doch einen Zusammenhang zu dem Vorfall im BKA konnte ich nicht erkennen. Dieses frustrierende Ergebnis nach fast drei Monaten Arbeit machte deutlich, daß der bisherige Rechercheansatz falsch und zu ungenau war.

Ich dachte also über einen anderen Weg nach. Mir war klar, daß der Hochschullehrer mehr wußte, aber keinen „Geheimnisverrat" begehen würde. Also mußte ich einen Zugang zu seinem früheren Kollegenkreis finden, was bei einem Ex-BKAler nicht leicht ist. Damals - Ende der 70er Jahre - gab es noch keine elektronischen Archive, mit denen man hätte arbeiten und seinen Namen abfragen können. Sehr behutsam besorgte ich mir ein Organigramm des BKA und eine Kopie eines bereits überholten Telefonverzeichnisses. Jetzt konnte ich mit Hilfe eines etwas gesprächigeren Ex-Polizisten endlich die gesamte ehemalige Abteilung des Hochschullehrers rekonstruieren. Als die Liste nach etwa 14 Tagen stand, enthielt sie allerdings nur die Wohnorte der Mitarbeiter, nicht jedoch ihre präzisen Adressen. Glücklicherweise wohnen bis heute die meisten BKA-Beamten in den Vororten rings um Wiesbaden. In der Regel war unter ihrem Namen allerdings kein Telefonanschluß verzeichnet. Ich kam wieder nicht weiter, mußte erneut nach einem anderen Weg suchen. Aus meiner früheren Tätigkeit als landespolitischer Hörfunkkorrespondent wußte ich von einer umfangreichen Sammlung von Telefonbüchern der Region im Landtag. Der zuständige Beamte hätte mir fast noch ein Trinkgeld gegeben, als ich aus seinem Aktenkeller drei Dutzend alte Telefonbücher abschleppte. Was damals den Kofferraum meines Wagen füllte, wäre heute auf einem Bruchteil einer Adressen-CD-Rom unterzubringen. Doch der Aufwand lohnte sich, ich wurde endlich fündig. Erfreulicherweise waren die Beamten ziemlich phantasielos. Viele hatten die Anschlüsse entweder unter dem Namen ihrer Ehefrauen oder ihrer Kinder angemeldet. Oft genügte schon eine Anfrage mit dem richtigen Vornamen und der Mann war gefunden. Als die Liste vollständig war, begann das große Klinkenputzen. Ich hatte mich bewußt zu einer direkten Kontaktaufnahme entschlossen. Meine Erfahrung war die, daß Leute eher und mehr reden, wenn man ihnen direkt gegenüber steht. Dazu kommt, daß man aus der Körpersprache einiges ablesen kann - zum Beispiel wird sehr schnell deutlich, über welche Punkte der Gesprächspartner nicht reden will. Diese unbeantworteten Fragen, bei denen sich mein Gegenüber erkennbar schwertat, habe ich unter dem Stichwort „Problemkreis" auf einem speziell entworfenen Formular notiert. Zweimal wurde mir die Haustür vor der Nase zugeschlagen, vier Beamte waren gesprächsbereit. Die Gespräche bescherten mir die Information über eine Art Wunderwaffe der zentralen Polizeibehörde. Ein Mann - dessen Name alle mit „M" abkürzten - wurde vom BKA jeweils dann eingesetzt, wenn es für die eigenen Beamten Schranken gab. Von Fall zu Fall, so die Informationen, kam er direkt ins BKA-Haus. Während seiner Besuche war höchste Sicherheitsstufe angesagt. Einen solchen Termin hatten wir im BKA damals erlebt.

Die Superwaffe „M" war für mich sofort ein Herausforderung. Weiterzurecherchieren wurde fast eine Pflichtübung für mich, denn ich nahm und nehme die Kontroll- und Kritikfunktion der Medien äußerst wichtig.

Entsprechend dem Spiegel-Urteil des Bundesverfassungsgerichts von 1966, in dem die öffentliche Kontrollaufgabe als Privileg der Presse gilt, sah ich mich veranlaßt, Licht in diesen merkwürdigen Vorgang zu bringen.

Offenkundig war, daß das BKA hier ein Instrument der Verbrechensbekämpfung geheimhielt. Die Frage war: Warum? Es konnten zwar ganz simple Gründe dafür sprechen, doch vereinzelte Hinweise hatten mich mißtrauisch gemacht. So war klar geworden, daß es sich bei der Wunderwaffe nicht um einen BKA-Beamten handelte, sondern um einen Privatmann, der zudem noch mit der Versicherungswirtschaft verbandelt war.

Als nächstes befragte ich die gesprächsbereiten BKAler erneut. Diesmal wollte ich gezielt wissen, welche Verbindung es zwischen „M" und der Versicherungswirtschaft gibt und was man davon zu halten hat. Das Resultat war eindeutig: Alle meine Gesprächspartner lehnten die Doppelfunktion zwischen privater Versicherungswirtschaft und staatlicher Polizeibehörde ab. Meine Zähigkeit brachte mich schließlich dem Ziel noch näher. Einer der Ex-Beamten erzählte mir schließlich, was er über die Geheimwaffe „M" wußte. Danach war der Mann ein ehemaliger Privatdetektiv , etwas über 40 Jahre alt. Zwar kannte mein Informant nicht den Klarnamen des Mannes, aber zwei seiner Decknamen. Außerdem gab er mir einen gezielten Hinweis auf eine frühere intensive Zusammenarbeit von „M" mit dem hessischen LKA und der Frankfurter Allianz. Schwerpunkt sei unter anderem die Wiederbeschaffung gestohlener Luxuswagen gewesen. Nach Meinung des Ex-Beamten war es zu einem Zerwürfnis zwischen „M" und der Versicherung gekommen, weil man sich über die Höhe der Provisionszahlung nicht einigen konnte.

Zu diesem Zeitpunkt mußte ich die inzwischen sieben Monate andauernde Recherche wegen einer längeren Afrika-Reportage unterbrechen. Nach der Rückkehr aber war alles leichter als erwartet. Bei der Versicherung wußte man sofort, von wem ich sprach. In der Tat war die Zusammenarbeit beendet worden. Nach diversen Hintergrundgesprächen ergab sich folgendes Bild: Bei „M" handelte es sich um einen selbsternannten Privatdetektiv, der anfangs untreue Ehepartner observierte. Später spürte er für Versicherungen gestohlene Fahrzeuge auf und erhielt für die Aufklärung der Fälle einen Pauschalbetrag. Seine Kontakte zur Polizei galten als legendär und stellten aus der Sicht der Versicherungen die Geschäftsgrundlage für seinen Aufstieg dar.

Mit diesem Wissen und einigen zusätzlichen Anekdoten ausgestattet, kontaktierte ich nun erneut den Hochschullehrer. Er fragte mich ab wie einen Studenten beim Examen und bemerkte dann wie ein zufriedener Prüfer: „Sie haben wirklich Ihre Schularbeiten gemacht". Das war der Durchbruch. Danach erfuhr ich von ihm einen großen Teil seines Wissens, unter anderem den Namen des Mannes: Werner Mauss. Er arbeitete für zahlreiche Landeskriminalämter, aber ebenso für das BKA, den BND und den Verfassungsschutz. Mein Gesprächspartner hatte keine sehr hohe Meinung von Mauss, bescheinigte ihm aber eine gerissene Umtriebigkeit. Gerüchteweise hatte er von einer geheimen Kartei gehört, in die Mauss angeblich alle Unregelmäßigkeiten bei seiner Zusammenarbeit mit der Polizei eintrage. Mein Gesprächspartner sah darin nicht nur eine Absicherung für den Detektiv, sondern auch ein erhebliches Druckmittel gegenüber offiziellen Stellen. In zahllosen weiteren Gesprächen mit anderen Beamten wurde deutlich, daß Mauss meist nach dem gleichen System vorging. Deshalb analysierte ich zwei mir bekannte Vorgänge und versuchte ihre Struktur zu erkennen. Es ergab sich folgendes Bild: Wenn Versicherungen Zweifel hatten, ob ein Einbruch möglicherweise mit Hilfe der Versicherungsnehmer inszeniert worden war, dann kam bei einer hohen Schadensforderungen Mauss zum Einsatz. Der hatte fast ungehinderten

Zugang zu Versicherungsunterlagen und polizeilichen Ermittlungsergebnissen. Da die Beamten meist über längere Zeit glücklos ermittelt hatten, sahen sie in der Weitergabe ihrer Ermittlungsergebnisse und Einsicht in Protokolle keine Dienstverletzungen. Das Groteske war, daß Mauss in der Regel beim Ermitteln von Fakten auch nicht geschickter als die Beamten war. Um dennoch zum Erfolg - und damit an die Prämie - zu kommen, stellte er den Verdächtigen häufig Fallen. So trat er mal als Hehler auf oder versuchte den Verdächtigen in eine neue Straftat einzubinden. Wenn dies gelang, erschien im richtigen Moment die Polizei und verhaftete den Verdächtigen. Mauss wurde in der Regel in den Akten nicht erwähnt und konnte sich vor dem Zugriff der Polizei ungehindert absetzen. Der Versicherungsnehmer - der meist aus wirtschaftlicher Not mitgemacht hatte - wurde jetzt mit zwei Vorwürfen konfrontiert. Da die Mauss-Inszenierung häufig von der Polizei beobachtet wurde, gab es für den zweiten Fall Beweise genug. Selbst wenn der Versicherungsnehmer den ersten Fall vehement bestritt, hatte er vor Gericht kaum Chancen, seine Unschuld zu beweisen. Die Versicherung lehnte die Zahlung im Routineverfahren ab. Nachdem diese Arbeitsschablone erstellt war, begann ich ausgesuchte Kriminalfälle auf dieses Raster zu untersuchen. In mehreren Fällen war es dann leicht, den Einsatz von Mauss nachzuweisen. Zur Abrundung fuhr ich noch einmal in das kleine Dorf im Hunsrück, das Mauss sich als Rückzugsort gewählt hatte. Bereits vorher war mir das Refugium als sehr aufwendig beschrieben worden. Doch die Wirklichkeit übertraf alle Schilderungen. Am Rande des Dorfes hatte Mauss mit Nato-Draht ein ganzes Tal absperren lassen. Über die Mitte des Grundstücks lief eine eigene Landepiste, auch eine zweimotorige Geschäftsmaschine war erkennbar. Mit den meisten Nachbarn war nicht zu reden, sie standen entweder bei Mauss unter Vertrag oder hatten sich von ihm eine abenteuerliche Geschichte erzählen lassen. Einig waren sich alle, daß „Herr Nelson“, wie Mauss sich hier nannte, eine wichtige Figur eines Geheimdienstes sei. Die wenigen auskunftsfreudigen Dorfbewohner wußten zum Teil von abenteuerlichen Einsätzen zu berichten. Dennoch gelang es mir, seine Vorgehensweise noch exakter zu analysieren.

Per Zufall las ich wenig später in einer überregionalen Zeitung vom Fall des Juwelier Due aus Hannover. Der war kurz vor der Eröffnung einer Schmuckausstellung in seinen Geschäftsräumen überfallen worden. Der Wert der Beute betrug rund 13,5 Millionen Mark. Die Polizei sah verschiedene Widersprüche, einen handfesten Beweis für einen von dem Juwelier inszenierten Versicherungsbetrug aber gab es nicht. Dennoch weigerte sich die Versicherung den Schaden zu regulieren. Damit war Due wirtschaftlich am Ende. Die bis dahin eher dürftige Beweislage änderte sich schlagartig, als der Juwelier, Monate später, mit einem kleinen Aktenkoffer voller Schmuckstücke verhaftet wurde. Keiner glaubte seiner Beteuerung, er habe diese Stücke nur versehentlich als ebenfalls gestohlen gemeldet. Sie seien später bei Lieferanten und Reparaturwerkstätten gefunden worden, doch er habe nicht den Mut gehabt, dieses der Versicherung zu melden, weil diese bereits erhebliche Zweifel an der Überfallversion geäußert und deshalb die Zahlung verweigert habe. Natürlich glaubte niemand seine Erzählung vom großen unbekannten Geschäftsmann namens „Claude", der ihm vorgeschlagen habe, die Reststücke einfach in New York auffliegen zu lassen. Damit - so habe ihm Claude plausibel erklärt - schlage er zwei Fliegen mit einer Klappe. Einerseits kämen die Schmuckstücke „offiziell" zurück, andererseits müsse die Versicherung dann endlich bezahlen, weil ja offenkundig eine internationale Bande den Überfall durchgeführt habe und jetzt die Beute weltweit verkaufe. Dieser Vorfall passte genau in das von mir recherchierte Raster. Um einen Kriminalfall aufzudecken, wurde ein weiterer inszeniert. Ein Anruf bei dem Anwalt des Juweliers erbrachte weitere Bausteine, wie ich sie schon bei anderen Fällen registriert hatte.

Im Falle des Juweliers Due aber kam es beim Strafprozeß zu einem neuen Vorgang. Der Zeuge Claude wurde vernommen. Dies geschah jedoch nicht im Gerichtssaal, wo man gegebenenfalls unter Ausschluß der Öffentlichkeit den Zeugen hätte vernehmen können. Auf Druck der Ermittler wurde eine Polizeikaserne für die Vernehmung gewählt. Aber auch hier wurde der Angeklagte nicht mit Claude unmittelbar konfrontiert. Der Zeuge saß stattdessen verdeckt einige Zimmer weiter. Fragen und Antworten wurden per Telefon eingespielt. Obwohl die Beobachtung eines Zeugen zu den Grundvoraussetzungen eines fairen Prozesses gehört, verzichtete man in Hannover darauf.

Nach diesen monatelangen Recherchen produzierte ich als erster einen Beitrag für Panorama, in dem ich die Arbeitsweise der BKA-Geheimwaffe schilderte. Noch während des Film-Schnitts rief mich Mauss an und versuchte, erst mit Schmeicheleien, dann mit Drohungen, mich von der Sendung abzuhalten. Der Beitrag wurde so ausgestrahlt wie von mir geplant. Später produzierte ich zwei längere Dokumentationen über den V-Mann Mauss und seine zwielichtigen Verbindungen zu deutschen Ermittlungsbehörden.

Der Juwelier Due wurde in erster Instanz zu sieben Jahren Gefängnis verurteilt, in zweiter Instanz wurde er freigesprochen und erhielt eine Haftentschädigung.

Der niedersächsische Landtag bildete einen Untersuchungsausschuß, doch Mauss erschien nicht. Bereits vorher hatte ein alter belgischer Busenfreund von ihm per offiziellem Interpoltelex mitgeteilt, das Leben des Zeugen Claude sei durch einen Herrn „Frohdler" gefährdet. Hätte der Polizeichef getelext, die Geschäfte des Herrn Claude seien durch mich gefährdet, wäre dies der Wahrheit deutlich näher gekommen.

Die Struktur-Recherche

Joachim Raschke

Strukturen sind unsichtbar wie Skandale vor ihrer Entdeckung. Aber sie sind wirksamer. Sie sind der eigentliche Hintergrund des Spiels auf der Bühne, über das täglich berichtet wird. Die Struktur-Recherche interessiert sich für das Drehbuch, nach dem die Akteure sich bewegen. Die Haupt- und Nebendarsteller sprechen ihren Text, aber sie sprechen nicht über das Drehbuch und dessen Aufbau.

Ein wesentlicher Teil von Strukturen sind Regeln. Meist ungeschriebene, »internalisierte« Regeln, die das Verhalten der Akteure als innerer Kompaß orientieren. Dies sind Regeln, nach denen der einzelne seine Handlungen und Begründungen auswählt. Schon nach ein paar Jahren saß Petra Kelly fassungslos auf der Galerie grüner Parteitage. Sie verstand nicht, daß das Spiel um Einfluß und Macht bei den Grünen seit Mitte der 80er Jahre an ihr vorbeiging. Es lief über Strömungen. Da half ihr die weltweite Bekanntheit, ihre Kenntnis der Regeln massenmedialer Spiele, in Deutschland und anderswo, gar nichts.

Kombiniert mit Ressourcen sind Regeln der Kern von »Strukturen«. Sie sind auch der wichtigste Teil des praktischen Wissens politischer Akteure. Politiker kennen viele Regeln des Spiels, aber sie sprechen meist nicht darüber. Jedenfalls nicht ungefragt. Sie müssen solche Regeln beherrschen, weil sie über ihren Aufstieg (Karriereregeln), ihren Einfluß (Einflußregeln), ihre Argumentation und Rhetorik (Diskursregeln) oder ihr Verhalten in machtstrategischen Interaktionen (Strategieregeln) entscheiden.

Je mehr sie diese anwenden, desto mehr werden die Regeln zu äußerlich beobachtbaren Regelmäßigkeiten. Aber zugrunde liegt immer der innere Umgang der Akteure mit Kriterien, durch die sie in wechselnden Situationen ihr Handeln bestimmen. Sie interpretieren solche Leitlinien des Handelns, manchmal revidieren sie sie auch. Dieser fortlaufende, innere Prozeß einer Strukturierung ist die Quelle unseres Wissens über Strukturen. Vorausgesetzt, wir fragen danach.

An sich besteht ein gemeinsames Interesse von Politikern, Journalisten, Politologen: sie müßten die Regeln der Politik kennen, um einen guten Job zu machen. Für Politiker gibt es keine Alternative. Sie müssen die Regeln des politischen Spiels beherrschen, um erfolgreich mitzuspielen. Journalisten und Politologen können ausweichen. So genau wollen die Redaktionen es oft gar nicht wissen. Was geschieht und die unmittelbaren Folgen: ja. Aber Erklärungen, die hinter die Ereignisse zurückgehen, behindern doch nur beim Rennen um den kleinsten Zeitvorteil.

Politologen reüssieren, wie andere Sozialwissenschaftler in ihrer Community, nach einer unsichtbaren, aber meist wirksamen Rangordnung: erst Theorie, dann quantitative Empirie, nur unter »ferner« läuft manches mit. Der aufstrebende Sozialwissenschaftler sitzt am Schreibtisch und am Computer. In vollen Sälen findet man ihn selten. Die Community, in ihrer wohlgesicherten Distanz, kann gar nicht beurteilen, wie weit ihre Wissenschaft vom Realitätserlebnis der politischen Akteure entfernt ist. Auch das Desinteresse der meisten Politiker an sozialwissenschaftlichen Produkten macht sie nicht stutzig. Es wird nur auf jene, nicht auf sich selbst zurückgeführt.

Der journalistische Markt, die wissenschaftliche Distanz-Pflege - man muß sich gar nicht rechtfertigen, wenn man keine Struktur-Recherche im Gedränge betreibt. Die Verhältnisse selbst sprechen dagegen. Und Politiker reden von Regeln nur, wenn es ihnen nützt. Wenn sie den Gegner öffentlich damit kritisieren können, er habe die Regeln des Spiels verletzt. Wenn sie die Regeln unterstreichen, von denen sie profitieren. Wenn sie ihre Unschuld beteuern: sie hätten sich an etwas ganz anderem orientiert. Wenn alle drei - der Politiker, der Journalist, der Politologe - aus ihren Rollen und Restriktionen heraustäten, könnten sie alle das gleiche Interesse haben. Der Politiker, der die Regeln nicht nur zu seinem Vorteil anwendet, sondern mit kenntnisreichen Nicht-Konkurrenten kommuniziert. Der Journalist, der sich für Erklärungen auch dann interessiert, wenn er sie nicht verkaufen kann. Der Wissenschaftler, der sein Wahrheitsinteresse nicht durch Forschungstechnik oder Reputationsskala einschränkt.

Wer sind die Grünen? Eine Frage, die Ende der 90er Jahre so schwer zu beantworten ist, wie sie es Ende der 80er Jahre war. Ein Bonner Journalist jedenfalls wußte Bescheid, Günter Bannas - ein Meister des Beobachtens, des Erfragens, der Kombination. Da aber auch Redaktionen sich an Fünf-Prozent-Klauseln und Prozentzahlen orientieren, konnte er nicht allzuviel von seinem Wissen berichten. Dennoch: seine FAZ-Texte waren der beste Weg zu den Grünen in den 80er Jahren. Ehemalige Bundestagsabgeordnete riefen bei ihm an, wenn sie nicht mehr verstanden, was sich bei den Grünen in Bonn tat. Die Meisterschaft in der zerstückelten Form der Tageszeitung setzte die Kenntnis des Zusammenhang voraus, konnte davon aber nur wenig präsentieren. Hätte Günter Bannas ein Buch über die Grünen geschrieben, man hätte selbst kaum den Mut gehabt, es nach ihm noch einmal zu versuchen. So aber mußte man den grünen, in der Wissenschaft noch weiß gebliebenen Kontinent selbst entdecken, um ihn zu beschreiben und nach den Regeln, die auch dieses Chaos strukturieren, zu erklären.

Der *Blick von oben*, von der Galerie, zeigte in den 80er Jahren den Basar. Gewusel, Geschnatter, Geschacher. Scheinbar jeder mit jedem. Zeitweise über 700 Delegierte, die zum Mitreden, nicht zur Akklamation gekommen waren. Wo soll da eine Strukturierung durch Regeln sein? Kein Vorstand sitzt auf dem Podium, und wenn auch, sein Abstimmungsverhalten würde den meisten Delegierten keineswegs sagen, wo es lang geht. Die Landesverbände geben den ersten Halt. Mit dem Sitzplan in der Hand weiß man bald, wo die Bayern oder Bremer sitzen. Oder die Hamburger: In den wilden 80er Jahren saßen sie immer vor dem Rednerpult, um gemäßigte Redner durch ständige, laute Zwischenrufe aus dem Takt zu bringen, was nicht selten gelang. Einige verloren den vorbereiteten Faden, eine Delegierte fiel unter dem Streß gar in Ohnmacht.

Landesverbände haben eine Richtungsfärbung, so daß man am Beifall der Realo-orientierten Hessen oder der Links-orientierten NRWler (mit jeweiligen konträren Minderheiten) ablesen konnte, wie die Meinungen verteilt waren. Am Abstimmungsverhalten sowieso, das damit den Schlüssel für den strömungspolitischen Kern der Entscheidung in die Hand gab.

Hat man sich eingesehen und kennt mittlerweile Interna und Personen auch schon, läßt sich beobachten, wie die Weichen in der Versammlung gestellt werden. Es gibt die Weichensteller: die über Strömungen einflußreich gewordenen Personen und ihre Zwischenträger zu den großen sowie den richtungspolitisch geklärten Landesverbänden - die unsichtbare Rohrpost in der Versammlung. Hoch selektiv und überhaupt nicht »jeder mit jedem« werden so Anträge, Verfahren und Bündnisse gesteuert.

Häufig stimmen die Fürsten dieser höchst informellen Demokratie gar nicht mit ab. Sie haben kein Stimmrecht, weil sie Wichtigeres zu tun haben, als wie gewöhnliche Delegierte Stunde für Stunde über dem dicken Antragsordner zu brüten. Sie haben den Parteitag schon in der Woche zuvor in der Presse kommentiert, sie kommentieren ihn begleitend zu den Beratungen gegenüber den Journalisten, die herumstehen wie sie. Sie kommentieren ihn auch nach den Beschlüssen, weil sie mehr als die Journalisten die Regeln der Grünen kennen. Da sie oft Unterschiedliches über einen dieser schwer durchschaubaren Parteitage sagen, glauben die Berichterstatter jenen, denen sie auch sonst vertrauen.

Der *Blick nach innen*, in die Strömungen, ist bei den Grünen offen und öffentlich wie bei keiner anderen Partei. Die Öffentlichkeit dieser informellen Zusammenkünfte ist schon deshalb kein Problem für die Grünen, weil fast keiner hingeht, der nicht dazugehört. Hier werden taktisch-strategische Fragen erörtert, so daß man besser versteht, was die Zwischenträger auf den Parteitagen dann hin und her tragen. Und es muß geredet, geklärt, informell entschieden werden, weil die offizielle Struktur der Partei fast nichts hergibt.

Im Keller der Karlsruher Stadthalle, am Morgen des 3. Dezember 1988, beraten mehr als 100 Linke über die Frage »Was tun?«. Am Abend zuvor war erstmals ein linker Bundesvorstand abgewählt worden. Radikalökologen, Ökosozialisten, Feministinnen, einzelne vom Linken Forum - so zerfällt die Linke, und sie weiß auch nicht, was sie tun soll. Jeder hat einen anderen Vorschlag. Wer als Beobachter dabei ist, versteht die Ereignisse bis Neumünster im April 1991, als die letzten Segmente der radikalen Linken die Partei verlassen. Sucht man nach den effektiven, nicht nach den dekorativen, den nach außen gezeigten Teilen dieser Partei, muß man das labile, aber dauerhafte Gefüge ihrer Strömungen kennen.

Der *Blick en face*, ins Gesicht von Gesprächs- und Interviewpartnern bringt viel über Meinungen und aktuelle Positionen. Wechseln aber die Situationen, ändern sich häufig auch die Meinungen. Was also liegt den wechselnden Meinungen und Situationen zugrunde, was greift durch sie hindurch? Wie entziffern Eliten das unsichtbare Regelwerk ihrer Partei? Nicht als (relativ) interessefreie Beobachter, sondern als die, die ohne diesen Kompaß sich in ihrer eigenen Partei verirren würden.

Dies sind nicht nur Regeln zu Erwerb und Erhaltung von Macht. Prominente Grüne scheiterten auch, weil sie die Regeln zur Unterscheidung von Leben und Politik nicht kannten. Die Ökofundamentalisten um Rudolf Bahro beispielsweise, auf der Suche nach der spirituell-ökologischen Umkehr jedes einzelnen. Sie sahen nicht, daß die Grünen sich gar nicht lösen wollten aus der Verstrickung in einen häufig ganz normalen Alltag, daß für sie fundamentaler Anspruch der Deep ecology und Ausstieg ein Extremismus war, der ihnen angst machte.

Oder die Ökosozialisten um Thomas Ebermann und Rainer Trampert, die mit Abscheu und Enttäuschung sehen mußten, daß fast alle Grüne ihnen auf dem Weg einer Revolte als Lebensform schon aus beruflichen Gründen nicht folgen mochten. Erst die Autonomen, völlig fremd gegenüber den Grünen, machten ernst mit einer Einheit von Theorie (die kaum mehr eine war) und Lebens-Praxis (und auch sie nur als eher kurze Durchgangsstation eines kleinen Teils der jüngeren Generation). Für sie waren die Grünen ein verlorener Haufen. In Berlin skandierten sie: »Wer hat uns verraten - Sozialdemokraten. Wer verrät uns schneller - die ALer.« Oder die Radikal-Feministinnen um Verena Krieger und Regina Michalik, eine Lebenswelt-Avantgarde, die die Grünen voranbrachte mit einem Anti-Diskriminierungsgesetz und forcierter Gleichstellungspolitik, die sich aber mit einem Lebensprogramm des Lesbischen und Anti-Ehelichen für alle isolierten. Schwer war es für sie zu sehen, daß erst nach ihrem Abgang, in den 90er Jahren, die Grünen den vollen Zulauf bei den weiblichen Wählerinnen fanden. Heute unterstützen Frauen die Grünen stärker als die Männer, und - verspätet - auch in den mittleren Generationen, die sich gegenüber den wilden Grünen noch zurückhielten.

Journalisten denken häufig, die prominentesten seien auch die ergiebigsten Informanten. Natürlich produzieren diese pausenlos Statements, die für ihre Organisationen stehen sollen. Aber sie lassen sich nicht gerne in die Karten gucken. Sie finden es, überzeugt von der eigenen Bedeutung, auch zu trivial, die Partei durch Regeln und nicht in erster Linie durch sich selbst gesteuert zu sehen.

Aber »Elite« ist ein weites Feld, und die Kenner von Regelsystemen, die auch bereit sind, darüber zu reden, sind immer dabei. Will man - verantwortlich, beratend, einflußnehmend - am Weichenstellen und Entscheidungshandeln einer Organisation als politischer Akteur teilnehmen, muß man nicht nur die politischen Ziele klären. Man muß auch permanent am eigenen Bild von der Partei arbeiten: wo sind Verbündete, wer sind die Gegner, ist die Organisation überfordert, welche Nebenwirkungen treten üblicherweise auf? Immer öffnet sich der Blick auf Strukturen, die zusammen mit Situationen die Strategien bestimmen.

Wer an den Schalthebeln der Apparate sitzt, eignet sich »Amtswissen« an. Oft erscheint dies als die wichtigste Quelle von Information, die er hat und die man aus ihm herausziehen kann. Sein »Regelwissen« aber hilft zur Erklärung selbst dann noch, wenn die schnell wechselnden Themen und das darauf bezogene Amtswissen vergessen sind. Man muß auch herumgehen bei der Elite, jeder sieht anders auf die allen gemeinsame Welt. Abhängig von Strömungen, Erfahrungen, Ämtern. Es gibt objektivierbare Kerne, die unabhängig von links und rechts identifizierbar sind. Aber es gibt deutlich auch Grenzen wechselseitiger Wahrnehmung und Wissens, der Realos über die Linken und der Linken über die Realos. Im Grunde sind sie sich fremd geblieben.

Der Externe - Journalist oder Politologe - muß sich also viele Strukturierungsgeschichten erzählen lassen. Durch Vergleich, Kombinatorik, Synopse entsteht für ihn ein Bild, mit dem er auf andere Weise das »aktuelle Geschehen« begleiten kann. Strukturinformationen sind keine Meldung wert, wichtige Meldungen verdienen aber zusätzliche Information und Erklärung durch Strukturen.

Der *Blick nach unten* geht vom Bonner Nabel der Politik auf die Kreis- und Landesverbände, die die Grünen eigentlich tragen. Wer ist diese Basis, die für zwei bis drei Tage zum Parteitag kommt? Wie repräsentativ ist ein Parteitag für die Partei? Dort treffen sich, neben ernsthaften Parteiarbeitern, die am täglichen kommunal- oder landespolitischen Pragmatismus Desinteressierten (das heißt die »Ideologen«) oder die von ihm Frustrierten (sich so schadlos haltend). Außerdem jene Zufallsdelegierten, die - im Rahmen eines Parteitags-Tourismus - noch nie eine grüne »BDK« (Bundesdelegiertenkonferenz) erlebt haben. Wofür sind viele von ihnen repräsentativ, außer für sich selbst?

Die Vielfalt von Kulturen, von Land zu Land, auch von Stadt zu Stadt unterschiedlich, wirft die Frage nach der Einheit der Partei auf. Sind es nicht am ehesten die vielen Tausenden, unermüdlich in der Kommunalpolitik Arbeitenden? Vielleicht auch noch die Bonner Fraktion, das einzige Gremium, das aus verschärfter innerparteilicher Auswahl hervorgeht? Was ist denn »die Bundespartei« mehr als eine vorgeschobene, lose angebundene Außenstelle - ein paar Dutzend Leute, die meisten von ihnen nur mit Zweitwohnsitz in Bonn, und ab und zu die paar Hundert, die sich in einer dieser lausigen (aber bezahlbaren) Stadthallen der 60er Jahre zu einer Versammlung treffen, die vom Mythos repräsentativer und verantwortlicher Parteitage lebt. Die Ebenen gehören zusammen, sie sind - in Widersprüchen - verknüpft. Wenn man von den Bonner Grünen, von der Medienfassade als Potemkinschen Dorf spricht (was man kann), was muß man dann von dem wissen, was dahinter spielt?

Es gibt Grenzen der Strukturrecherche einer solchen Partei. Die Wählerforschung zeigt Verteilungsrelationen, die anders als durch repräsentative Befragungen nicht zu erfahren sind. Auch innerparteilich gibt es Komplexitäten, die aufmerksame Beobachter überfordern. Noch einmal das Beispiel Parteitag. Viele aus der Elite hatten mir Ende der 80er Jahre erzählt, die Fluktuation der Parteitage sei deutlich zurückgegangen. Sie selbst seien ja regelmäßig dabei und sähen das. Die computergestützte Auszählung der Delegierten brachte ein völlig anderes Bild. Zwischen 1987 und 1991 waren fast zwei Drittel der Delegierten nur ein einziges Mal auf einem Parteitag anwesend, lediglich ein Drittel war in diesen Jahren mehr als einmal vertreten. Aber auch diese Delegierten nicht häufig und meist mit Pausen zwischen den einzelnen Parteitagen.

Im Durchschnitt hatten etwa vier Fünftel der Delegierten den vorangegangenen Parteitag nicht mitgemacht. An den insgesamt 16 untersuchten Parteitagen zwischen 1983 und 1991 war nur ein einziger Delegierter zehnmal beteiligt, das war der Rekord. Mehr als die Hälfte der Delegierten nahm nur einmal an einem Parteitag teil. Die Fluktuation ist also extrem, das ständige Kommen und Gehen beherrscht die Parteitage. Kontinuität erscheint als Zufall. Wie erklärt sich die Fehlinformation der Parteielite? Um die Delegierten herum, diese bei ihrer Arbeit beobachtend, stehen die Führungsleute und sehen - die anderen Führungsleute. Ihre Kontinuität haben sie mit der der Delegierten verwechselt. Die Parteitage selbst sind ein Faktor voraussagbarer Instabilität.

Erklärungen aus den von den Akteuren verfolgten Regeln brauchen Zeit. Ohne kontinuierliche Beobachtung, Gespräch, sich allmählich vertiefendes Wissen geht da gar nichts. Wer sich für klüger hält als die Akteure, wird weder als Journalist noch als Wissenschaftler Neues herausfinden. Verfolgt man von der Wissenschaft aus die Medien, weiß man sehr genau, wer recherchiert und wer nicht. Für viele sind die gut recherchierten Artikel eine Brücke zur Realität. Der hier unterbreitete Vorschlag ist bescheiden und der Sache nach nicht neu: neben der Fall-Recherche sollte es auch eine Struktur-Recherche geben. Von Journalisten und Wissenschaftlern. Und die Politiker werden mitmachen, wenn man sie anspricht. Für Demokratie braucht es vieles. Transparenz sowieso.

Eine ganz normale Recherche

Leo Müller

Die Aufgabe schien leicht und schnell lösbar. Der Fall versprach die Stoff-Mischung von Crime und Prominenz, die den Redaktionen gefällt. Eine Geschichte, wie sie flott recherchiert und schnell ins Blatt „gehoben“ werden kann. Ein „Schnäppchen“ für den sparsamen Journalismus. Ein Fall für das Münchener Nachrichtenmagazin, das mit „Fakten, Fakten, Fakten“ um seine Leser wirbt. Die „Focus“-Rechercheure hatten die Schlachtordnung rasch zurechtgelegt. Die Münchener Magazin-Macher publizierten seit 1997 insgesamt drei Stories über den Fall. Das las sich so: Opfer eines riesigen Anlagebetruges, der sich in der Münchener Schickeria abspielte, war der Millionen-Erbe Bernd Olbricht, der über 20 Millionen vom ausbezahlten Kapital des Kosmetikunternehmens „Wella“ verlor.

Als Schurke wurde der Star-Koch Alfons Schuhbeck vom „Kurhaus-Stüberl“ aus Waging am See ausgemacht, der seinen Freund Olbricht gelegentlich in dessen Villa am Starnberger See bekochte und seinen Gästen mit einem heißen Anlagetip das Nachtmahl versüßte. Die Rendite-Versprechungen waren derart exorbitant hoch, daß jeder mit einem Normalmaß an Menschenverstand ausgerüstete Zeitgenosse sofort abgewunken hätte. Doch in Schuhbecks Gaststube überschlugen sich die Schönen und Reichen, überschütteten den Gourmet-Koch mit Schecks und Barem. Schuhbeck reichte das Geld an den Düsseldorfer Anlagebetrüger Lutz Winkler weiter, bis das kriminelle Schneeballsystem im Herbst 1991 zusammenbrach und über 100 Millionen Mark verschwunden waren. Als Retter in der Not hatte das Fakten-Magazin den Detektiv Harald Krügel aus München entdeckt, der im Auftrag von Geschädigten unentwegt Anlagebetrügern auf den Fersen ist. Mit einem gestandenem Focus-Redakteur machte er sich auf die Suche nach den verschwundenen Millionen. Bis ins ferne Kanada war ein Spürhund von „Focus“ mit Detektiv Krügel, genannt „Harry“, auf der Recherche-Reise.

Das Thema reizte auch die STERN-Redaktion, sich des Falles anzunehmen. Zwei Redakteure, Rudolf Lambrecht und der Autor dieses Beitrages, erhielten den Auftrag, sich den Fall genauer anzuschauen. Am Ende wurde daraus eine Recherche, die fast drei Monate andauerte. Während dieser Zeit beschäftigten sich die beiden Redakteure hauptsächlich mit diesem Fall. Parallel laufende Recherchen mußten dem Terminplan dieser Geschichte untergeordnet werden. Sie befragten Dutzende von Informanten: Anlagebetrüger und ihre Opfer, Detektive und Journalisten, Staatsanwälte und Rechtsanwälte. Die Redakteure wälzten tagelang Akten in einer Anwaltskanzlei.

Wochenlang hielten sie sich im Frühsommer 1998 in München auf, bezogen ein Arbeitszimmer im bayerischen Redaktionsbüro des STERN als Operationsbasis. Die Recherche-Ergebnisse füllten letztendlich einen ganzen Regalmeter Akten und erbrachten ebenfalls drei Geschichten im STERN, unspektakulär plaziert im aktuellen Magazin-Teil des Blattes. Dazu wurde ergänzend im Düsseldorfer STERN-Büro eine ausführliche Lesegeschichte entwickelt, die als Nebenprodukt des Falles entstand. Von den „Focus"-Enthüllungen blieb nichts mehr übrig. Kurzum: alles war anders. Die STERN-Recherchen führten zur Einsetzung einer Ermittlungsgruppe bei der Münchener Kripo und der Staatsanwaltschaft am Landgericht München I, allerdings nicht gegen den Koch Alfons Schuhbeck. Beschuldigte waren nun der „Focus"-Informant Harald Krügel und dessen Helfershelfer. Der Prominenten-Koch war vielmehr Opfer einer beispiellosen, kriminellen Kampagne geworden. Er hatte selbst mehr als zehn Millionen Mark bei dem Anlagegeschäft verloren. Langwierige Ermittlungen gegen Schuhbeck bei der Staatsanwaltschaft am Landgericht Traunstein, die maßgeblich durch Krügels Anschuldigungen notwendig wurden, mußten eingestellt werden. Krügel hatte Hinweise auf angebliche geheime Konten Schubecks im litauischen Vilnius und im venezuelanischen Caracas geliefert. Seine „Beweise" stellten sich als Fälschungen heraus. „Focus"-Quelle Krügel hatte die falschen Anschuldigungen angezettelt, offenbar um seinen Mandanten Bernd Olbricht jahrelang als Zahlmeister für seine kostspieligen „Ermittlungen" zu erhalten. Unterdessen wurde der Düsseldorfer Lutz Winkler, Initiator des großen Anlagebetruges, von Krügel verschont. Das Resultat: Die Geschädigten von Anlagebetrügern werden von Detektiven gegeneinander ausgespielt. Die Justiz klagt allein den deutschen Geldsammler an, während die Hintermänner des Großbetrugs in Übersee unbeschadet die Millionen in Sicherheit bringen.

Die STERN-Recherchen brachten außerdem immer neue Unregelmäßigkeiten um das Münchener Polizeipräsidium ans Tageslicht. Detektiv Krügel nutzte seine langjährigen Beziehungen als V-Mann zur Münchener Sonderfahndung für seine zwielichtigen Aktionen. Ermittelt wurde nun auch gegen seinen Verbindungsführer beim Münchener Polizeipräsidium.

Der erste Informant

Oft ist der Erst-Informant der wichtigste: er liefert als Betroffener, als Opfer, als Insider oder als Akteur den entscheidenden Tip. Er gibt die Hinweise oder liefert die ersten Beweismittel, die zum Erfolg führen. Doch jeder Fall ist anders, hat seine eigene, seine originäre Entwicklung. Das kennt jeder erfahrene Strafverteidiger, das weiß jeder Staatsanwalt. Doch Redaktionen neigen oft dazu, die Fälle über einen Kamm zu scheren - ein Resultat notwendiger Simplifizierung im Journalismus, aber oft auch ein Ergebnis allzu sparsamer und schlichter Betrachtung von Wirklichkeit.

Für den STERN war der erste Informant in diesem Fall schnell gefunden. Ein Anruf bei dem Top-Informanten von „Focus" reichte und ein Hintergrundgespräch war terminiert. Detektiv Harald hatte nur einen Sonderwunsch: das Gespräch sollte nicht, wie von den Redakteuren vorgeschlagen, im Redaktionsbüro oder in einem Hotel stattfinden, sondern in den Räumen seiner Detektei. Das entsprach nicht der Vorstellung der Rechercheure, aber war nicht zu vermeiden.

Recherche-Tip Nr. 1

Der Journalist bestimmt das Gesetz des Handelns, nicht der Informant. Wenn sich Journalisten nicht zum willfährigen Werkzeug ihrer Informanten machen lassen wollen, müssen sie stets die Initiative ergreifen, immerzu die Wahl der Mittel und Wege in der Hand haben und die Regeln vorgeben. Journalisten dürfen sich niemals von einem Informanten lenken lassen. Die ersten Fallstricke einer Recherche können vom Schlüssel-Informanten bereits gelegt werden. Denn am Anfang einer Recherche läßt sich die Motivlage eines Informanten nicht durchschauen. Solange der Hintergrund des Informanten nicht geklärt und geprüft ist, sein Material nicht akribisch untersucht wurde, weiß kein Journalist, was er im Schilde führt: Ist er bereits bei anderen Redaktionen mit guten Gründen - abgeblitzt? Versucht er eigene, billige Interessen zu verfolgen? Benutzt er die Medien für unlautere oder gar kriminelle Zwecke? Will er mit seinem Material das große Geld machen? Will er vielleicht seine Medienkontakte nutzen, um seine Gegner unter Druck zu setzen? Deshalb gilt für jeden erfahrenen Rechercheur: Ort und Zeitpunkt der Gespräche, die Art der Aufnahme sowie die Wege der Prüfung und Behandlung werden vom Journalisten vorgegeben.

In seinem Besprechungszimmer präsentierte sich der Detektiv als Profi. Er sei schon ganz nah an den von Schuhbeck gestohlenen Millionen, habe Dutzende unterschiedlicher Konten Schuhbecks rund um den Globus aufgedeckt. Der Star-Koch sei der „größte Lügner und Schauspieler". Er werde dies alles bald der Staatsanwaltschaft vorlegen. Den lahmen Staatsanwälten müsse man nur noch etwas auf die Sprünge helfen.

Nach oberflächlichem Eindruck war die Sache klar, Schuhbeck würde bald hinter Gittern sitzen. Doch der Detektiv wollte nicht ins Detail gehen. „Sie müssen verstehen", wiegelte Krügel ab, er habe schließlich ein vertrauliches Verhältnis zu seinem Mandanten, dem Betrugsopfer Bernd Olbricht, zu wahren. Im übrigen sei er bei der Konkurrenz in der Pflicht, „Focus" wolle weiter an der Sache dran bleiben. Nur zögernd legte er aus einem Aktenordner einige „Dokumente" vor: miserabel ins Deutsche übersetzte Papiere über die Rolle Schuhbecks bei Firmengründungen in Liberia und Kontenführungen in Monte Carlo. Nichts davon wollte er kopieren.

Die erste Dokumenten-Recherche

Die denkbar schlechteste, aber häufig anzutreffende Ausgangssituation: Der Informant erzählt spannende Geschichten, doch die Papiere muß sich der Journalist selbst suchen: „Das können Sie ja leicht bei der Justiz abfragen!“, „Das finden Sie in Ihrem Archiv!“, „Das kann ich Ihnen bestimmt besorgen.“ In diesem Fall folgte auf das Hintergrundgespräch die abendliche Online-Recherche im Hotelzimmer. In der Pressedatenbank des Verlages, die über Internet mit den Zugangsdaten des Redakteurs abgefragt werden kann, wurden zunächst alle Stories über den Fall auf die Festplatte des Notebooks heruntergeladen. Dann folgte die gründliche Tiefenrecherche: Alle Berichte über die handelnden Personen wurden lückenlos recherchiert, ihre Firmendaten wurden bei Unternehmens-Datenbanken abgefragt. Schließlich muß man wissen, mit wem man es zu tun hat.

> *Recherche-Tip Nr. 2*
>
> Erst lesen, dann fragen. Das Prinzip ist banal, wird aber immer wieder verletzt: Ein Blick ins Pressearchiv erspart häufig kostspielige Recherchen und kann die Redaktion vor schwerwiegenden Fehlern bewahren. Dutzende „Enthüllungsgeschichten“, zum Beispiel über den Fall Barschel, über die Stasi oder über Waffenhändler, allesamt „exklusiv“ verkündet, verblassen bei gründlicher Archiv-Recherche.

Über Detektiv Harald Krügel gab es gleich mehrfach positive Erwähnung. Laut Zeitungsberichten entdeckte er den Aufenthaltsort eines flüchtigen Anlagebetrügers aus Stuttgart, ermittelte fieberhaft die verschlungenen Wege der Betrüger-Millionen und gab 1995 den Hauptdarsteller in einem Dokumentarfilm des Bayerischen Rundfunks über die Suche nach dem Millionenbetrüger Kretz. Krügel war ein typischer, kleiner Medienheld unserer Zeit.

Die Recherche an den Rändern des Falles

Das Archivmaterial lieferte genug Namen für die klassische Abklärung: Sprecher von sogenannten Interessengemeinschaften geschädigter Anleger, andere Detektive und Anwälte. Sie wurden zunächst ausfindig gemacht und telefonisch befragt, zum Teil danach aufgesucht. Die wichtigste Frage war: stimmt das in der Presse Geschriebene und im Fernsehen Gesendete mit ihrer Erfahrung überein?

> *Recherche-Tip Nr. 3*
>
> Traue nicht dem geschriebenen und gesendeten Wort. Nichts ist so wertlos wie das bereits Publizierte, wenn es zu Presse-Prozessen kommt. Auf journalistische Beiträge darf sich der recherchierende Journalist nie verlassen. Jede Zeile muß eigenständig überprüft werden.

Erste Zweifel wurden in den Gesprächen laut. Eine gravierende Unstimmigkeit tauchte auf. Nicht der Detektiv, wie in den Medienberichten dargestellt, sondern ein Geschädigter hatte den Anlagebetrüger Kretz in Kanada aufgespürt. Außerdem wurden die ersten Fotos gefunden. Ein Gespräch mit Krügels wichtigstem Mandanten sollte Klarheit über die berichteten Beweismittel gegen Schuhbeck bringen. Bernd Olbricht war nicht nur in Millionenhöhe betrogen worden, er war insgesamt dreimal in dem Fall übers Ohr gehauen worden. Der Finanz-Jongleur Lutz Winkler entlockte ihm nach ersten Testeinsätzen monatelang die Schecks. Zum Schluß vertraute er ihm sogar einen „Überbrückungskredit" von fünf Millionen Mark an, angeblich zur Deckung kurzfristiger Engpässe. Dann tauchte der Düsseldorfer Detektiv Wolfgang Ufer bei dem Münchener Millionär auf, kassierte Spesen und verfolgte die falschen Spuren. Im Rheinland wurde unterdessen die Anklageschrift gegen den wegen zahlreicher Betrugsfälle verdächtigten Lutz Winkler immer dicker. Wie auch in einem ähnlichen Fall übernahm Detektiv-Kollege Harald Krügel den lukrativen Klienten, als Ufer nichts mehr einfiel.

Nicht das verlorene Geld, aber die Schmach, mehrfach Opfer des Betrugs geworden zu sein, schmerzte Bernd Olbricht. Er setzte alle Hoffnung in seinen Detektiv Krügel, um „die Sache aufzuklären". Er war überzeugt von seinem Ermittler und verteidigte dessen Einsatz. Olbrichts Erzählungen über gemeinsame Recherche-Reisen mit Krügel und dessen Ermittlungskünste wurden zum unfreiwilligen Beleg für den Betrug an ihm. Nur der Interviewpartner selbst merkte es nicht, eine psycholgisch schwierige Situation. Zu gerne hätte man dem Gesprächspartner geholfen, ihn aufgeklärt und mit den Zweifeln konfrontiert, die sich bereits aus der Recherche ergaben. Doch das wäre zu diesem Zeitpunkt ein großer Fehler gewesen. Die ganze Recherche hätte dadurch platzen können. Denn es wäre nicht zu verhindern gewesen, daß das Wissen der Redakteure gegenüber dem Detektiv preisgegeben wird.

Recherche-Tip Nr. 4

Der Informant informiert, nicht der Journalist. Die Mitteilsamkeit der Rechercheure ist der größte Fehler vieler Recherchen. Sie plappern, machen sich wichtig, wollen mit Fachwissen und Insider-Kenntnissen einen guten Eindruck machen, buhlen mit ihren Erkenntnissen um Anerkennung. Ein Journalist, der sich als großer Enthüller und Alleskönner darstellt, erfährt nichts. Er macht vielleicht sogar Angst. Sein Wissen wandert weiter, wird von den Interviewpartnern in den aktuellen Konflikten genutzt und gelangt häufig direkt oder über Dritte zur Zielperson der Recherche, eine strategische Katastrophe. Viele Recherchen scheitern deshalb bei der endgültigen Konfrontation mit der Hauptperson des Falles, weil diese sich längst aufgrund glänzender Unterrichtung auf die geplante Berichterstattung einstellen konnte. Daher muß der recherchierende Journalist mit dem Makel leben, unterschätzt zu werden. Sein größter Trost: Das Leben mit dem Fremdbild des Dummkopfes ist zeitlich befristet - bis zum Tag der Veröffentlichung.

Erst mußten einige sensible Recherchen erledigt werden. Daher wurde mit Olbricht gleich ein zweiter Gesprächstermin vereinbart.

Die zweite Runde

Auch Krügel mußte in der zweiten Runde nochmals befragt werden, diesmal mit unangenehmen Fragen konfrontiert werden. Doch zuvor mußten Erkenntnisse, die bislang nur in Bruchstücken vorlagen, dokumentarisch sauber vorliegen. Sein Umfeld mußte nun abgeklärt werden: ehemalige Geschäftspartner, Angehörige, Kollegen, Mandanten, Anwälte. In kurzer Zeit stapelte sich belastendes Material über Harald Krügel. Der eine berichtete von einer beim Kreisverwaltungsamt vorliegenden Gewerbeuntersagung gegen den Detektiv. Die Behörde bestätigte. Dann kamen Hinweise über ein zwielichtiges Zusammenspiel mit Münchener Rechtsanwälten, die seinen Aktionen den Schein der Seriosität gaben. Ein Informant aus dem Umfeld der Anwälte lieferte Interna, wußte von der kriminellen Karriere Krügels. Das mußte konkretisiert und dokumentiert werden. Er machte tatsächlich ein Dokument über die kriminalpolizeiliche Akte Krügels zugänglich. Binnen zweier Jahrzehnte verging bei Krügel kaum ein Jahr ohne schwerwiegende Strafermittlungen. Bis diese Erkenntnisse vorlagen, vergingen Wochen und fast ein Dutzend Treffen mit diesem Informanten.

> *Recherche-Tip Nr. 5*
>
> Vertrauen braucht Zeit, Vertrauen zu Journalisten doppelt. Wertvolle Informanten, also kluge Menschen, reden nicht gerne mit Journalisten. Sie wissen, wie unzuverlässig die Vertreter der Branche sein können und haben nicht selten bereits einschlägige Erfahrungen gesammelt. Leitende Redakteure haben beim Blick auf ihr Budget wenig Verständnis dafür, aber die Wirklichkeit außerhalb der Redaktionshäuser erfordert vielfache und regelmäßige Treffen mit den Schlüssel-Informanten. Schwierige Recherchen lassen sich daher nur mit überlegter taktischer Terminplanung realisieren. Nicht die Produktionsabläufe, die Einsatzpläne der Kamerateams oder die Schlußtermine der Redaktion bestimmen den Ablaufplan, sondern die Dynamik der Recherche.

Unterdessen tauchten bei den Gesprächen in Krügels Umfeld Hinweise auf, die dem Fall eine neue Dimension gaben. In Bolivien war Krügel in einem anderen Betrugsfall im Einsatz. Dort logierte er ausgerechnet bei einem gesuchten Anlagebetrüger und hatte einen alten Freund dabei, seinen Verbindungsführer von der Sonderfahndung des Polizeipräsidiums München, der ihn als V-Mann betreute. Ein ARD-Kollege hatte die Karriere eines V-Mann-Kumpels von Krügel intensiv recherchiert und war bereit zu kooperieren. Ein Rechtsanwalt hatte den Krügel-Aufenthalt in Lateinamerika gründlich ermittelt, dutzende Gespräche geführt und amtliche Dokumente beschafft.

Er unterstützte unsere Recherchen, nachdem er Vertrauen gefaßt hatte. Über ihn erlangten die Redakteure Kontakt zu Deutschen in Bolivien, die dort ebenfalls als V-Leute, zum Teil für das BKA, im Einsatz waren. Sie versprachen viel Material, lieferten wenig. Und sie betrieben ihr eigenes Spiel. Die bolivianischen Informanten versuchten als Nachrichtenhändler ihr Geld zu machen und drohten mit dem Verkauf an ein Konkurrenzmedium. Die Reise nach Bolivien erübrigte sich.

Tatsächlich waren SPIEGEL-Reporter in Bolivien unterwegs, um dort im V-Leute-Sumpf zu recherchieren. Das kostete die Kollegen soviel Zeit, daß ihre Geschichte erst im Blatt war, als der STERN bereits mit der dritten Story auf dem Markt war. Eine der wichtigsten Informationsquellen im Fall Schuhbeck, ein Rechtsanwalt, verweigerte ihnen die Hilfe trotz opulenter Honorar-Angebote. Der Mann wollte die vertrauten Beziehungen zu den STERN-Redakteuren nicht zerstören.

Recherche-Tip Nr. 6

Informanten müssen ehrliche Kaufleute sein, oder gar keine. Der geschäftstüchtige Wink eines Informanten mit dem Wettbewerber auf dem Nachrichtenmarkt muß zu höchster Vorsicht herausfordern. Entweder geht es ihm darum, den Preis eines möglichen Info-Honorars zu diskutieren, oder er dealt tatsächlich gleichzeitig mit der Konkurrenz. Da helfen nur eindeutige Verträge, die das Verhältnis zu Informanten klären. Im ersten Paragraphen muß darin notiert werden, daß der Informant für die Echtheit und Authentizität der überreichten Unterlagen gerade steht. Informationshonorare dürfen erst dann gezahlt werden, wenn der Bericht tatsächlich exklusiv veröffentlicht wurde und nicht „zuvor durch Dritte die Informationen der Öffentlichkeit zugänglich gemacht wurden". Dies gilt auch für Journalisten, die Informationen liefern oder Recherche-Material anbieten.

Die Bolivien-Spur war trotzdem spannend. Mehrere ehemalige Sonderfahnder des Münchener Polizeipräsidiums konnten ausfindig gemacht werden. Alle kannten sie den Führungsbeamten Krügels aus früheren Dienstzeiten, wußten über die Praktiken und Regeln im V-Leute-Einsatz Bescheid. Sie berichteten, daß die Kollegen schon seit Jahren über merkwürdige Praktiken im Münchener Polizeipräsidium wußten. Sie kannten eine Strafanzeige, wußten von Eingaben und wunderten sich über eine großspurige Anzeige in einem Münchener Boulevardblatt, in der der „Sicherheitsdienst H. Krügel" offen mit seinen Polizeikontakten warb - für die Polizei Grund genug für die sofortige Auflösung der Vertraulichkeitsvereinbarung mit dem V-Mann. Sie berichteten über professionelle Videoaufnahmen Krügels mit schallgedämpften Waffen für einen Werbefilm seiner Detektei und kannten seine Kontakte in die rechtsextreme Szene. Krügels Mitarbeiter Hermann Steingraber war jahrelang Bodyguard von Republikaner-Chef Franz Schönhuber, er installierte für den DVU-Chef Gerhard Frey eine Sicherheitsanlage.

Anzeige-Erstatter und Augenzeugen wurden interviewt, ihre Aussagen zum Teil in Form einer Eidesstattlichen Erklärung protokolliert. Damit wird den Informanten deutlich, daß ein Bericht über ihre Aussagen zu gerichtlichen Konflikten führen kann. Denn es ist besser, wenn die Zeugen zu diesem Zeitpunkt umfallen als nach der Veröffentlichung.

Finale Gespräche

Das zweite Gespräch mit Krügel war das letzte Zusammentreffen. Höflich, aber bestimmt wurde nach seinen Beweismitteln im Fall Schuhbeck gefragt. Verunsichert reagierte er, weil er immer noch nicht genau einzuschätzen wußte, wohin die STERN-Recherchen führen sollten. Gespräche mit Informanten, die ihm nahestehen, untermauerten diesen Eindruck. Es war klar, der Meister-Detektiv hatte nichts in der Hand. Auf der Grundlage dieses Gespräches war es leicht, seine Märchen zu durchschauen - kommentarlos. Das Gespräch gab den Rechercheuren die Gewißheit, daß sie richtig lagen. Das letzte Gespräch mit Krügels Klient Bernd Olbricht vor der ersten geplanten Veröffentlichung sollte schwieriger werden. Es war eine Frage der korrekten Behandlung, ihm reinen Wein einzuschenken. Ungläubig nahm er die schlechten Nachrichten entgegen und begann zögernd zu begreifen, daß er schon wieder hereingelegt wurde. Aber er begann, sich von seinem Privatermittler zu distanzieren. Er hatte bereits den Anwalt in der Sache gewechselt.

Die Veröffentlichung

Die erste Geschichte über „Dirty Harry und seine Tricks" (STERN Nr. 20/1998) konnte jetzt ins Heft. Es gab bis dahin keine dramatischen Aktionen und keine der häufig zitierten „Scheckbücher". Zum Leidwesen mancher Informanten gibt es nämlich keine Schecks, allenfalls ordentlich vereinbarte und vertraglich geregelte Honorarzahlungen.

Die Reaktion der Betroffenen ließ nicht lange auf sich warten: Ein schlampig zusammengestelltes, seitenlanges Gegendarstellungs-Begehren Krügels, ausgefertigt in einer Kanzlei, die ihm sonst eher bei Geschäften rund um den Anlagebetrug zur Hand ging. Darin ließ er rundum alles dementieren, was über ihn gesagt wurde. Dann besserte sein Anwalt in mehreren Versionen nach. Eine Gegendarstellung von „Focus"-Chefredakteur Helmut Markwort, der darin den eigenen Informanten dementieren ließ. Eine Gegendarstellung von Krügels Verbindungsführer beim Polizeipräsidium, der schon allein aus der Abwehr dienstrechtlicher und strafrechtlicher Schritte begründet schien. Zur rechtlichen Erwiderung dieser - mittlerweile üblichen Reaktionen - mußten beim zuständigen Landgericht Schutzschriften hinterlegt werden mit den Beweismitteln, die jedem Richter beim ersten Blick die „offensichtliche Unrichtigkeit" der Gegendarstellung demonstrieren. Das Münchener Polizeipräsidium zeigte zunächst viel Fürsorge für den verwickelten Sonderfahnder und weigerte sich, hausinterne Maßnahmen zur Aufklärung des Falles zu ergreifen. Statt dessen beschwerte sich das

Polizeipräsidium beim Deutschen Presserat darüber, daß der STERN Namen und Dienstgrad sowie ein Foto des Sonderfahnders bei einem privaten Ermittlungstrip an die Cote d'Azur veröffentlicht habe. Pikanterie am Rande: Im Beschwerdeausschuß des Selbstkontrollorgans durfte dann Professor Robert Schneider, der Presserechts-Berater von „Focus", über den Fall beraten und die vom STERN eingereichten Recherche-Unterlagen studieren.

Krügel selbst gab sich in einem erbosten Telefonat siegesgewiß und machte einen großen Fehler: Die Ermittlungen gegen ihn und seinen V-Mann-Führer seien „unter dem Tisch eingestellt worden." Das, so versprachen wir ihm, wollten wir gerne klären. In der Tat ergaben die offiziellen Anfragen bei den Ermittlungsbehörden, daß ein Ermittlungsverfahren kürzlich wegen Verjährung eingestellt worden war. Erst die Anfrage der Redakteure offenbarte der Leitung der Staatsanwaltschaft am Landgericht München I, daß der Fall eingestellt wurde, ohne Zeugen zu hören. Ein Verjährungsgrund lag aber nicht vor, weil die Strafanzeige zeitlich nicht eingeschränkt war. Das Ermittlungsverfahren mußte wieder aufgerollt werden.

Das war der Stoff für eine zweite Geschichte, zusammen mit den bereits recherchierten Erkenntnissen, die im ersten Beitrag keinen Platz fanden. Auch nach dieser Veröffentlichung saß der V-Mann-Führer Krügels im Münchener Polizeipräsidium immer noch an seinem Platz und verrichtete seinen Dienst, während bei der Staatsanwaltschaft weitere Hinweise über das Gespann eingingen. Unterdessen wurde in der Polizeibehörde die Parole kolportiert, die Veröffentlichungen stützten sich allein auf die Informationen der Ex-Frau Krügels und eines konkurrierenden Münchener Detektivs. Die schriftlichen Fragen der Redaktion blieben wochenlang unbeantwortet.

Wenige Tage nach dem Bericht saßen die beiden Redakteure in einer Münchener Hotel-Lobby und führten ein Interview mit einer Zeugin. Am Funktelefon des Kollegen Rudolf Lambrecht meldete sich ein Unbekannter: „Ich werde meinen Namen nicht nennen. Ich stehe dem Herrn Krügel sehr nahe. Am Samstag hat sich der Herr Krügel mit drei Leuten aus Kiew getroffen, die der Rechtsanwalt Kirkitadse beschafft hat. Ich war am Montag in der Schweiz und habe für Herrn Krügel von der Bank 25000 Dollar geholt. Das Geld bekommen die Leute aus Kiew. Die haben von Herrn Krügel den Auftrag, Sie und Ihren Kollegen Leo Müller in die Füße zu schießen."

Da zuvor Erkenntnisse über Krügels zwielichtige Verbindungen in die Staaten des ehemaligen Ostblocks auftauchten und Informationen über einschlägigen Waffenbesitz vorlagen, war der anonyme Drohanruf ernst zu nehmen. Die Münchener Staatsanwaltschaft wurde eingeschaltet. Mit Hilfe der Daten aus dem Rechenzentrum des Mobilfunk-Betreibers wurde von der Münchener Kripo der Anrufer ermittelt. Es handelte sich um das Funktelefon von Josef Junginger, einem Kumpanen von Krügel. Der Rest war Routine. Hausdurchsuchung und fünf Stunden Vernehmung, dann das

Geständnis. Krügel habe ihn angestiftet: „Die sollen nichts mehr schreiben." Auch die Privat- und Diensträume von Detektiv Krügel und seinem V-Mann-Führer bei der Sonderfahndung wurden durchsucht.

Die Gegen-Enthüllung

Der Fall Krügel war nicht der erste dieser Art. „Enthüllungen" der „Focus"-Redaktion waren bereits häufiger Gegenstand von Recherchen. So brachten falsche Anschuldigungen die Betreiber des kleinen Hobby-Flugplatzes Hartenholm in Schleswig-Holstein in den Verdacht, sie hätten heimlich Kriegswaffen in den Iran geliefert. Die iranische Staatsbürgerschaft eines Gesellschafters genügte für den bösen Verdacht. Tatsächlich war der Top-Informant selbst der Haupt-Beschuldigte, gegen den die Zollfahnder wegen der Lieferung von Ersatzteilen für Militärflugzeuge ermittelten. Der Informant kam zuerst zum STERN, verlangte ein sechsstelliges Informationshonorar für seine heißen Geschichten und blitzte ab. Kurze Zeit später stand es in „Focus". Die Geschichte wurde dutzendfach abgeschrieben, sogar von den großen amerikanischen Blättern kolportiert. Häufig werden diese Schein-Enthüllungen vom Publikum nicht bemerkt, oft nicht einmal in der Branche registriert. Dabei ist die Glaubwürdigkeit das höchste Gut der Medien-Unternehmen.

Zum Erhalt der Glaubwürdigkeit muß mehr geleistet werden, als die meisten Medien-Unternehmer bereit sind zu tun. Es muß gründlich und oft lange recherchiert werden und es muß ein unbarmherziges fact checking am Manuskript stattfinden. Beides kostet viel Geld und ist mit Instant-Journalismus, Mainstream-Schreiberei und Low Budget-Produkten nicht realisierbar. Ohne die ermittelnde Recherche verspielt der Journalismus sein Ansehen. Investigativer Journalismus dürfte nicht die Ausnahme in unserem Gewerbe sein. Er müßte der Normalfall sein. Denn zu nichts anderem als der akribischen und sorgfältigen Annäherung an die Wahrheit sind wir unseren Lesern, Zuhörern und Zuschauern verpflichtet.

Der Bäderkönig und die CSU-Grössen

Oliver Merz

Der Beamte aus dem Tross des bayerischen Ministerpräsidenten Edmund Stoiber hatte sich die Frage lange verkniffen. Schließlich stellte er sie doch: „Wer hat Ihnen eigentlich die Zwick-Story gesteckt ? Das kann doch nur ein Partei-Freund gewesen sein, einer, der bei Strauß zu kurz gekommen ist, oder?"

Es war im Mai 1994 bei einem der sogenannten Kreisbesuche Edmund Stoibers. In Bayern stand eine Landtagswahl bevor und in der CSU rumorte es, weil die Steueraffäre um den niederbayerischen Bäderkönig Eduard Zwick, der ein enger Freund des langjährigen CSU-Parteivorsitzenden Franz-Josef Strauß war, einfach nicht aus den Schlagzeilen verschwinden wollte. Der „Amigo-Verdacht", unter dem die CSU in diesen Jahren besonders litt, war mit der Enthüllung der Steueraffäre Zwick nicht zum ersten Mal, wohl aber am konkretesten belegt worden. Die Ära des CSU-Übervaters Strauß, der 1988 gestorben war, kam unter einen Schatten der Korruption. Da bekommt ein gesuchter Steuerflüchtling, der ein enger Freund des mächtigsten bayerischen Politikers ist, von den bayerischen Finanzbehörden mehr als 60 Millionen DM Steuerschulden gleichsam erlassen - für die in Deutschland seit langem schwelende Diskussion um „Steuergerechtigkeit" hätte kaum ein passenderes Beispiel „erfunden" werden können.

Die Frage des Ministerialbeamten aus der Münchener Staatskanzlei an den REPORT-Redakteur am Rande eines Stehempfangs in einer oberpfälzischen Kreisstadt ist in mancher Hinsicht bemerkenswert, wirft sie doch ein Licht auf den Umgang des politischen Establishments mit Affären. So wie sie gestellt wurde, offenbart sie zum einen, daß man in München davon ausging, daß nur ein „Parteifreund" den Verrat begehen konnte - als ob nur „Parteifreunde" von Affären wissen und als ob nur „Parteifreunde" ein Motiv zu deren Aufdeckung hätten. Zum anderen offenbart sie, daß bei Strauß manche (Parteifreunde) zu kurz gekommen sind, was im Umkehrschluß bedeutet, daß etliche auch gut bedient wurden. Im nachhinein stellte sich dies in zumindest einem Fall auch als wahr heraus.

Das eigentlich Interessante in dieser Frage ist jedoch, daß offensichtlich eine wie große Gruppe auch immer von dieser Affäre über Jahre wußte, ohne daß sie publik wurde. Das Machtgefüge von Strauß und der CSU scheint in München tatsächlich erstaunlich gut „funktioniert" zu haben, so daß dem Beamten eine aufmerksame Opposition oder etwa eine undichte Stelle in der Bürokratie erst gar nicht einfielen, wenn es darum ging, den oder die Informanten für die Aufdeckung eines bayerischen Skandals zu suchen.

Interessant auch, daß gar nicht in Erwägung gezogen wurde, daß Journalisten möglicherweise aus eigenem Antrieb und Erkenntnisinteresse eine politischen Affäre aufdecken.

Um es vorweg zu nehmen: die Frage wurde nicht beantwortet, schließlich weiß die REPORT-Redaktion, was sie der Pressefreiheit und ihren Informanten schuldet. Trotzdem ist die Geschichte der Recherche eines der größten deutschen Steuerskandale spannend und in manchen Episoden fast absurd.

Sie beginnt in dem Bundesland, dessen Ministerpräsident für jeden Konservativen ein wahrhaft rotes Tuch ist; sie beginnt im Saarland, wo sich Oskar Lafontaine im Frühjahr und Sommer 1993 eine heftige Fehde mit der Presse leistet. Sein Wort vom „Schweinejournalismus", gemünzt auf Kollegen, die sich seinen vermeintlichen Verbindungen zum Rotlicht-Milieu in Saarbrücken widmen, beschäftigt auch die REPORT-Redaktion. Dort meldet sich im Sommer 1993 ein Informant, der Unterlagen zu einer angeblich typisch saarländischen Variante der Wirtschaftsförderung anbietet. Das notorisch finanzschwache Saarland sei unter Lafontaine und dessen Finanzminister Kaspar (auch SPD) dazu übergegangen, Unternehmen mit Steuernachlässen ins Land zu lokken. Diese Steuergeschenke gingen jedoch zu Lasten Dritter, da das Saarland als Empfängerland im Länderfinanzausgleich sowieso von Zahlungen anderer Bundesländer und des Bundes abhängig sei, mithin würden also Lafontaine und sein Finanzminister Wirtschaftsförderung mit fremdem Geld betreiben. Der Informant nannte ein Beispiel: das Saarland habe ein niederbayerisches Kur- und Reha-Unternehmen ins Land gelockt mit dem Versprechen, bei der Gewerbesteuer großzügig zu sein und auch bei anderen Steuerproblemen unternehmensfreundlich zu veranlagen. Als Gegenleistung habe das Unternehmen seinen Firmensitz nach Saarbrücken verlegt und den Bau einer großen Rehabilitationsklinik mit mehr als 200 Arbeitsplätzen an der Saar zugesagt.

Die REPORT-Redaktion interessierte sich für diese Geschichte und begann zu recherchieren. Der Sozialdemokrat Lafontaine als Wirtschaftsförderer mit Steuernachlässen für schwerreiche Unternehmer - durchaus interessant und auch relevant für ein ARD-Politmagazin. Bei dem fraglichen Unternehmen handelte es sich um das sogenannte „Johannesbad", ein außerordentlich potentes Unternehmen im Bereich von Kur und Rehabilitation mit Einrichtungen in ganz Deutschland. Der Firmensitz war bis zum Umzug nach Saarbrücken das niederbayerische Bad Füssing bei Passau. Dort lag der wirtschaftliche Kern der Firma, das „Johannesbad", ein Thermalbad, gebaut auf heilenden Quellen mit großer Klinik und anderen Einrichtungen zur Kur. Bad Füssing, so erfuhren wir, war Europas größter Kurort und das „Johannesbad" der größte Kurbetrieb vor Ort. 1993 waren harte Sparmaßnahmen bei Kuren und Rehabilitation noch fern, das ganze Unternehmen war wegen der Quellen eine Goldgrube mit zehntausenden von Kurgästen pro Jahr, der Umsatz lag im dreistelligen Millionenbereich.

Die Geschichte des Informanten bezüglich der „saarländischen Wirtschaftsförderung“ stellte sich schnell als im Kern wahr heraus: Tatsächlich war dem „Johannesbad“ Gewerbesteuer erlassen beziehungsweise gekürzt worden, tatsächlich gab es einen Rechtsstreit zwischen Bad Füssing und den saarländischen Finanzbehörden wegen der Gewerbesteuerveranlagung, tatsächlich war der Firmensitz von Bad Füssing nach Saarbrücken verlegt worden. Dies alles war mit einer üblichen Basis-Recherche bei öffentlich zugänglichen Quellen zu verifizieren. Das Unternehmen selbst bestätigte. Ein Rechtsstreit führte bei Parteien, Anwälten und auskunftspflichtigen Behörden zu einer erhöhten Informationsbereitschaft. Außerdem war das Thema im Saarland ein regionales Politikum. REPORT berichtete im September 1993 über diesen saarländischen Zweig der Steueraffäre um den niederbayerischen Bäderkönig und wußte bereits zu diesem Zeitpunkt, daß dies nur ein Bruchteil der eigentlichen Geschichte war, und daß die eigentliche Geschichte in Bayern spielte.

Eduard Zwick war der Gründer und langjährige Besitzer des „Johannesbades“ (er starb am 26. März 1998 im Alter von 76 Jahren in der Schweiz und hinterließ ein geschätztes Vermögen von ca. 500 Mio DM sowie Steuerschulden an den deutschen Fiskus von ca. 48 Mio DM). 1993 war Zwick senior schon über siebzig und lebte seit mehr als zehn Jahren in der Schweiz. Schon bei den ersten Recherche-Telefonaten in Bad Füssing - noch interessierte uns die „Saarland - Geschichte“ - wurde deutlich, daß Zwick senior eine schillernde Figur gewesen sein muß. Bald fiel auch der Name des Mannes, der seine Geschichte schließlich zum Politikum machte: Franz-Josef Strauß. Strauß und Zwick seien Freunde gewesen, enge Freunde. Strauß sei oft in Bad Füssing gewesen, Zwick senior habe ein Flugzeug gehabt, und wir wüßten doch sicher, daß Strauß gerne geflogen sei. Nach Nizza, nach Wien und an viele andere Orte sei geflogen worden, meist sei irgendein Geschäft mit Amüsement verbunden worden, nicht selten wären ein Haufen Geld und gelegentlich auch Frauen im Gepäck gewesen. Soweit erste anekdotische Anmerkungen, die neugierig machten.

Die Informanten legten in diesem Stadium der Recherche freilich allesamt Wert auf Diskretion, wenngleich wir manchmal den Eindruck hatten, mancher hatte nur auf eine Gelegenheit zum Erzählen gewartet. So wurden wir von einem zum anderen weitergereicht, erfuhren viel atmosphärisches und, wie gesagt, Anekdotisches. Vieles davon ist bis heute nicht zu verwerten, weil eben zu privat, nicht relevant oder auch nicht nachprüfbar. Manches war uns auch zu offensichtlich unter der Gürtellinie, wobei sich im Lauf der Zeit auch etliche dieser Geschichten als wahr herausstellten. Wenn zum Beispiel kurz nach dem Tod des Eduard Zwick im März 1998 in der Presse uneheliche Kinder des reichen Steuerflüchtlings auftauchten, die Anspruch auf das Erbe erhoben, wunderte uns dies schon lange nicht mehr. Wichtig für die Recherche war jedoch: jedes Detail half bei den kommenden Schritten, weil es den Gesprächspartnern klar machte, daß wir tatsächlich sachkundig waren - was viele Türen öffnet - und daß wir kein Interesse an Schmuddelgeschichten hatten, wie unseren Magazinbeiträgen in REPORT Baden-Baden zu entnehmen war.

Eine Frage stellte sich unter anderen: Warum um Gottes Willen sollte ein bayerischer Unternehmer wie Eduard Zwick, der offensichtlich über allerbeste politische Beziehungen zur CSU verfügte, aus steuerlichen Gründen ausgerechnet ins „rote“ Saarland übersiedeln ? Die Frage hatte sich so offenbar noch niemand gestellt. Wir bekamen einen Hinweis, einen banalen Hinweis: Zwick senior habe über sich, sein „Johannesbad“ und seine Probleme in Bayern ein Buch geschrieben (schreiben lassen). Das Buch kauften wir im „Johannesbad“. Es heißt „Heisses Wasser“ und erzählt die Lebensgeschichte des Dr. med. Eduard Zwick, den Abenteurer und Bäderkönig, den kleingeistige niederbayerische Finanzbeamte aus der Heimat ins Schweizer (Steuer-) Exil vertrieben hätten. Nach der Lektüre stellte sich die nächste Frage: Was wurde eigentlich aus den Steuerschulden des Bäderkönigs, nachdem er 1982 in die Schweiz übergesiedelt war ? Nun gingen die Türen zu, die Telefonate wurden kurz, und in einer Mischung aus Resignation, Ärger und Angst ließ uns mancher Beamte und manch anderer niederbayerischer Zeitgenosse wissen, daß dies unter das Steuergeheimnis falle, was eines der am besten geschützten Geheimnisse hierzulande sei.

Noch recherchierten wir ja eigentlich die „saarländische Geschichte“. Im Saarland bedeuteten uns Eingeweihte, daß Zwick senior offensichtlich jahrelang vor 1982 und danach erst recht keine Steuern gezahlt habe. Bei dem Vermögen, dass allein sein Bad Füssinger „Johannesbad“ wert gewesen sein muß - schließlich sollten ja im Saarland (und nicht nur dort, wie wir mittlerweile wußten) Millionen in eine neue Klinik investiert werden -, war leicht auszudenken, daß seine Steuerschulden immens gewesen sein mußten. Das Unternehmen selbst gehörte 1993 seinem Sohn, Dr. med. Johannes Zwick. Zu den Steuerschulden seines Vaters, so es welche gab, wollte dieser sich aber REPORT gegenüber nicht äußern, auch nicht dazu, wie er in den Besitz des Unternehmens gekommen sei. Je mehr wir telefonierten, uns mit Menschen trafen, je mehr wir also wußten, desto mehr wurde uns klar, daß die eigentliche Geschichte noch verborgen war. Doch das „Anekdotische“ wurde immer reichhaltiger: Zwick senior und junior seien zerstritten, neben Strauß, der ja 1993 schon fünf Jahre tot war, sei auch Gerold Tandler (damals stellvertretender CSU-Vorsitzender) ein Freund von Zwick senior gewesen, es habe gemeinsame Ausflüge an die Cote D`Azur gegeben usw. Im Saarland habe das „Johannesbad“ zumindest einen ehemaligen Finanzbeamten auf der Gehaltsliste, in Niederbayern seien Karrieren von Finanzbeamten an der Causa Zwick gescheitert, und überhaupt war in der Gegend um Passau fast jedem politisch Interessierten klar, daß man sich bei Zwick nur die Finger verbrennen könne. Selbst bei den Kollegen vom Bayerischen Rundfunk, wo REPORT zwischenzeitlich nach Fernseh-

Archivmaterial gefragt hatte, schienen wir auf eine Un-Story zu stoßen. Es gab Bilder aus Bad Füssing, es gab Bilder vom „Johannesbad", doch es gab kein einziges von Eduard Zwick - nur einen Archiv-Eintrag, über einen Regional-Bericht aus 1982, bei dem Franz-Josef Strauß offensichtlich zu Besuch im „Johannesbad" war, und zwar in Gegenwart des „Bäderkönigs". Der Bericht selbst war nicht aufzutreiben; als wir die Autorenzeile sahen, konnten wir ein Grinsen nicht unterdrücken. Franz Schönhuber, der spätere Gründer der rechtsradikalen „Republikaner" war der Autor des verschwundenen Fernseh-Berichts über einen Besuch vom Ministerpräsidenten Strauß beim notorischen Steuerhinterzieher Zwick.

Später wurde uns klar, warum dieser Bericht quasi verschwinden mußte - nicht nur der Autor war der Grund. 1982, als der bayerische Ministerpräsident Franz-Josef Strauß den Bäderkönig Dr. Eduard Zwick in Bad Füssing beehrte, war dieser bereits in Millionenhöhe Steuerschuldner des Freistaats, und etliche Finanzbeamte, deren oberster Dienstherr Strauß als Ministerpräsident war, hatten schon seit Jahren versucht, den Amigo Zwick zum Steuern zahlen anzuhalten. Allein diese Tatsache muß vielen Beamten im Freistaat damals bitter aufgestoßen sein, und nicht wenige bestätigten uns dies vertraulich im nachhinein. Als später REPORT auch noch enthüllte, daß der Strauß-Vertraute, spätere CSU-Generalsekretär und ehemalige bayerische Innen- und Finanzminister Gerold Tandler lange Jahre nicht nur ein persönlicher Freund, sondern auch privater Schuldner und Geschäftspartner von Eduard Zwick war, wurde das ganze Ausmaß an Amigo-Filz deutlich, dem sich nicht wenige Beamte im Freistaat zu Strauß-Zeiten ausgeliefert glaubten und wohl auch tatsächlich waren. Dazu paßt auch, daß der notorische Steuer-Verweigerer Zwick senior im Jahr 1982 auf Vorschlag des CSU-Bundestagsabgeordneten Klaus Rose das Bundesverdienstkreuz zuerkannt bekam. Es konnte ihm nur nicht mehr umgehängt werden, weil er kurz darauf wegen seiner Steuerschulden sogar per Haftbefehl gesucht wurde - natürlich erst, als er schon in Lugano saß.

Dies alles ergaben die Recherchen im September 1993, und im Zuge der vielen Gespräche und Treffen stießen wir auch auf die Belege, die die Steueraffäre Zwick dokumentierten. Die Quelle(n) können selbstverständlich nicht offengelegt werden. Die Tatsache jedoch, daß wir fast überall erstaunlich sachkundig und informiert auftreten konnten, erlaubte manchmal auch, sanften Druck auszuüben. Das Ergebnis, trotz Steuergeheimnis:

Im November 1990, zwei Jahre nach dem Tod von Franz-Josef Strauß, schlugen die bayerischen Finanzbehörden die Steuerschulden des Dr. med Eduard Zwick in Höhe von ca. 70 Millionen DM gegen eine einmalige Zahlung von 8,3 Millionen DM nieder. Der Bayerische Rechnungshof nannte die Niederschlagung später einen Quasi-Erlaß. Der stellvertretende CSU- Vorsitzende Gerold Tandler war lange Zeit Geschäftspartner des Steuerflüchtlings Zwick gewesen und hatte von diesem in Form von Krediten sowohl privat wie auch geschäftlich profitiert.

Zwei Wochen vor der „Niederschlagung" hatte Gerold Tandler das Amt des bayerischen Finanzministers zugunsten eines gut dotierten Postens in der Privatwirtschaft niedergelegt, sein Nachfolger Georg von Waldenfels (auch er mittlerweile bestens versorgt in der Privatwirtschaft) regelte die Sache Zwick so wie zu Tandlers Amtszeit als Finanzminister vorbereitet. Vor dem Landgericht Landshut sagten später die diversen CSU- Finanzminister (Streibl, Tandler, von Waldenfels) aus, sie seien nie mit der Sache befaßt gewesen, die Steuersache Zwick sei auf Beamtenebene geregelt worden. Einer, Max Streibl nämlich, ließ sich bei anderer Gelegenheit zu der Bemerkung hinreißen, daß er sich daran doch nicht die Finger verbrennen wollte. Dies war wohl wahr, denn da der Ministerpräsident Strauß höchstselbst mitmischte, mußte erfahrenen Polit- und Parteihaudegen klar sein, daß bei Zwick allerhöchste Vorsicht geboten war. Strauß schrieb dem Steuerflüchtling persönlich ins Schweizer Exil und gab ihm den Tip, sich doch verhandlungsunfähig schreiben zu lassen. Freund Eduard bedankte sich überschwenglich.

Nach der REPORT- Enthüllung der „Steuer-Niederschlagung" wurde klar, daß es im Beamtenapparat einzelnen Widerstand gegen eine solch großzügige Regelung gegeben hatte, doch dieser versandete im Dickicht von Parteigehorsam, Beamtenloyalität und Steuergeheimnis, so unser Eindruck im nachhinein. Bis heute muß das bayerische Finanzministerium zugestehen, daß erst die Recherchen von Journalisten Erkenntnisse zu Tage gebracht hätten, die neue Zugriffsmöglichkeiten für Steuerfahndung und Staatsanwaltschaft erbracht hätten. Wenn man bedenkt, daß die eigentliche Enthüllung einen hoheitlichen Akt decouvrierte, erscheint dies unglaublich.

Zwick ließ sich wieder in Deutschland blicken, empfing Besucher in seiner Münchner Wohnung, die rund 400 Meter vom bayerischen Finanzministerium entfernt war und natürlich nie durch eine Pfändung bedroht war. Einer der Besucher war regelmäßig Gerold Tandler, so bestätigte uns jemand, der in dem vornehmen Haus am Münchener Maximilliansplatz ein- und ausging.

Tandlers Geschäftsbeziehungen zu Zwick senior waren neben der Steuer-Niederschlagung die zweite Enthüllung in der REPORT- Sendung vom 3. Oktober 1993. Dieser Sendung und einer weiteren vom 2. November 1993 folgten ein Untersuchungsausschuß im bayerischen Landtag (1993/94), der Prozeß vor dem Landgericht Landshut (1994/95) gegen Zwick junior wegen Beihilfe zur Steuerhinterziehung, eine Revision vor dem Bundesgerichtshof (1997) und, was schon fast zynisch klingt, eine freiwillige Steuernachzahlung von Zwick junior in Höhe von gut 30 Millionen DM zugunsten der bayerischen Finanzverwaltung, die zuvor die Steuern des Strauß-Amigo Zwick senior so großzügig „niedergeschlagen" hatte. So verdankt die bayerische Staatskasse investigativem Journalismus, der sich einem „Amigo" und dessen politischen Beziehungen zur CSU widmete, eine unerwartete Mehreinnahme von gut 30 Millionen DM, wie der Vorsitzende Richter am Landgericht Landshut in seiner mündlichen Urteilsbegründung spöttisch anmerkte.

Die Recherchen hatten im Saarland begonnen und in Bayern geendet. Sie führten zu einem Ergebnis, weil im Dreieck Saarbrücken, Passau und München soviel Details an unterschiedlichen Stellen herauskamen, daß die REPORT-Redakteure, wo immer sie nachhakten, belegen konnten, daß sie informiert waren und daß sie ernsthafte Gesprächspartner waren. Natürlich mußten dazu Vorschriften weit ausgelegt werden, natürlich haben manche der Informanten viel riskiert. Manchmal war auch ein hörbares Kopfnicken sehr hilfreich, denn viele der Details schienen uns so unglaublich, daß wir sie ohne eine informelle Bestätigung durch eigentlich nicht auskunftsberechtigte Behörden nicht glauben wollten. Zu Gute kam uns dabei auch eine interessante Auslegung des Steuergeheimnisses: Wenn etwas offensichtlich nicht mehr geheim war, weil wir es mühsam oder mit Glück herausgefunden hatten, konnte es zumindest nicht bestritten werden. Recherche-Bestätigung durch Nicht-Dementi sozusagen, eine Auslegung, die sich später auch das bayerische Finanzministerium zumindest teilweise zu eigen machte, als nach der REPORT-Veröffentlichung platte Dementis nicht mehr weiterhalfen.

Klar war jedoch, ohne die Arbeit in Archiven, in Handelsregistern oder bei unabhängigen Experten, die bei der komplizierten Materie notwendig war, wäre die Recherche gewiß im Sand verlaufen. Handelsregister sind eine oft unterschätzte Quelle für investigative Recherchen. Sie liefern im Übermaß Namen und Daten, an denen der geduldige Rechercheur weiterarbeiten kann. Daß es dabei ohne eine gute Portion Recherche-Glück nicht laufen kann, ist selbstverständlich.

Die Geschichte vom Bäderkönig und den CSU-Größen war, soviel kann hier gesagt werden, kein Journalismus, der von interessierter Seite gespickt und benutzt wurde. Womit nicht unterschlagen werden soll, daß einem bei solchen Recherchen menschliche Schwächen wie Eitelkeit, Wichtigtuerei, Selbstgerechtigkeit usw. auch begegnen. Und natürlich auch so etwas wie Rache, denn Dr. med. Eduard Zwick hatte wahrlich nicht nur Freunde.

So oder so ähnlich hat es der REPORT-Redakteur auch dem Ministerialbeamten aus der Münchner Staatskanzlei erzählt. Doch der Mann tat dies mit einer ungläubigen Handbewegung ab. Politische Affären und Skandale, dies war schon an seiner Frage nach der Quelle der REPORT-Informationen deutlich geworden, können doch nur von enttäuschten „Parteifreunden" oder höchstens vom politischen Gegner an die Öffentlichkeit lanciert werden. Und zwar fix und fertig, quasi mundgerecht und möglichst nach den terminlichen Interessen des Lieferanten zu publizieren. Dies offenbarte viel von seinem Bild der Politik und seinem Bild des Journalismus - die Geschichte der Recherche der Steueraffäre Zwick taugt dazu nicht. Sie war schlicht ein Skandal, der aufgedeckt gehörte, weil Politiker im Machtrausch glaubten, Behörden und Institutionen manipulieren zu können.

(Das ARD-Politmagazin REPORT Baden-Baden vom Südwestfunk berichtete in drei aufeinanderfolgenden Sendungen im September, Oktober und November 1993 über die Recherchen in Sachen „Zwick". Die beteiligten Autoren waren Horst Kleinheisterkamp und Oliver Merz für die Sendung im September, sowie Stefan Rocker und Oliver Merz für die Sendungen im Oktober und November. Alle drei Journalisten waren zu diesem Zeitpunkt als festangestellte Redakteure Mitglieder der REPORT-Redaktion, die zu dieser Zeit Jochen Waldmann leitete. Teile der zentralen Zwick-Recherche, die am 3. Oktober 1993 in REPORT Baden-Baden veröffentlicht wurden, erschienen am 4. Oktober auch in der Süddeutschen Zeitung, Autor: Michael Stiller.)

Der Fall Schneider - ein journalistisches Lehrstück

Harald Feller

Die Nachricht auf meinem Anrufbeantworter war denkbar knapp, reichte aber aus, um mich wie von der Tarantel gestochen aufspringen zu lassen. „Sie haben ihn." - Wo, verdammt, war mein Telefonbuch? In diesen Minuten beginnen die Tagesthemen! Anruf in Hamburg: Jürgen Schneider verhaftet, ich versuch', noch eine Meldung zu machen, brauche aber eine zweite Quelle. - Ich hatte ja nur diese drei Worte. Es war wie im richtigen Leben: die zweite Informationsquelle war telefonisch nicht erreichbar und von der ersten hatte ich die Telefonnummer nicht zur Hand. Sie lag in Wiesbaden auf meinem Schreibtisch. Ich saß in Limburg. Also ins Auto, nach Wiesbaden, wieder Telefonate, die Tagesthemen waren inzwischen zu Ende. Der verantwortliche Planungsredakteur bei ARD aktuell hatte unterdessen die Kollegen vom Nachtmagazin informiert, daß da noch was kommen könnte. Endlich erreichte ich die Stimme vom Anrufbeantworter. Mit spärlichen Details angereichert wurde die Exklusivmeldung von der Verhaftung des flüchtigen Ehepaars Jürgen Schneider und Claudia Schneider-Granzow im ARD-Nachtmagazin verbreitet. Weltexklusiv. Just in dem Augenblick rief mich meine zweite potentielle Quelle an: Ob ich schon wisse...? Die Exklusivität war übrigens nur von kurzer Dauer. Bald nach dem ARD-Nachtmagazin verbreitete das Bundeskriminalamt in Wiesbaden die Nachricht von der Verhaftung der Schneiders in den USA über die Agenturen.

Merke: Habe in jeder Situation an jedem Ort dein gesamtes Handwerkszeug greifbar. Bei Nachrichten, hinter denen alle her sind, geht es heutzutage um Minuten.

Der Kriminalfall Dr. Utz Jürgen Schneider könnte als Übungsbeispiel von einer Journalistenschule erfunden worden sein. An ihm lassen sich exemplarisch Freud und Leid, Fehler und Erfolge, Zu-, Um- und Mißstände der journalistischen Recherche festmachen. Noch nie wurde ein Mensch auf der Flucht vor Gläubigern und Polizei an so vielen Orten gleichzeitig gesichtet wie Schneider. Es brach eine Art sportlicher Wettbewerb unter den heftig konkurrierenden Medien aus, immer eine neue Variante draufzusetzen. USA, Kanaren, Iran, Paraguay ... Fast schien es, als seien die Schneiders an diversen Reiseunternehmen und Fluggesellschaften beteiligt. Mit einem Mann namens Bleiker als Reiseleiter und Animateur. Auch ich durfte an einer solchen zweifelhaften Vergnügungsreise teilnehmen. Eines Samstags klingelte in der Tagesschau-Redaktion beim Hessischen Rundfunk in Frankfurt das Telefon und ein geheimnisvoller Mann bot an, uns zu Schneider zu bringen. Der habe die Falschinformationen, die über ihn verbreitet würden, satt und wolle einem seriösen Medium Rede und Antwort stehen. Darauf eingehen oder nicht? Einige tausend Mark Flugkosten für zwei Reporter und einen Kameramann und dafür ein kostenloses Exklusivinterview (für das andere später sehr viel Geld bezahlten)? Die Frage war schnell beantwortet.

Wir sind natürlich nach Genf geflogen. Wie zwei Wochen darauf Kollegen vom STERN, obwohl sie von uns vorgewarnt waren. Mit von der Partie mein Kollege Fritz Schmaldienst und ein Bekannter, dazu Willi Strieder, unser Kameramann. Für den Mietwagen mit Autotelefon mußte ich in der Schweiz mit zwei Kreditkarten bürgen und unterschreiben, daß ich nicht mit dem Auto über die Grenze nach Italien fahre. Wegen des hohen Diebstahlrisikos. Ich gab das Auto nicht aus der Hand. Auch nicht unserem obskuren Helfer, der einen in Helsinki ausgestellten Deutschen Ersatzreisepaß besaß. Wir übernachteten in Genf, um am nächsten Morgen Schneider zum Interview zu treffen. Um sechs Uhr war die Nacht vorbei. Eine ortsansässige Staatsanwältin in Begleitung einiger Kriminalbeamter setzte durch energisches Klopfen an unsere Zimmertüren dem kurzen Schlaf ein Ende. Personalienüberprüfung. Frage, was wir in Genf wollen. Später erfuhr ich, daß in der Nacht ein anonymer Anruf im Frankfurter Polizeipräsidium eingegangen war. Ein Hinweis, Journalisten würden sich mit dem per Internationalem Haftbefehl gesuchten Ehepaar Schneider treffen. Die Frankfurter Polizei informierte das Bundeskriminalamt. Das BKA schaltete Interpol ein. Die Schneiders steckten nicht in unserem Kleiderschrank, nicht unter den Betten. Also zogen die Ermittler wieder ab. Mit noch mulmigerem Gefühl setzen wir unsere Recherche-Reise fort. Immer mit Blick in den Rückspiegel. „Schneider-Mann" Bleiker und unser Helfer reisten gegen Mittag nach Deutschland zurück. Schneider wolle nur Schmaldienst und mich plus Kameramann sehen. Aus Sicherheitsgründen. Da war mir eigentlich klar, daß das Ganze eine Spukgeschichte sein mußte. Während mein Fritz noch eifrig Fragen an Schneider notierte, genoß ich nur noch den Mittagstisch in diesem wunderschönen Garten des Landgasthauses in der französischen Schweiz. Es war ein toller sonniger Tag.

Merke: gib bei mysteriösen Recherchen nie dein Auto aus der Hand (Kollegen vom SPIEGEL verloren in St.Petersburg mit Bleiker-Reisen dem Vernehmen nach einen BMW). *Genieße wenigstens noch Panorama und Ambiente vor Ort, wenn schon kein Rechercheergebnis mehr zu erwarten ist!*

Dieses Erlebnis kann man ja vielleicht unter humoristischen Gesichtspunkten als Lebenserfahrungsgewinn verbuchen. Ärgerlich wird es, wenn man bei Recherchen erst einmal den Müll von Kollegen beiseite räumen muß, um weiterzukommen. Auch dafür bietet der Fall Schneider Beispiele. Es gab zwei grobe Linien in der Berichterstattung: die eine meinte, Schneider sei selbst ein Betrogener. Einer, den die Banken plötzlich fallengelassen hätten. Der eigentlich genug Geschäftspotential hätte, um erfolgreich zu wirtschaften. Vor allem das ZDF-Magazin FRONTAL mit seinem Reporterduo Thorn und Frank ritt fast bis zuletzt wie mit Scheuklappen in diese Richtung. Da gab es jene ominösen Vertragsentwürfe für den Verkauf von Schneider-Immobilien, die das Papier nicht wert waren, auf dem sie standen, wie unsere Recherche ergab. Obwohl wir schon frühzeitig einen der angeblichen Käufer aufgetan und im ARD-Wirtschaftsmagazin Plusminus die Fata Morgana von Schneiders fast abgeschlossenen Verkäufen zerstört hatten, hielt sich das Gerücht vom eigentlich erfolgreichen Immobilientycoon hartnäckig.

Schade, daß Thorn und Frank auch mit ihrem unvermeidlichen Schneider-Buch ein mangelhaftes Rechercheergebnis vorlegten. So haben sie offenbar übersehen, daß jener Notar Schneiders, dessen Vertragsentwürfe unter anderem Anlaß für unsere Plusminus-Recherche waren, in zweiter Instanz vor dem Oberlandesgericht Frankfurt einen Prozeß gegen die Plusminus-Redaktion verloren hat. Im Buch wird lediglich das erfolgreiche erstinstanzliche Urteil auf Unterlassung und Richtigstellung zitiert. Ärgerlich sind bei Recherchen wie im Fall Schneider die für uns nicht bezahlbaren Exklusivabsprachen. Da bleibt nur Schmalhans' Taktik: stören. Mit Phantasie und Verstand, soweit möglich. Fakten, Fakten und immer an die Zuschauer denken. Auch wenn in der Rückschau zugegebenermaßen nicht alles sinnvolle Information für die Öffentlichkeit war. Es bereitet schon manchmal klammheimliche Genugtuung, im weiten Sumpf des Scheckbuch-Journalismus kleine Störfeuer zu legen. Manche Informationen hatte ich vor den „Exklusiv-Magazinen". Zum Beispiel, als sich wieder 'mal irgendwelche Schneider-Anwälte von ihrem Mandanten lossagten. Die Information brachten wir am Donnerstag. Am Montag darauf zogen die Exklusiven nach.

Merke: Selbst wenn keine hunderttausend Mark zur Verfügung stehen, lassen sich exklusive Informationen beschaffen. Es ärgern sich nämlich auch andere über Scheckbuch-Journalismus. Gelegentlich sogar Informationsquellen.

Zwei Leistungen sollten allerdings Erwähnung finden, die mir/uns nicht gelungen sind: das Exlusiv-Interview mit Schneider im Knast in Miami, für das FOCUS und SAT. 1 dem Vernehmen nach reichlich berappen mußten. Und die erstklassige Leistung des SPIEGEL mit der Veröffentlichung von Schneiders handgeschriebenem „Drehbuch" zum Milliardenbetrug („Ich muß bauen, bauen, Firmen bescheißen + verkaufen"). Auch wenn diese neidvoll anzuerkennende Recherchearbeit dem SPIEGEL ein Ermittlungsverfahren der Staatsanwaltschaft wegen des wörtlichen Zitierens aus Ermittlungsakten eingebracht hat. Der einsame Gipfel journalistischer Verirrungen in der Causa Schneider wurde mit der faktisch unkommentierten Veröffentlichung seines von Fluchthelfer Poletti nach Genf zu Rechtsanwalt Canonika geschmuggelten Tonbandes im FRONTAL-Magazin erreicht. Auf diesen Deal durfte man sich nicht

einlassen. Ohne Nachfragen, ohne kritische Einordnung - ein reines 15 Minuten langes Werbestück von, mit und für den Mann, der Milliarden in den Sand gesetzt hatte, ist journalistisch unwürdig.
Merke: Da fiel auch uns nichts mehr ein.

Neben all diesem brachte der Fall Schneider eindrucksvolle Einblicke in die Arbeit von Ermittlern. Alle Journalisten, die versuchten, sich mit Familienangehörigen Schneiders telefonisch oder schriftlich in Verbindung zu setzen, gerieten ins Fadenkreuz von Staatsanwaltschaft und BKA-Fahndern. Glücklicherweise hatte ich mir zur Tarnung über Jahre einen Doppelgänger aufgebaut, der sich von mir offenbar nur durch den Vornamen unterschied. So forderte der ermittelnde Staatsanwalt die Kreditkartenbewegungen des Fernsehdirektors beim Bayerischen Rundfunk, Wolf Feller, an. Ich darf an dieser Stelle Wolf Feller noch herzlich danken. Obwohl er sich ganz gegen unsere Absprache keine Amex-Karte zugelegt hatte ...

Problematischer als diese ermittlungstaktische Panne muß der Versuch gewertet werden, Journalisten über die heimlich erforschten Mobilfunkdaten zu unfreiwilligen Helfern der Staatsanwaltschaft zu machen. Wenn die Ermittler nicht in der Lage sind, selbst zu „recherchieren", sollten sie nicht die Medien abschöpfen! Andersherum wird übrigens auch ein Schuh draus. Das erste Buch zum Fall Schneider schrieb frühzeitig und detailreich Marc Frey. Er geht auch auf das Verhältnis von Journalist und Informant ein. Es sei ein „sehr heikles und zerbrechliches". Und weiter: „Es funktioniert nur, wenn der Informant sich darauf verlassen kann, daß sein Mitwirken bei der Aufklärung absolut vertraulich bleibt." Monate später bekam er Besuch von Polizei und Staatsanwaltschaft. Die Herren beschlagnahmten etliche brisante Unterlagen. Parallel nahmen sich die Ermittler seinen in Verdacht geratenen suchtkranken Informanten vor. Jetzt fehlt ein Mann im BKA ...
Merke: Schütze Informanten gegen mögliche spätere Nachforschungen und gelegentlich auch vor sich selbst.

Wer geglaubt hat, daß der Fall Schneider mit der Verhaftung in Miami an medialer Spannung verloren habe, sah sich spätestens bei der Überführung nach Deutschland eines Besseren belehrt. Um den Transportweg zu verschleiern, unternahmen Staatsanwaltschaft und BKA allerlei Verrenkungen. Wir auch. Um den Transportweg zu entschleiern. Erst hieß es, das Ehepaar Schneider werde auf eine Bundeswehrmaschine gesetzt. Versicherungsrechtliche Gründe und Steuerzahlers Aufschrei verhinderten dies. Schließlich wurde mit Linie gereist und innerhalb der Vereinigten Staaten die Maschine gewechselt. Im erstklassigen Oberdeck eines Lufthansa-Jumbos ging es dann, abgeschirmt von BKA-Ermittlungsführer R. und Kollegin, nach Frankfurt. Nur ganz wenige Journalisten waren mit auf der richtigen Maschine. Unter anderem ARD-Korrespondent Werner Sonne. Sein in Wort und Bild aufgezeichneter und gesendeter

Streit mit der Polizei, warum er nicht zu Schneider dürfe, ist Legende. Der LH-Kapitän hatte sogar mit einer außerplanmäßigen Zwischenlandung und dem Rausschmiß der Journalisten gedroht. Ein letztes Bonbon in diesem Stück aus Betrug, Pleiten, Handwerkerelend und Peanuts war die neue Adresse von Schneider-Ehefrau Claudia nach ihrer Entlassung aus der Frankfurter Untersuchungshaft: nur einen Steinwurf von Deutsche Bank-Vorstandssprecher Hilmar Kopper entfernt. Diese erfolgreiche Exklusiv-Recherche für die aktuellen Informationssendungen von ARD und Hessischem Rundfunk kam, wie vieles andere zuvor, nur durch intensives Augenoffen- und Kontakthalten sowie Kombinationsvermögen zustande. Letztlich ist das Ergebnis dann oft eine Gemeinschaftsleistung, die sich aus vielen Mosaiksteinen zusammensetzt. Fast wie bei den „Kollegen" von der Zielfahndung. Nur, daß die noch ein Stück erfolgreicher waren als wir Reporter. Das Foto bei der erfolgreichen Festnahme Jürgen Schneiders vor einer Bank in Miami machte ein Polizeibeamter ...

Der Fall Barschel

Rudolf Lambrecht / Leo Müller / Peter Sandmeyer

Am Anfang standen die Zweifel am Selbstmord Uwe Barschels. Die Nachforschungen des STERN zu diesem Fall waren der Beginn einer erfolgreichen Serie von Enthüllungen.

Genf, 11. Oktober 1987. Im Zimmer 317 des Hotels „Beau Rivage" wird der vor neun Tagen zurückgetretene Ministerpräsident von Schleswig-Holstein Uwe Barschel tot in der Badewanne gefunden. Der Mann, der den Politiker entdeckt, ist Reporter des STERN. Das Bild des Toten geht um die Welt. Und die Nachricht zum Foto lautet: Selbstmord. Davon sind die Untersuchungsbehörden in Genf, die Politiker in Kiel und die Journalisten in Hamburg sofort überzeugt.

Doch nach und nach werden Details bekannt, die zu einem Suizid nicht passen wollen. Und die Zweifel am „Bilanzselbstmord" des gestürzten Politikers werden verstärkt, als das Ergebnis eines toxikologischen Gutachtens bekannt wird, das die Familie des Toten in Auftrag gegeben hat. Danach muß sich Barschel bereits in einem narkotischen Dämmerzustand befunden haben, als er das tödliche Schlafmittel Cyclobarbital aufnahm. Spekulationen wuchern. Mordtheorien aller Art füllen die Zeitungsspalten. Journalistische Amateurdetektive haben Hochkonjunktur. Der „Fall Barschel" wächst sich aus zu einem Gestrüpp von Mutmaßungen, Hypothesen und Fiktionen. Unentwirrbar?

Hamburg, Sommer 1991. Am Konferenztisch des STERN-Chefredakteurs versammelt sich eine größere Runde. Sein Stellvertreter Michael Seufert ist dabei, Deutschland II-Ressortleiter Thomas Osterkorn, der Chef von STERN TV und drei Reporter. Als die Runde sich nach einstündiger Diskussion auflöst, haben diese drei einen neuen Auftrag. Aber noch keine Ahnung davon, wie lange er sie beschäftigen wird.

Der STERN und seine Detektive

Das Trio besteht aus Journalisten, deren Herkunft, Arbeitsfeld und Temperament ganz unterschiedlich sind. Rudolf Lambrecht, gebürtiger Bayer und studierter Theologe (katholisch), kam vom „Münchner Merkur" zum STERN und ist einer seiner hartnäckigsten Rechercheure, in seine Fälle verbissen wie ein Frettchen. Leo Müller, Rheinländer und vor seinem Eintritt beim STERN Fernseh- und Buch-Autor, ist Spezialist für Datenbank-Recherchen und kennt noch die feinsten Verästelungen der internationalen Geheimdienste. Peter Sandmeyer, früher Kulturjournalist bei Funk und Fernsehen in Berlin, ist Aktenfresser und ein von seinem Ressortleiter manchmal gefürchteter Langstreckenschreiber. Die drei fangen an wie immer: Archivmaterial lesen, Zeitungsveröffentlichungen, Bücher, jede Zeile, die sie kriegen können. Dann nehmen sie sich die Menschen vor, die Uwe Barschel kannten. Angehörige, Kollegen, Konkurrenten, Mitarbeiter, Freunde, Feinde. Alle werden befragt. Nach einigen Wochen wissen die Reporter über das Alltagleben des Politikers besser Bescheid als über ihr eigenes. Sie kennen seine Zahnpasta-Marke, die Tagesdosis seines Anti-Angst-Medikaments Tavor und die Lieder, die er bei Dienstfahrten mit seinem Fahrer sang. Soweit der einfache Teil der Recherche.

Gleichzeitig beschaffen sie sich - schon schwieriger - Einblick in die „Todesermittlungsakte", die von der Lübecker Staatsanwaltschaft seinerzeit angelegt und genauso schnell wieder geschlossen wurde. Der Selbstmord schien klar, es gab nichts zu ermitteln. Deswegen wurde hunderten von Hinweisen, die 1987 bei Staatsanwaltschaft und Kripo eingegangen waren, nicht nachgegangen. Unter ihnen sind viele, die auch vier Jahre später noch interessant aussehen.

In den Akten stoßen die Rechercheure auf erste Beweise für die unglaublichen Ermittlungsschlampereien in Genf. Sie finden Hinweise auf die dubiosen Aktivitäten des deutschen Agenten Werner Mauss am Tag vor Barschels Tod und eine Mitteilung über unglaubliche Geheimkonten Barschels in der Schweiz. Und so weiter ...

Welcher Spur soll man nachgehen? Welcher Hinweis verspricht Erfolg? Schwierige Entscheidungen. Um so schwieriger, weil sich wenig am Telefon klären läßt. Die Fragen, um die es geht, sind brisant, verlangen Diskretion und das persönliche Gespräch. Das heißt: Reisen.

Flüge kreuz und quer durch Deutschland. Immer wieder nach Genf. Nach Singapur. Treffs in dämmrigen Hotelhallen mit Männern, die ihre Sonnenbrillen nicht abnehmen. Wissen wird angedeutet, Material angeboten. Oft das Gefühl, man sei kurz vor dem Ziel. Einmal präsentiert ein ehemaliger CIA-Mitarbeiter zwei verschlüsselte Telexe der US-Botschaft in Bern an die CIA-Zentrale in Langley. Nach mitgelieferter Lesart würden sie die Mitwisserschaft des Geheimdienstes bei Barschels Ermordung beweisen. Eine Sensation, wenn es stimmt. Eine Blamage, wenn nicht.

Viele Spuren führen ins Leere

Wie findet man die Wahrheit heraus? Rudolf Lambrecht kennt einen, der einen kennt, der einen kennt. Der kennt sich mit dem Dechiffrieren von NATO-Dokumenten aus und findet heraus: Die Telexe sind echt, aber der angebliche Inhalt stimmt nicht. Papierkorb. Nächste Recherche.

Viele haben ähnliche Ergebnisse. Immer wieder laufen die Reporter in Leere. Die Rolle von Werner Mauss bleibt im dunkeln. Ebenso Barschels angebliche Geheimkonten in der Schweiz - der Mann, der sie angeblich verwaltet, wird gefunden, dementiert aber. Rätselhaft bleibt auch die Bedeutung einer Telefonnummer, die Barschel verschlüsselt bei sich hat. Sie führt, nach den Recherchen der Journalisten, in die israelische Botschaft in Bonn. Doch die Botschaft schweigt. Was wirklich am 10. Oktober 1987 im Genfer Hotel „Beau Rivage" geschah, bleibt ein Geheimnis. Erfolgreicher ist immerhin die medizinische Aufklärung der Abläufe. Der STERN läßt die Obduktionsbefunde aus Genf noch einmal sorgfältig ins Englische übersetzen und legt sie Experten in den USA und Berlin vor. Deren Gutachten sind eindeutig. Uwe Barschels Tod kann danach kein Selbstmord gewesen sein, keiner jedenfalls ohne fremde Hilfe.

Deswegen entschließt sich der STERN zu einer ersten Veröffentlichung. Im April 1992 erscheint ein 21 Seiten umfassendes Dossier mit allen Fakten und Hintergründen zum Fall Barschel. Was fehlt, sind eindeutige Aussagen über Mord, Mörder und Motiv. Die Veröffentlichung selbst, so ist die Hoffnung, werde neue Recherchen ermöglichen.

Die Hoffnung trügt nicht. Tagelang stehen im Ressort von „Deutschland aktuell" die Telefone nicht still. Informanten aller Art und Zuverlässigkeit melden sich. Wieder Treffen in Hotel-Lobbies, Cafés und Autobahnraststätten mit Menschen, die besonderen Wert auf Anonymität legen („Halten Sie bitte den STERN in der Hand, ich spreche Sie an"). Wieder neue Tat-Versionen. „Gladio war beteiligt." „Der Mossad war's." „Die Mafia!" Manchmal genügen zehn Minuten, um zu erkennen, daß der angebliche Informant ein Spinner ist. Es gibt Tage, da kommen sich die Barschel-Rechercheure wie die ehrenamtlichen Mitarbeiter einer psychiatrischen Wohngemeinschaft vor.

Doch dann erhalten sie plötzlich einen Hinweis, der sie elektrisiert. Die Ostberliner Staatssicherheit habe sich unmittelbar nach Barschels Tod das Genfer Obduktionsgutachten besorgt und es eigenen Fachleuten zur Begutachtung vorgelegt. Welches Interesse hatte ausgerechnet die Stasi an den Umständen von Barschels Tod?

Anleitung zum Mord

Lambrecht und Müller fahren nach Berlin. Sie finden den Mann, der den toxikologischen Teil des Gutachtens verfaßt hat. „Für mich", sagt er, „war es Mord." Der Mann, so stellt sich heraus, hat etliche brisante Jobs für die Stasi erledigt. Unter anderem hat er in ihrem Auftrag die Studie verfaßt, die die Möglichkeiten, den Menschen mit Gift ins Jenseits zu befördern, exakt auflistet. Und der Chemiker war nicht nur am Schreibtisch tätig. Er hat für die Stasi auch Substanzen wie Strychnin, Arsen und das Pfeilgift Kurare unter wissenschaftlicher Legende beschafft und einer geheimen, streng abgeschotteten Stasi-Sondertruppe bei konspirativen Treffs ausgehändigt. Diese Gruppe (AGMS), von der bislang kaum jemand etwas wußte, wäre - theoretisch - auch zu einer Gift-Exekution in Genf fähig gewesen.

Die neuen Erkenntnisse sind aufsehenerregend. Der STERN-Bericht über die

„Mörder vom Dienst" erscheint im Februar 1993. Ein paar Tage später meldet sich bei Peter Sandmeyer ein Mann, der diesen Bericht mit besonderer Aufmerksamkeit gelesen hat. Er sei, sagt der Anrufer, Wolfgang Welsch, ein aktiver Gegner der DDR gewesen, erfolgreicher Fluchthelfer und deswegen Opfer eines Giftanschlages der Stasi, den er nur knapp überlebt habe.

Die Reporter sind skeptisch. Aber erste Nachprüfungen zeigen, daß Welsch kein Spinner ist. Und die letzten Zweifel weichen, als auch die Kripo-Fahnder der „Zentralen Ermittlungsstelle für Regierungs- und Vereinigungs-Kriminalität" in Berlin die Angaben des Stasi-Opfers ernst nehmen und beginnen, nach dem Täter zu suchen. Doch der ist seit dem Mordversuch in Israel vor 12 Jahren spurlos verschwunden.

Kripo und Reporter - diesmal ein Team

Sie arbeiten mit ihren jeweiligen Mitteln und Methoden, die Kripobeamten in Berlin und die Reporter in Hamburg. Die einen „ermitteln", die anderen „recherchieren". Doch sie haben ein gemeinsames Ziel: Sie wollen einen Peter Haack finden, der 1981 versucht hat, Wolfgang Welsch mit einer tödlichen Dosis Thallium umzubringen.

Die Journalisten sind beweglicher als die Beamten. Sie können einfacher reisen und Spuren in Großbritannien, in Griechenland und Israel verfolgen. Was sie erfahren, geben sie weiter. Das hilft den Ermittlern. Die helfen den Journalisten. Nach acht Monaten ist das gemeinsame Ziel erreicht: Am 24. November 1993 wird Peter Haack - er lebt mit einer von der Stasi geschaffenen neuen Identität als Peter Schaack bei Stuttgart - wegen Verdachts des versuchten Mordes verhaftet. Der zweiteilige STERN-Bericht „Auftrag Mord - Operation Skorpion" beginnt in der Woche darauf.

Natürlich haben sich die STERN-Journalisten nicht acht Monate lang ausschließlich der Suche nach dem mutmaßlichen Stasi-Mörder gewidmet. Sie waren auch mit aktuellen Einsätzen und kurzfristigen Aufgaben befaßt, vor allem aber mit einer Recherche, die nicht nur sie, sondern die ganze Nation in Atem hielt. Auch sie ist letztlich Resultat des Bemühens, die Hintergründe des Todes von Uwe Barschel zu klären.

Zu diesem Zweck nämlich sprechen Lambrecht und Sandmeyer auch mit dem Drahtzieher der Kieler „Waterkantgate"-Affäre 1987, Reiner Pfeiffer. Sie treffen ihn in einem italienischen Restaurant in Bremen, aber Pfeiffer erscheint nicht allein. Er läßt sich, frischverliebt, von seiner neuen Gefährtin Elfi Jabs und ihrem Westhighland-Terrier Dinah begleiten.

Ein Jahr später ist das Glück zerronnen - Pfeiffer hat eine andere und Elfi Jabs einen Zorn auf ihn. Der inspiriert sie, die Öffentlichkeit über zwei unbekannte Episoden aus Pfeiffers Leben zu informieren: die konspirativen Geldübergaben von insgesamt 50.000 Mark an ihn durch den Kieler Geldboten Klaus Nilius. Elfi Jabs erinnert sich des netten Abendessens mit den STERN-Journalisten und schickt ein Fax.

So beginnt die Kieler „Schubladen-Affäre". Sie kostet zunächst nur Nilius den Job und Günther Jansen das Amt des Sozialministers. Aber jetzt gehen die Barschel-Rechercheure noch einmal ihre alten Akten durch, Seite für Seite, Zeile für Zeile. Und dabei stoßen sie auf einen interessanten Vermerk der Lübecker Staatsanwaltschaft, die im Oktober 1987 den Hamburger Rechtsanwalt Peter Schulz vernehmen wollte.

Und Engholm weiß noch mehr

Schulz hatte am 7. September 1987 - sechs Tage vor der Landtagswahl - an einer vertraulichen Unterredung zwischen Reiner Pfeiffer, Günther Jansen und Klaus Nilius im Lübecker Lysia-Hotel teilgenommen. Doch Aussagen darüber konnte er nicht machen. Der Anwalt teilte mit, daß er im Auftrag von Björn Engholm in Lübeck dabei war und sein Mandant ihn nicht von der Pflicht zur Verschwiegenheit entbunden hätte. Es ist diese Fundsache, die bewies, daß Engholm mehr gewußt haben mußte, als er öffentlich zugab. Es ist dieser Beweis einer Lüge, der ihn zwei Monate später, am 3. Mai 1993, zwingt, als Ministerpräsident und Kanzlerkandidat der SPD zurückzutreten.

Drei Jahre Barschel-Recherche - vier große Enthüllungen. Die Demontage einer Selbstmordtheorie. Die Enttarnung einer Stasi-Geheimtruppe. Die Aufklärung eines Mordanschlags. Die Bergung von „Leichen" aus dem Keller einer Landesregierung.

Manchmal offenbart sich die Brisanz der Enthüllungen erst mit Verzögerung. Zweieinhalb Jahre brauchte die Lübecker Staatsanwaltschaft, bis sie - auf dem Umweg über die Genfer Justiz - die toxikologischen Befunde zur Kenntnis nahm, die man schon im April 1992 im STERN lesen konnte. Im Dezember 1994 ließ sie ihre Ermittlungen wiederaufleben, „weil hinreichender Verdacht auf Fremdverschulden" bestehe.

Amüsiert beobachten die drei Reporter vom STERN in den folgenden Wochen, wie in den Berichten ihrer Kollegen Tatversionen und Spekulation Auferstehung feiern, die sie schon vor Jahr und Tag in jenem dicken Ordner abgeheftet hatten, auf dem - unfein, aber zutreffend - „Bullshit" steht. In ihm waren auch die angeblichen CIA-Telexe gelandet, die jetzt von einer Tageszeitung als sensationelle Wende im Fall Barschel gedruckt wurden.

Die STERN-Recherchen zum Tod Uwe Barschels und seinen Hintergründen gehen weiter.

Quellenhinweis:

Dieser Beitrag wurde im März 1995 in der Broschüre „G+J Daten, Fakten, Impressionen" veröffentlicht und freundlicherweise von der STERN-Redaktion zur Verfügung gestellt.

Redaktionelle Anmerkung:
Vier Jahre später beendete die Lübecker Staatsanwaltschaft ihre Ermittlungen zu den Todesumständen Uwe Barschels. Die Ermittler hielten im Mai 1998 in ihrem Abschlußbericht fest, daß zahlreiche ernstzunehmende Hinweise einen Anfangsverdacht für Mord begründeten. Im Laufe der Ermittlungen trat Generalstaatsanwalt Heribert Ostendorf in Schleswig zurück, weil er die politisch brisanten Nachforschungen vorzeitig beenden wollte und sich gegenüber dem Justizminister nicht durchsetzen konnte.

Die „Schubladen-Affäre" führte zur Einsetzung eines parlamentarischen Untersuchungsausschusses in Kiel, der in nahezu allen wesentlichen Punkten den ersten Untersuchungsausschuß zum Fall Barschel-Pfeiffer korrigierte. Insbesondere kamen die Parlamentarier zu dem Ergebnis, daß es für die von Pfeiffer behaupteten „Dirty Tricks" Barschels keinen Beweis gab. Von Björn Engholm, Reiner Pfeiffer, Klaus Nilius und Günther Jansen redet niemand mehr.

Der Stasi-Agent Peter Haack wurde im November 1994 zu sechseinhalb Jahren Haft verurteilt. Stasi-General Heinz Fiedler, Haacks Führungsoffizier, der den Auftrag zu dem geplanten Mord gab, brachte sich in der Untersuchungshaftanstalt Berlin-Moabit um.

Versteckte Kamera und Telefonbluffs - auf der Spur eines deutschen Beamten*

Herbert Klar / Thomas Walde

Am 19. September 1996 trifft auf dem Flughafen in Nizza ein ganz besonderer Tourist ein. Professor Reinhard Kroker kommt mit der Abendmaschine aus Frankfurt. Er wird in den kommenden Tagen das Angenehme mit dem Nützlichen verbinden: in einem Luxushotel absteigen und dort einige Vorträge hören.

Wir wollen ihm dabei unauffällig folgen, ausgestattet mit einer kleinen digitalen Kamera. Nach unseren Informationen ist der Herr Professor nämlich auf Einladung einer Pharma-Stiftung hier. Sie wird von einem Unternehmen mitfinanziert, dessen Produkte auch in Deutschland auf dem Markt sind. Zuständig für die amtliche Zulassung und Kontrolle eben dieser Stoffe ist Professor Kroker. Er ist Leiter des Fachbereichs „Tierarzneimittelzulassung und -rückstandskontrolle, Futterzusatzstoffe" des Bundesinstituts für gesundheitlichen Verbraucherschutz und Veterinärmedizin(BGVV). Was, so fragen wir uns, macht dieser hohe Beamte hier im schönen Südfrankreich? Wer bezahlt seine Reise? Und weiß sein Dienstherr davon?

Diese Fragen sind besonders interessant, denn es geht um ein Millionengeschäft und um die Gesundheit vieler Verbraucher, all der Menschen nämlich, die Fleisch essen. Welche Medikamente dürfen Schlachttieren gegeben werden, was kommt in die Spritze und so am Ende auf den Teller? Fragen, über die der Abteilungsleiter daheim im BGVV Aufsicht hat. Und damit auch darüber, welche Unternehmen viel Geld verdienen können.

Natürlich haben auch wir das Glück des tüchtigen Rechercheurs: Ein Informant hat uns den entscheidenden Tip gegeben, wann der Professor nach Südfrankreich fliegt. Doch davor liegen monatelange Recherchen in Archiven und Datenbanken, Gespräche mit Informanten, kritischen Tierärzten, Abgeordneten, Ministerien; Fragen müssen geklärt werden: In welchen Gremien und Organisationen sitzt Kroker? Welche wissenschaftlichen Thesen vertritt er? Welche Tierarzneimittel hat er in den vergangenen Jahren zugelassen? Welchen Mitteln hat er die Zulassung nicht entzogen, obwohl sie im Verdacht stehen, gesundheitsgefährdend zu sein? Schon lange vor dem Frankreich-Trip wissen wir, daß Kroker eng, nach unserem Ermessen zu eng mit der Pharmaindustrie verbandelt ist. Doch für einen Film reicht diese Erkenntnis noch lange nicht.

*gesendet im ZDF-Magazin FRONTAL am 1.10.1996

Denn die Frage, ob er womöglich Vorteile von der Pharmaindustrie entgegennimmt, können wir noch nicht beantworten.

Mit der Reise nach Südfrankreich haben wir endlich die Chance, einen „Bildbeweis" zu bekommen. Professor Kroker wird am Flughafen in Nizza erwartet. Ein Mitarbeiter der Stiftung Virbac nimmt ihn in Empfang. Die Stiftung wird vom gleichnamigen Unternehmen mitfinanziert. Die Fahrt führt die beiden vom Flughafen in Richtung Innenstadt, entlang der malerischen Küste. Die Reise geht ins noble St. Paul. Eines der vornehmsten und ruhigsten Häuser am Platz ist das Mas d'Artigny. 1998 - während der Fußball Weltmeisterschaft in Frankreich - wird hier auch die deutsche Fußball-Nationalmannschaft ihr Quartier aufschlagen. Das Hotel rühmt sich zu recht als unvergleichliches Hotelensemble. Gästen verspricht es einen außergewöhnlichen Aufenthalt inmitten eines Pinienhains, mit Tennisplätzen, Privat-Swimmingpools vor den einzelnen Zimmern und einem Hubschrauberlandeplatz. Die Übernachtung kostet zwischen 300 und 800 Mark.

Wir folgen Herrn Kroker. Aus Sicherheitsgründen steigen wir aber in einem anderen Hotel ab. Wir wollen verhindern, daß unsere Tarnung durch irgendeinen dummen Zufall auffliegt. In der Praxis heißt das: früh, sehr früh aufstehen, denn wir müssen wieder im Hotel Mas d'Artigny sein, bevor der Professor zu einem Ausflug oder ähnlichem aufbricht. Am Morgen nach seiner Ankunft warten wir schon im Frühstücksraum seines Hotels. Kroker kommt. Wir filmen den Beamten in dieser schönen Umgebung, ohne daß er es merkt. Wir können uns ihm bis auf wenige Meter nähern. Wir haben in der ZDF-Redaktion FRONTAL zuvor sorgfältig abgewogen, ob dieses Mittel in diesem Fall gerechtfertigt ist. Wir meinen ja. Schließlich wird hier, so unser Verdacht, ein leitender deutscher Beamter, zuständig für die Zulassung von Tierarzneimitteln und deren Kontrolle im Fleisch, von eben jenen zu einem Luxuswochenende eingeladen, die auf's engste mit denen verbunden sind, die er von Amts wegen überwachen soll. Und Reinhard Kroker hat in der Vergangenheit auffallend oft die möglichen Gefahren von problematischen Produkten relativiert. Immer wieder, wenn über heikle Tiermedikamente berichtet wird, taucht Kroker in den Medien auf und beruhigt: „kein Risiko".

„Das Bundesinstitut für gesundheitlichen Verbraucherschutz verschleppte jahrelang die arzneimittel-rechtlich vorgeschriebenen Verfahren und behinderte dadurch die strafrechtliche Verfolgung von gesundheitsgefährdendem Tierarzneimittelverbrauch", sagt der SPD-Bundestagsabgeordnete Dr. Wolfgang Wodarg. Im August 1996 berichtet der SPIEGEL, zum wiederholten Mal, daß das Tierarzneimittel Chloramphenicol in großem Stil im Fleisch von Schlachttieren gefunden wurde. Allerdings: Chloramphenicol ist schon seit August 1994 in der EU verboten. Doch viele Chloramphenicol-haltige Präparate sind in Deutschland auch 1996 immer noch erlaubt. Das Bundesinstitut hat es versäumt, ihnen rechtzeitig die Zulassung zu entziehen. Verantwortlich: Professor Reinhard Kroker. Kritische Fachleute und der SPD-Bundestagsabgeordnete Wodarg haben uns auf das Verhalten des Professors hingewiesen und die Frage gestellt, ob Kroker sich möglicherweise industriefreundlich äußere, weil er intensive Kontakte zu Unternehmen und Stiftungen pflege.

Doch wie läßt sich das in einem Film belegen und beweisen? Kurz vor dem Ausflug nach Frankreich haben wir darum einen einfachen, aber sehr erfolgreichen Recherchetrick angewandt: um herauszufinden, wer für Krokers Trip bezahlt, rufen wir bei der Stiftung Virbac an und geben uns als Teilnehmer der Veranstaltung aus. Wir hätten da noch einige letzte Fragen, bevor es losgeht. Wir wollen wissen, ob der Pharma-Ableger alle Kosten der Reise übernimmt. Selbstverständlich halten wir uns an die alte Weisheit, daß vier Ohren mehr hören als zwei. Der juristische Hintergrund ist klar: Einer von uns beiden kann bezeugen, was am Telefon gesprochen wurde, denn das Mitschneiden von Telefonaten ist ja streng verboten.

Eine Mitarbeiterin bestätigt uns am Telefon, daß die Virbac-Stiftung gerne für alles aufkomme. Auf unsere Nachfrage, ob das auch ein schönes Wochenende in dem Luxushotel einschließe, erhalten wir die freimütige Auskunft: aber sicher!, machen Sie sich keine Sorgen. Die Mitarbeiterin ahnt nicht, daß sie mit deutschen Fernsehreportern spricht. Und tatsächlich: Auch nach den wenigen kurzen Vorträgen, zu denen die Stiftung Virbac den Professor gebeten hat, bleibt Kroker noch zwei Nächte im Luxushotel mit dem schönen Ausblick auf die Cote d 'Azur.

Kurz darauf melden wir uns telefonisch im Hotel Mas d'Artigny, diesmal offiziell als Vertreter des deutschen Fernsehens, aber wieder mit einem Bluff. Wir hätten erfahren, daß der deutsche Beamte zu Gast gewesen sei. Das Hotel könne sicher verstehen, daß der deutsche Steuerzahler ein Recht darauf habe, zu erfahren, ob der Herr Professor Kroker für den Aufenthalt im Luxushotel Steuergelder seiner Behörde ausgegeben habe! Oder hat die Stiftung Virbac alles übernommen? Gerne gibt uns das Hotel daraufhin sogar schriftlich, was wir als Beleg für unsere Geschichte brauchen. Der deutsche Steuerzahler möge beruhigt sein: „Der Aufenthalt von Herrn Professor Kroker vom 19. bis 22. September in unserem Hause wird von der Stiftung Virbac übernommen".

Mit dem selben Trick wenden wir uns nun auch offiziell an die Stiftung Virbac. Und auch sie vermag zu bestätigen, was wir schon länger ahnten. Am Ende eines langen Faxes über die Aufgabe der Stiftung und ihre Arbeitsweise steht der Satz, auf den wir gehofft haben: „Die Teilnehmer sind selbstverständlich von unserer Stiftung eingeladen". Die Stiftung Pierre Richard Dick Virbac, benannt nach dem Firmengründer, hat ebenso wie das Unternehmen seinen Sitz bei Nizza. Das Unternehmen finanziert die Stiftung mit. Das Unternehmen Virbac hat ein Interesse, den Kontakt zum deutschen Beamten zu pflegen. Es hat im September '96 mehrere Anträge im EU-Tierarzneimittel-Ausschuß laufen, der die Medikamente bewertet. Der Vorsitzende des Ausschusses heißt: Professor Reinhard Kroker. Unsere Recherche ist abgeschlossen. Wir haben es schwarz auf weiß, daß der amtliche Kontrolleur sich hat einladen lassen. Zurück in Deutschland eröffnen wir dem Bundesinstitut für gesundheitlichen Verbraucherschutz und Veterinärmedizin, daß wir in den vergangenen Tagen den Fall Kroker recherchiert haben. Wir bitten um ein Interview. In Gegenwart der Pressesprecherin konfrontieren wir im Berliner Institut den Professor mit unseren Ergebnissen vor laufender Kamera. Wir erhalten verblüffende Antworten. Kroker sagt, er sei über die kurzen Vorträge hinaus in Frankreich geblieben, um der Stiftung gewissermaßen einen Gefallen zu tun: „Die Firma (sic!) hatte gebeten, bis Sonntag zu bleiben, weil dann das Gesamtpaket der Kosten geringer wird, weil dann der Rückflug billiger ist, weil noch ein Tag dazwischen ist, als wenn ich Samstag geflogen wäre. Tatsache ist, daß ich schon während der Veranstaltung den Stiftungs-Vertreter angesprochen habe, ich möchte bitte das Wochenende selbst finanzieren". Getan habe er das allerdings in Frankreich nicht. Eigenartig nur, daß er auf Nachfrage nicht einmal sagen kann, was ein Hotelzimmer dort überhaupt kostet.

Kroker ist während des gesamten, gut halbstündigen Interviews erkennbar nervös. Er sei sich aber keiner Schuld bewußt: „Ich bestreite das ganz energisch, daß ich in irgendeiner Weise beeinflußbar bin". Das Bundesinstitut mag den Trip seines obersten Verbraucherschützers nicht bewerten und rettet sich mit einer feinsinnigen Differenzierung: Der Herr Professor habe schließlich einen Tag Urlaub angemeldet und sei nicht als deutscher Behördenvertreter an die Cote d'Azur gereist, sondern lediglich als EU-Vertreter...

Drei Monate nach dem FRONTAL-Beitrag will die SPD-Bundestagsfraktion Aufklärung im Bundestag über die Frankreich-Reise des Professors. Zuständig für das Bundesinstitut und somit für Kroker ist das Bundesgesundheitsministerium. Dort hat man inzwischen ausgerechnet, daß in den Monaten vor Krokers Reise 10 Zulassungsanträge von Virbac im Bundesinstitut bearbeitet wurden. Interessen-Kollisionen sieht das Ministerium nicht. Denn die Bundesregierung entwickelt eine neue, interessante Variante, über die Ab- bzw. Unabhängigkeit eines leitenden deutschen Beamten. Entscheidend ist nicht mehr die Tatsache, daß er eingeladen wird. Jetzt geht es nur noch darum, in welcher Funktion er eingeladen wird. Kroker sei in seiner Eigenschaft als Vorsitzender des EU-Tierarzneimittel-Ausschusses eingeladen worden, sagt die Parl. Staatssekretärin Dr. Sabine Bergmann-Pohl im Bundestag. Und: „In dieser Funktion unterliegt er keinen Weisungen seines Dienstherrn." Eine Dienstpflichtverletzung bestehe also nicht. Unsere Recherche war durchaus erfolgreich. Aus einem Anfangsverdacht wurde mittels Hartnäckigkeit, Bluff und Glück ein spannender Fernsehbeitrag.

Politische Kontrollinstanzen faßten anschließend kritisch nach. Doch auch diese Erkenntnis gehört zum Alltag der Rechercheurs. Nicht immer ziehen Verantwortliche die Konsequenzen: Professor Reinhard Kroker ist immer noch Abteilungsleiter beim Bundesinstitut für gesundheitlichen Verbraucherschutz und Veterinärmedizin.

Die Paten der Fleischmafia - Geschichte einer Recherche

Udo Lielischkies / Stephan Stuchlik

Der 2. Juli 1997 hätte ein ganz normaler Tag werden können für das ARD-Studio Brüssel: Nieselregen, ruhige Terminlage. Doch dann am Nachmittag die ersten Meldungen: Niederländische Zollfahnder haben durch einen Zufall britisches Fleisch in Rotterdam und Vlissingen entdeckt. Damit ist das passiert, was viele seit langem erwartet haben: Kriminelle Schmuggler bringen das Embargo-Fleisch doch außer Landes und machen ihre Geschäfte damit.

Was folgt, ist erstmal Routine: Tagesschau, Tagesthemen, auch die Presse steigt am nächsten Tag groß ein. 1600 Tonnen hat die belgische Firma Tragex-Gel insgesamt auf den Kontinent gebracht. Aber alles war, so die Meldungen der ersten Tage, für Drittländer außerhalb der EU bestimmt: Osteuropa, Kroatien, Ägypten, und große Mengen für Rußland. Vermutlich darum läßt die Aufmerksamkeit in den Medien genauso schnell nach, wie sie entstanden ist. Ein einzelner Fall, aufgedeckt, abgewickelt, vergessen, so scheint es. Vielleicht wird es ja doch ein ruhiger Sommer in Brüssel.

Aber dann ruft Norbert an: Norbert Dohn ist Regionalkorrespondent des WDR, Buchautor zum Thema BSE - und ein leidenschaftlicher Reporter. „Udo“, meint er, „da steckt mehr dahinter“. Seine Theorie, die er auch schon bei einigen Experten bestätigt bekommen hat: Der Schmuggel mit ganz normalem britischen Fleisch, das in England regulär verkauft wird, lohnt sich überhaupt nicht. „Es muß OTM-Fleisch sein“. „OTM“? „Ja, das Fleisch von alten Rindern, ′over-thirty-month′, über dreißig Monate. Die werden doch offiziell verbrannt, weil sie noch am ehesten mit dem verseuchten Tiermehl gefüttert wurden“.

OTM. Noch ahne ich nicht, daß diese drei Buchstaben über fast ein dreiviertel Jahr bis zu zehn Journalisten aus neun Ländern in Atem halten werden, daß das Gespräch mit Norbert der Startschuß ist für die längste, schwierigste und aufregendste Recherche, die ich in meinem 20jährigen journalistischen Leben je gemacht habe - und vielleicht je machen werde.

Und Stephan Stuchlik vermutlich auch nicht. Der 30jährige Volontär kommt im August 1997 ins ARD-Studio Brüssel. Als Teil der Ausbildung soll er auch bei uns vier Wochen erste Eindrücke zur Europapolitik bekommen und dann in die nächste Ausbildungsstation wechseln. Nach drei Tagen ist er ebenfalls ′infiziert′ vom Thema. Statt vier Wochen bleibt Stephan schließlich neun Monate, und wir machen die Dokumentation „Die Paten der Fleischmafia“ zusammen. Ein Glücksfall für mich und vermutlich auch die Produktion, die sonst vermutlich nie fertig geworden wäre. Denn es gab nicht wenige Momente, an denen wir einfach aufgeben wollten. Diese Story ist mit unseren Mitteln nicht zu recherchieren, haben wir nach langen Büronächten immer wieder beschlossen - und dann, am nächsten Morgen, doch wieder weitergemacht.

Brentwood, 30. Oktober 1997

Ein grauer Fiat Punto steht versteckt in einem Waldweg. Seit vier Tagen bin ich jetzt schon in Brentwood, einer Kleinstadt, zwei Autostunden westlich von London. Es ist stockdunkel. 20 Meter voraus nur offenes Weidegelände, darauf schemenhaft erkennbar ein paar Kühe und dahinter ein riesenhafter Komplex, matt gelborange angeleuchtet: „Cheale Meats“. Hohe Mauern mit Stacheldraht und Überwachungskameras. „Cheale Meats“ ist der einzige Schlachthof im großen Südosten Englands, der die gefährlichen OTM-Kühe töten und zerlegen darf.

Im Handschuhfach des Fiat liegen eine kleine Digitalkamera und ein BKA-Fax: Der Verdacht besteht, daß Cheale Meats viele dieser Sondermüll-Kühe nicht zur Verbrennung vorbereite, sondern lebend wieder auf den Kontinent, in die EU-Länder exportiere. Und wir wissen von einem belgischen Elektriker, der hier aushilfsweise gearbeitet hat. Er hat den Behörden in Belgien erzählt, daß hier die OTM-Rinder nicht zur Verbrennung zusammengetrieben werden, sondern zum Weitertransport: irgendwo in Schottland heimlich geschlachtet, dann weiter nach Europa, in Supermärkte und Metzgereien. Ein Bombengeschäft mit beachtlicher Gewinnspanne: Prämie für die Vernichtung der gefährlichen Sondermüllkühe plus normaler Marktpreis. Aber wie sollen wir das beweisen?

Vier Tage lang mache ich jetzt schon Protokolle und Videoaufnahmen von Personen und Fahrzeugen. Möglichst unauffällig, denn man mag hier keine Schnüffler, habe ich schon am ersten Tag gemerkt: Als ich, gleich nach meiner Ankunft, Nachbarn des Schlachthofs interviewen will, ein paar hundert Meter entfernt, kommen zwei Uniformierte des Sicherheitsdienstes angelaufen. Sie sind aufgeregt, laute Fragen, dann fordern sie mich auf, zum Haupteingang von Cheale mitzukommen. Dort entdecke ich zu meinem Schreck, daß der Pförtner im Häuschen am Haupteingang mehr als 15 Monitore überwacht. Auf einem davon ist deutlich mein Leihwagen mit Londoner Nummernschild zu erkennen: Und ich sehe: Der Schlachthof hat sogar draußen auf den Weiden Infrarotkameras auf hohen Pfosten installiert. Gottseidank habe ich mir eine Liste mit den Bewohnern dieser verlassenen Ecke besorgt und kann der „Apollo 14-Security Group“ glaubhaft machen, ich wolle zu Mr. and Mrs. Winners.

Als ich dort eine halbe Stunde später klingele, wird schnell klar: Alle haben hier eine merkwürdige Scheu, über Cheale zu reden. Weder Mr. und Mrs. Winners, noch der arbeitslose Lehrer, das Rentnerehepaar oder der Maurer wollen bei meinen vorsichtigen Fragen mehr als ihren grundsätzlichen Ärger über den Schlachthof zugeben. Einzig der Angestellte der Kleintierhandlung direkt neben Cheale erinnert sich, daß er sich manchmal bei Lagerarbeiten nachts darüber gewundert habe, daß Transporte mit lebenden Kühen den Schlachthof verlassen hätten. Ich werde sofort hellwach: In ganz Europa ist das streng verboten, kein Rind darf jemals lebend einen Schlachthof verlassen. Aber in diesem Moment greift der Chef ein und schneidet seinem Angestellten das Wort ab: „We don´t want to talk about Cheale Meats. You've got that?" Es war leicht zu verstehen...

Am nächsten Tag dann eine Szene wie aus einem schlechten Film: Ein weißer Pick-Up des Schlachthofs verfolgt mich eine halbe Stunde lang über die Landstraßen um Brentwood. Der Ladewagen fährt sogar mehrere Runden im Kreisverkehr mit 10 Meter Abstand hinter mir her. Erst auf der Autobahn in Richtung London gelingt es mir, den Pick-Up und seinen bulligen Fahrer loszuwerden. Ohne Zweifel wissen die da drüben, daß ein Fremder herumschnüffelt und wollen ihn einschüchtern. Es hat gewirkt: Meinen jetzigen Beobachtungsposten habe ich mühsam über versteckte Feldwege angefahren. Hier stehen keine Kameras.

22 Uhr, im Wagen wird es lausekalt, trotz dickem Pullover und Kaffee aus der Thermoskanne. Bei Cheales gegenüber öffnet sich plötzlich die Schranke, und ein großer Kühllaster fährt vom Gelände. Ich zücke die kleine Digitalkamera. Quietschende Bremsen. Ich kann es kaum glauben: Keine 20 Meter von mir entfernt, gleich am Anfang des Feldwegs, hält der Transporter. „Hermanos Álvarez", kann ich lesen und die Ortsangabe: Murcia. Ein spanischer Laster! Der Fahrer springt aus dem Führerhaus und spricht mit jemandem, der ihm von Cheales aus zu Fuß gefolgt ist. Ich kurbele die Fensterscheibe herunter: Der Fahrer fragt radebrechend nach dem Weg nach Dover! Weg mit der Digitalkamera, Scheibe hoch, Anruf in Brüssel bei Udo: Der kann es kaum glauben: „Das ist doch der Volltreffer", jubelt er ins Handy. Wenn in den Zeiten des Exportembargos für englisches Rinderfleisch ein spanischer Laster einen Schlachthof mit dubiosem Ruf verläßt, kann das eigentlich nur etwas Illegales bedeuten. Ich erzähle Udo von meinem mulmigen Gefühl: immerhin stehe ich 20 Meter von Fleischschmugglern entfernt, beobachte einen kriminellen Deal, der viel Geld bringen soll. Udo schreibt sich mein Kennzeichen und den Ort auf, an dem ich gerade stehe. Und dann wird es auf einmal dramatisch: Der Fahrer verabschiedet sich bei seinem Gegenüber, guckt unentschlossen in die Gegend und... kommt direkt auf meinen Wagen zu. „Die haben mich gesehen und kommen zu mir!" Hektisch drücke ich die Aus-Taste meines Handys. Soll ich jetzt durchstarten und mit Vollgas auf den Typen zubrettern? Zu spät. Es klopft bei mir an die Scheibe. Das sind die Momente, in

denen man sich daran erinnert, was man wirklich ist: ein 1,76 kleiner, deutscher Journalist ohne Nahkampfausbildung, 30 Kilometer von der nächsten Stadt in einem Gebüsch am Waldrand. Die dunkle Figur vor dem Autofenster macht wilde Gesten. Ohne zu überlegen, lasse ich die Scheibe herunter. Drei Zentimeter. Der Mann spricht radebrechend Englisch. Mit heiserer Stimme frage ich ihn auf Spanisch, was er will. Zu einer Farm in der Nähe, um dort Kartoffeln zu laden, meint er. Ich steige mit immer noch zitternden Knien aus dem Auto, um ihm den Weg zu zeigen, die Umgebung um Cheales kenne ich ja nahezu perfekt. Oder ist das alles nur eine Falle?

Was ich erst später erfahren werde: Als ich mich nach einer halben Stunde immer noch nicht in Brüssel gemeldet habe, alarmiert Udo über unsere Londoner Kollegen die Polizei im Nachbarort. Zunächst sind die Polizeibeamten offenbar etwas skeptisch, das, was ihnen Udo da erzählt, klingt zu sehr nach einer Räuberpistole. Aber beim Namen Cheale Meats ändert sich der Ton schlagartig: „We will better have a look", meinte Officer John Foster da, und tatsächlich schickt man zwei Streifenwagen, die mich suchen sollen.

„Hier, das ist die Hauptstraße, auf der müssen Sie abbiegen!" Ich fühle mich schon wesentlich ruhiger. Zweifel aber bleiben: Wieso konnte der Mann von Cheale Meats nicht mit dem Fahrer zur Kreuzung gehen und ihm den Weg erklären? Haben die beiden mich doch vorher gesehen und schnell die „Kartoffel-Story" entwickelt? Ich bitte ihn kurzerhand, mal einen Blick ins Innere eines Kühllasters werfen zu dürfen. Das hätte ich immer schon mal gewollt. Zu meiner Überraschung willigt er sofort ein: Staub auf dem Fußboden, ein surrendes Klimaaggregat, sonst gähnende Leere. „Ein normaler Kartoffellaster eben", sagt der Fahrer.

Noch etwas atemlos setze ich mich wieder in meinen Fiat und verriegele die Türen von innen. Das Handy klingelt: Udo aus Brüssel, in heller Aufregung. Nach meinem abgebrochenen Anruf hat er mich schon zusammengeschlagen im Straßengraben liegen sehen. Jetzt will er sofort die Polizei entwarnen. Wir sind beide frustriert und verunsichert. Kartoffeln aus England für Spanien? Und durch Zufall fährt der Spanier in unseren Schlachthof, um nach dem Weg zu fragen? Und niemand dort kann ihm den Weg zeigen? Was für eine verrückte Geschichte! Sie wird nie im Film auftauchen, das glaubt uns ohnehin niemand.

Ach ja, drei Monate später gerät uns durch Zufall eine Meldung in die Hände: Man hat in Italien ganze Lastwagenladungen illegal importierten britischen Fleisches gefunden. Einige der Schmuggelladungen waren als Kartoffellieferung getarnt...

Schweigekartell

Was wie eine abenteuerliche Anekdote klingt, war monatelang unser Alltag: Wir sind Dutzenden von Hinweisen nachgegangen und haben immer wieder vor Hoftoren und

Kühllastern gestanden, ohne zu wissen, welches Fleisch da angeliefert, zerlegt, weiterverkauft wurde. Observieren, beobachten - damit war bei dieser Geschichte nichts zu holen. Die Branche schweigt. Noch nie ist es mir so schwer gefallen, Informanten aus dem Innenleben eines Wirtschaftsbereiches zu finden. Fast immer gibt es ausgeschiedene Mitarbeiter, die nichts mehr zu verlieren haben, oder verärgerte Angestellte, die ihrem Chef eins auswischen wollen, oder auch Unternehmensleiter, die der Konkurrenz schaden möchten. Das ist in der Fleischbranche anders, und nach meiner inzwischen gewachsenen Überzeugung darum, weil fast jeder Betrieb irgendwann einmal halblegale oder schlichtweg verbotene Dinge tut. Der Konkurrenzkampf in dieser Branche ist so gnadenlos geworden, daß wenige Pfennige pro Kilo entscheiden, wer das Geschäft macht. Und die großen Fastfood-Ketten haben diesen mörderischen Konkurrenzkampf weiter verschärft. Kein Wunder also, daß immer mehr Firmen sich abschotten, mit Mauern und Sicherheitsdiensten umgeben, ihre Namen von den Lkws nehmen und jeden Einblick in ihr Geschäftsgebaren ängstlich verhindern. Und selbst die Angestellten haben offenbar dieses Schweigegebot verinnerlicht, denn wer einmal redet, ist für immer in dieser Branche gestorben.

Gefährliche Branche

Ich sitze in einem gemütlichen Pub in Glasgow. Der junge, sympathische Mitarbeiter eines Zerlegebetriebes hat Angst: Trotzdem erzählt er mir von der Firma an der holländisch-deutschen Grenze, bei der er gearbeitet habe. Noch im Sommer habe er dort von Rinderhälften britische Stempel abgeschnitten. Ein Beweis für unsere These, daß überall in Europa weitergeschmuggelt wird.

Und diese Firma kennen wir gut : Als uns einen Monat zuvor ein Informant vor Ort anruft und erzählt, vor der Firma stünden gerade drei irische Laster, fahren wir mitten in der Nacht nach Ostholland und filmen aus dem Gebüsch heraus das Entladen der Laster. Experten, denen wir sofort danach unsere Filmaufnahmen zeigen, sind überzeugt, daß an den Rinderhälften manipuliert wurde: britisches Fleisch? Sie rufen die Veterinäraufsicht und die Staatsanwaltschaft, die noch am selben Tag die Firma inspizieren. Am Abend berichten uns die Experten, die Veterinäraufsicht habe von einem „Volltreffer" gesprochen, Tage danach aber kommt die offizielle Version der Staatsanwaltschaft: Papiere in Ordnung, Fleisch ordnungsgemäß gestempelt.

Unser Verdacht aber bleibt, daß die Behörden auch in diesem Fall wieder vertuscht haben könnten, und der schottische Ausbeiner gibt uns recht. Aber auf meine Bitte, mir das noch einmal vor der Kamera zu wiederholen, schüttelt er verhement den Kopf. Anonymisieren und Stimmverzerrung bringt nichts, sagt er, in dieser Branche kennt jeder jeden und wer redet, kriegt im günstigsten Fall nie mehr einen Job. Und im ungünstigsten Fall? Er macht eine eindeutige Geste. Dann aber bringt er mich auf die Idee mit den Subunternehmern. Kein Ausbeiner, sagt er, wäre direkt bei einem Schlachthof angestellt, kleine Firmen stellten je nach Bedarf Kolonnen von Arbeitern zusammen und vermittelten diese an die Schlachthöfe. Und wenn jemand einen Job haben wollte, also bei so einem Subunternehmer müßte man schon „die Hose runter lassen."

Ein paar Wochen später stehe ich mit Udo in der Herrentoilette einer Kneipe mitten im Lütticher Rotlichtviertel. Udo klebt mir mit besonderem Isolierband einen Fernsehrecorder auf den Rücken, dann wird die versteckte Kamera eingerichtet. Ständig sind wir so ausgerüstet in Gespräche gegangen: Mini-Kameras, in Kugelschreibern, Aktenkoffern oder Krawatten versteckt, immer in der Hoffnung, endlich einen Beweis aufs Band zu bekommen. Und immer ohne Erfolg, weil niemand reden will.

Heute trete ich als Jobvermittler der Firma Flexman Meat Enterprises auf, in der Tasche selbst entworfene Bewerbungsbögen: Der junge Ausbeiner, den ich im Bahnhofscafé treffe, hat bei der verdächtigen Firma in Ostholland gearbeitet, jetzt ist er auf der Suche nach einem besseren Job. Tagelang habe ich mich in die Schlachttechniken eingelesen: Was sollte ein guter Ausbeiner können? Vorderviertel, Hinterviertel, wo sollten die Schnitte sitzen, was kann man als Verdienst anbieten....?

Und das Gespräch funktioniert anfangs auch problemlos: Der Ausbeiner - muskulös und über und über tätowiert- läßt sich von mir nach seinen Stärken befragen und füllt den Fragebogen aus, ich gebe mich ein bißchen glatt und ein bißchen forsch, mein Gegenüber schöpft augenscheinlich keinen Verdacht. Hier haben Sie Schwächen, da und dort keine Erfahrung, aber die Firma Flexman Meat wäre trotzdem bereit, Sie zu einem Probetermin zu laden. Der Ausbeiner nickt, es läuft gut für ihn. Jetzt, denke ich und setze an: Letzter Arbeitsplatz? Er nennt die Firma in Ostholland. Ah, sage ich, nicht gerade die beste Adresse. Es überrascht ihn nicht, daß ich von der Kontrolle der Staatsanwaltschaft und der Veterinärbehörde dort weiß, im Fleischgeschäft gibt es keine großen Geheimnisse. Er verteidigt sich sofort mit Händen und Füßen: Er habe mit der ganzen Sache nichts zu tun, der Chef der Firma sei dubios und überdies ein Ausbeuter. Aber, wenn da wirklich englisches Fleisch angekommen ist, dann ist das doch nicht allein Sache des Chefs, da muß er doch selbst die Stempel gesehen haben, er steht doch da am Band, er nimmt die Rinderviertel selbst in die Hand. Der junge Mann schweigt ein paar Sekunden und sagt dann: „I do my job, you know. I don't look around, I don't look up, I just do my job: I cut meat." Ich setze nach, mache klar, daß meine Firma niemand einstellen könne, der in illegale Geschäfte verwickelt gewesen sein könnte. Er will immer noch den Job, aber verweigert jede weitere Aussage über die Machenschaften in der Firma.

Als ich ihm nach einer Stunde enttäuscht zum Abschied die Hand gebe, sagt er, fast entschuldigend: „I have a wife and two children." Den Satz habe ich fast wortwörtlich schon einmal gehört: Vier Wochen zuvor, von seinem Kollegen in Glasgow. Angst ist eine Großmacht in der Fleischbranche.

„Besorg uns doch 'mal eine Liste mit den englischen und französischen Genußtauglichkeitsstempeln". Als ich Stephan zum ersten Mal darum bat, dachten wir beide an einen Routineanruf. Da britisches Fleisch nun einmal genauso aussieht wie jedes andere Fleisch waren Stempelnummern, die auf Schmuggelfleisch gefunden wurden, unsere beste Chance, Zusammenhänge zu recherchieren. Jede Rinderhälfte, die ein Schlachthaus verläßt, muß einen solchen Stempel haben. Er ist oval, hat in der oberen Hälfte das Kürzel des Herstellerlandes und in der Mitte die Zulassungsnummer des Schlachthofs oder auch Zerlegebetriebes. Mit einer Liste dieser Stempel könnten wir also zurückverfolgen, wo die Schmuggler in Großbritannien das Fleisch her hatten. Die französischen Stempel brauchten wir, weil viele Schmuggelwege über Frankreich liefen und der Verdacht bestand, es werde Fleisch umgestempelt.

Aber wir haben diese Listen sechs Monate lang nicht bekommen! Die europäische Kommission verweigert sie uns mit dem Hinweis auf nationale Zuständigkeiten. Vom Londoner und Pariser Landwirtschaftsministerium aber hören wir ebenfalls wochenlang nichts. Dann Anrufe. Paris verweist an die französische Botschaft in Brüssel. Und dort hören wir dann von einem Sachbearbeiter zum erstenmal, was wir uns inzwischen längst denken: „Man kennt Sie in Paris. Verstehen Sie doch: Man will Ihnen diese Liste nicht geben". Aus London bekamen wir einfach gar keine Antwort.

Das ist nur eine Erfahrung von vielen, die uns inzwischen völlig sicher machen: Der Schmuggel mit britischem Fleisch wurde und wird von den betroffenen Regierungen systematisch und gezielt vertuscht und heruntergespielt. Bei den Briten war das am leichtesten nachvollziehbar: Dort galt der von Brüssel verhängte Exportstop als hysterische Überreaktion der Europäer. Und außerdem arbeitete das Landwirtschaftsministerium in London schon damals fieberhaft an Plänen, den Exportstop Schritt für Schritt wieder zu lockern. Alle Informationen über den Schmuggel würden daher das ohnehin erschütterte Vertrauen in englische Kontrollen weiter aushöhlen.

In der Praxis hat uns dieses Schweigekartell oft an den Rand des Wahnsinns getrieben. Beispiel Belgien. Wir erfahren nichts über die Firma Tragex-Gel. Ermittlungsgeheimnis. Erst viel später kommen Hintergründe ans Licht: Die Firma wird von einem Strohmann geführt, der wirkliche Drahtzieher heißt Rudy de Cock. Er ist einer der wirklich Großen der belgischen Fleischmafia. Im Laufe unserer Recherchen erfahren wir: Der gelernte Entbeiner ist Analphabet, verdient aber inzwischen mit - vorwiegend zwielichtigen - Fleischgeschäften rund 50.000 Mark pro Tag! Aus einem Dossier bei der Kripo geht hervor, daß er bereits zweimal im Gefängnis war, aber regelmäßig nach wenigen Tagen wieder freigelassen wurde. Obwohl landesweit als Mitglied der Hormonmafia bekannt, zeigen Recherchen der Kripo, daß er bei seinen Moskau-Besuchen regelmäßig mit dem belgischen Botschafter dinierte. Feine Kontakte. „Er ist nicht mehr zu fassen“, schreibt ein Veterinär anonym in einer Wochenzeitung, „mit seinem Geld kann er inzwischen in Belgien jeden kaufen“. Offenbar hatte der Mann recht, denn bis heute ist Rudy de Cock, obwohl eindeutig der Drahtzieher des Fleischschmuggels bei Tragex-Gel, nicht angeklagt.

Und dann erfahren wir eindringlich, wieviel Protektion Rudy de Cock offensichtlich bis in die belgische Regierung hinein genießt. Tragex-Gel hatte nicht einmal eine offizielle Zulassung für Fleischexporte, als die Niederländer auf den 1600-Tonnen-Schmuggel stießen. Der Tragex-Gel-Antrag lag da schon seit Monaten im Ministerium. Aber dort sitzt Pierre Naassens, der in Belgien den Spitznamen „Ministre de la viande“, der 'Fleischminister', hat. Er gilt als eng verbunden mit den Köpfen der Hormonmafia, seine Freundin arbeitet im gleichen Bordell „Rust de Ridder“, in dem Rudy de Cock, Kristiaan Dierickx und andere verkehren. Und dieser Pierre Naassens holt zwei Wochen, nachdem Tragex-Gel hochgeht, den Zulassungsantrag aus einer Schublade, legt ihn Gesundheitsminister Colla als besonders dringlich vor und läßt ihn signieren. Zwei Wochen nach der Entdeckung in Rotterdam und Vlissingen! Als die belgischen Medien das berichten, gibt es einen Skandal, aber keinen Rücktritt.

Auch Angst schützt die Fleischmafia: In Sankt Petersburg finden wir auf Lieferpapieren von Tragex-Gel die Unterschriften von drei belgischen Veterinären, die das Fleisch als französisches absegneten. Nur durch den großen öffentlichen Druck werden sie suspendiert. Eine Komplizenschaft, die wir immer wieder feststellen. „Entweder sie machen mit, weil sie mitverdienen, oder sie haben Angst“ sagt uns ein Journalist. Und er erzählt uns, daß der spektakuläre Mord an dem jungen Tierarzt Karel van Noppen keine Ausnahme war: Häuser von Veterinären, die auspacken wollten, wurden beschossen, ihre Autos brannten, noch Tage vor Ausstrahlung unserer Sendung werden wieder zwei Veterinäre brutal zusammengeschlagen, einer der Täter arbeitet bei Duminpex - einer weiteren Firma Rudy de Cocks. Wie sollen wir da weiterkommen?

Keine Hilfe aus Brüssel

Aber auch bei der Europäischen Union in Brüssel fürchtete man neue Schlagzeilen: Der Nachfrageeinbruch bei Fleisch im Sommer 1997 kostete die EU Hunderte von Millionen, Zehntausende von Tonnen Fleisch wurden für teures Geld vom Markt genommen und eingelagert.

Die Koordinierung der Fahndung nach den Fleischschmugglern ist Aufgabe der UCLAF, der großen Abteilung Betrugsbekämpfung in der Europäischen Kommission. Auch hier bissen wir über Monate auf Granit: keine Hintergrundgespräche, keine Information über Firmennamen, nichts von Substanz. Die UCLAF versteht sich als Koordinierungsstelle nationaler Polizeidienststellen, ist sogar juristisch an das

Ermittlungsgeheimnis im jeweiligen Land gebunden. Das einzige, was wir in den ersten Monaten von UCLAF erwarten konnten, war eine Bestätigung von Recherchen, wenn wir selbst Hintermänner oder Firmennamen recherchiert hatten. „Sagen wir ´mal so..." war die stehende Redewendung der Abteilungsleiterin, wenn sie uns verklausuliert zu verstehen gab, daß wir auf dem richtigen Weg waren. Aber nicht ein einziges Mal kamen wir durch Informationen aus der UCLAF wirklich einen Schritt weiter.

Aber auch die Generaldirektion XXIV der Kommission, zuständig für Veterinärkontrollen, half uns kaum weiter. Deren Direktor, ein junger deutscher Karrierebeamter, erschien uns zwar zu Beginn unserer Recherche als ein wahrer Glücksfall: Dr. Horst Reichenbach zeigte sich offen und kooperativ. Aber bald merkten wir, daß auch hier die wirklich interessanten Informationen entweder gar nicht vorlagen oder zurückgehalten wurden. Nur zwanzig Veterinäre für Stichproben in den 15 Mitgliedsstaaten der EU, für die Kontrolle der Kontrolleure, das ist so gut wie gar nichts. Und gerade in Großbritannien erwiesen sich die EU-Veterinäre als besonders hilflos. Nur nach langfristiger Anmeldung dürfen sie in Schlachthöfen und Zerlegebetrieben recherchieren - und natürlich ist an diesen Tagen alles in allerbester Ordnung.

Die Recherche

Irgendwann im Herbst wurde Stephan und mir klar, daß diese Geschichte eigentlich keine faire Chance hatte: völlige Informationsblockade bei Zoll, Kripo, Staatsanwälten in England, Irland, Frankreich, Niederlande, Belgien und Deutschland. Fast keine Information aus den europäischen Institutionen, und eine Branche, die europaweit eine Omerta geschworen zu haben scheint, ein Schweigegelübde.

Aber dann hatten wir die Idee mit der Kooperation. Das Thema müßte doch eigentlich alle Fernsehredaktionen interessieren, die investigative Themen anbieten. Also begann die Suche nach Partnern. Die ersten beiden waren Siel Vanderdonckt und Jos van Hemmelrijk, beide Redakteure des flämischen Senders VRT in Brüssel. Dann finden wir in London Marc Dyson und Kate Snell. Die beiden haben eine Produktionsfirma, und Marc hat erst ein halbes Jahr vorher eine aufsehenerregende Dokumentation für ‚Channel 4' gemacht: „Making a Killing", einen Film über Betrügereien in der Schlachthofszene! Er hat viele Quellen in der Branche, und er bekommt vom Sender spontan grünes Licht für die Recherche. 300 000 Mark etwa erwartet Mark als Budget. Wir jubeln, denn wir haben einen starken Partner an Bord. Und dann stößt Claude Moniquet noch dazu, der französiche Journalist, mit dem ich bereits die Dutroux-Dokumentation erarbeitet habe. Ein zäher Rechercheur mit brillianten Polizeikontakten. Wir werden langsam ein starkes Team!

In Brüssel treffen sich alle in der ARD, um einen Schlachtplan auszuarbeiten. Wir verabreden, unsere Recherchen regelmäßig auszutauschen und auch unsere gedrehten Bilder zu poolen. Das heißt: Jede Partei hat vollen Zugriff auf das Material der anderen und kann daraus machen, was sie will. Das soll Produktionskosten sparen, wir können jetzt gegebenenfalls auch mit zwei Teams drehen, wenn wir etwas Spannendes finden. Einige Zeit später merken wir, daß ein Großteil des Schmuggels über Irland läuft. Wir nehmen Kontakt mit dem irischen Fernsehen RTE auf, kurze Zeit später ist auch Jerry O'Callaghan im Team, ein erfahrener Kollege, der ebenfalls schon viele Beiträge über die Fleischindustrie gemacht hat. Auch mit ihm verabreden wir den Tausch von Bildern und Recherchen. Und kurz später dasselbe mit Bart Nijpels, dem Reporter der niederländischen Sendung ‚Netwerk', zu deutsch Netzwerk. Der Name paßt: Jetzt kann jeder in seinem Land recherchieren und noch in derselben Nacht laufen Faxe an alle anderen. Ein riesiges Informationsnetz beginnt sich zu entwickeln, und endlich kommen wir voran.

Claude ist nach Boulogne in Frankreich gefahren. Dort, so wissen wir, lagerte britisches Fleisch, das von der belgischen Firma Tragex-Gel über die Grenze geschmuggelt wurde. Und dort, im Hafen von Boulogne, kommen täglich hunderte von Lkw aus Großbritannien und Irland an. Also auch Fleisch aus England, glauben wir.

Claude schafft es, zu einem kleinen Staatsanwalt in Boulogne vorzudringen. Der druckst ein wenig herum, gibt dann aber zu, daß französische Zöllner tatsächlich schon etliche Fleischlaster aus England gestoppt haben. Claude ist perplex. Wieso hat davon nie jemand etwas erfahren? Er will die Dossiers sehen, aber der Staatsanwalt liest ihm nur vor: „Hier: Fleisch aus Manchester, von Conagra Food, nach Mailand, zur Firma Eurofrigo. Oder hier:" Weitere Namen von Lieferanten und Empfängern. Claude notiert fieberhaft, was er versteht. Da die Zöllner die Lkw aber nicht beschlagnahmt, sondern lediglich zurückgeschickt haben, sind wir sicher: Die Firmen versuchen es sofort an anderen Grenzübergängen, das Risiko ist schließlich minimal, die Gewinne sind riesig. Noch in derselben Nacht schicken wir von Brüssel aus das Fax an alle anderen: Sechs Fälle gestoppter Fleischladungen aus England! Jetzt geht es darum, mehr zu erfahren. Machen die Firmen weiter? Wir wollen auf jeden Fall versuchen, einen Schmuggellaster zu verfolgen, um den Beweis im Film zu haben.

Während Stephan einen italienischen Journalisten sucht, der die Empfängerfirma „Eurofrigo" in Mailand beobachten soll, beginne ich Gespräche mit Firmen, die Ortungsgeräte herstellen. Nach einigen Tagen kristallisieren sich zwei Systeme heraus. Eine Firma bietet an, ein Handy mit einem GPS-Empfänger zu koppeln. Das „Global-Positioning-System" wurde ursprünglich für das US-Militär entwickelt, wird aber inzwischen weltweit von Seglern, Luftfahrt und allen möglichen Unternehmen genutzt. Es beruht auf dem Prinzip, daß sich von jedem Punkt dieser Erde zwei GPS-Satelliten anpeilen lassen, aus deren Position ermittelt ein kleiner Rechner auf 50 Meter genau den eigenen Standpunkt. Unser Plan, den die Firma für realisierbar hält: GPS-Rechner, Handy und eine ausreichend große Batterie werden mit einem starken Magneten unauffällig an einen Fleischlaster geklebt. Danach ruft das Handy automatisch in bestimmten Intervallen an und gibt uns die jeweilige Position durch - egal wohin der Lkw auch in Europa fahren mag. Eine faszinierende Idee. Sie hat nur einen kleinen Haken: Um Kontakt zu zwei Satelliten zu haben, muß unser geheimes Ortungspaket so angebracht werden, daß seine Antennen über sich freien Raum haben. Wie soll das gehen. Kein Lkw-Fahrer würde übersehen, wenn an seinem Laster auf einmal unbekannte Antennen herausschauen. Wir denken über die Variante nach, das Paket mit einer leichten Aluleiter auf das Dach des Lkw zu bringen, wenn der Fahrer eine Pause macht. Aber auch das erscheint uns zu gefährlich.

Die zweite Firma hält es für möglich, ihr System unter dem Laster, unauffällig irgendwo am Fahrwerk, zu befestigen. Der Nachteil: Der dazugehörige Sender reicht zwar einen bis sieben Kilometer weit, je nach Bebauung, kann aber nur von einem Spezial-Pkw aus empfangen und geortet werden. Dieser Pkw aber ist zum einen ziemlich teuer, wenn man ihn tagelang mietet, hat vor allem aber vier auffällige Antennen auf dem Dach! Wie sollen wir damit unerkannt tagelang hinter einem Schmuggellaster durch Europa fahren?

Wir geben die Idee letztlich auf, wieder einmal waren tagelange Recherchen nutzlos. Gleichzeitig kommen die ersten Ergebnisse zu Claudes Beispielen. Luca Carra, unser neuer Partner in Mailand, hat zwei Tage vor Eurofrigo gestanden: Nichts. Und Marc Dyson ist nach Manchester gefahren. Was er uns schreibt, klingt seltsam: Der Zerlegebetrieb Conagra Foods liegt, wie fast alle diese Fleischfirmen, versteckt hinter großen Mauern, von außen nicht einsehbar. Und auf der Zufahrtsstraße steht den ganzen Tag über, trotz andauerndem Nieselregen, ein Mann mit Walkie-talkie, der außerdem einen kleinen Kopfhörer in seinem rechten Ohr stecken hat. Zuerst glaubt Marc, Conagra werde bereits von den britischen Fahndern observiert, aber dann verschwindet der Mann irgendwann in der Firma, gehört also dazu. Was zum Teufel soll es bedeuten, daß vor einem ganz normalen Zerlegebetrieb ein Posten jede Bewegung meldet - also auch unseren Kollegen Marc, der sich irgendwann ins nächste Café zum Aufwärmen zurückzieht und nicht mehr weiter weiß.

Wieder einmal: Wir finden keinen Zugang zu der Geschichte. Die britische Polizei blockt Marc und seine Kollegin Kate Snell vollständig ab, Verdächtiges erkennen können wir von außen nicht, und wir können nicht jedem Laster hinterherfahren, der Conagra Manchester verläßt.

Erfolge

Und dann, endlich, Erfolge. Immer wieder waren Stephan, Siel und ich mit einem Veterinär der Kommission essen. Und der begann offenbar irgendwann, unsere Zähigkeit zu schätzen. Auch wir konnten immer häufiger Namen und Zusammenhänge erzählen, aus dem Verhältnis 'Journalisten befragen Experten' wurde immer mehr ein zwangloser Austausch zu beiderseitigem Nutzen. Und da fiel irgendwann dann doch ein deutscher Firmenname: Tanko-Fleisch (Name von der Redaktion geändert) in Versmold.

Norbert ist am nächsten Tag dort. Der Geschäftsführer ist völlig überrumpelt und gibt dann schnell zu, von Rudy de Cock Fleisch gekauft zu haben. Eine kleine Menge, behauptet er, danach habe er vom Schmuggel gelesen und sofort alle weiteren Kontakte zu Tragex-Gel gestoppt. Aber er berichtet: Rudy de Cock habe angekündigt, im großen Stil auf den deutschen Markt zu wollen, 500 Tonnen pro Woche könne er liefern, und er habe auch Referenzen weiterer Kunden. Norbert wird hellhörig. Er macht seinen ersten Deal, über den wir später noch lange diskutieren werden. Das Angebot: Wenn wir eine Fotokopie des Tragex-Gel-Angebots bekommen, und die Namen der von De Cock genannten Referenzen, können wir auf die Außenaufnahmen der Firma Tanko im Film verzichten. Es klappt, wir bekommen das Fax und die Namen.

Gleichzeitig beginnt das Düsseldorfer Umweltministerium seinen geordneten Rückzug. Bisher hatte man uns ständig erklärt: Keine NRW-Firmen haben englisches Fleisch von Tragex-Gel erhalten. Jetzt, mit unserem ersten Beweis in der Hand, räumt man ein: „Ja, wir haben einen Fall". Dann finden wir die weiteren Firmen, es folgen weitere Zugeständnisse. Ahnungslosigkeit, oder der gescheiterte Versuch, gezielt alle Fleischfunde in NRW zu vertuschen? Mit unseren Funden in Deutschland können wir jetzt auch immer mehr Druck auf die Europäische Kommission ausüben. Und hier holt der Generaldirektor für Veterinärkontrolle eines Tages eine lange Liste aus der Akte: Namen aller europäischen Firmen, die doch, entgegen aller frühen Dementis, Fleisch von Tragex-Gel bezogen haben. Einsehen darf ich sie nicht, aber ich erfahre: Sechs Firmen in Frankreich, drei in Deutschland, weiter in den Niederlanden, Belgien, Spanien, fast in ganz Europa. Ich bin perplex: Wieso hat nichts davon in den Zeitungen gestanden? Täglich haben wir mit Datenbanken die Auslandspresse recherchiert, aber offenbar weiß man in all diesen Ländern nichts davon, daß britisches Fleisch geliefert und gegessen wurde. Und wieder einmal fällt, irgendwann zwischen Sandwich und Expresso mit einem Veterinär der Kommission, ein Name: „Fricarn, Barcelona".

Wochenlang telephoniere ich nach Spanien: Welcher Kollege kennt die Firma Fricarn? Hat irgendjemand darüber berichtet? Aber nicht nur, daß noch niemand von der Firma gehört hatte, schon gar nicht in Zusammenhang mit belgischem Schmuggelfleisch, als ich unsere Recherche-Ergebnisse nach Spanien faxe und einen Fernseh-Journalisten bitte, sich des Falles anzunehmen, bekomme ich eine ernüchternde Rückmeldung: Die Guardia Civil, die die Fleischfirma regelmäßig kontrolliert haben müßte, verweigert die Aussage, an die Besitzer von Fricarn ist nicht heranzukommen, und auch Außenaufnahmen der Firma sind so gut wie unmöglich: Fricarn liegt in einem Gewerbegebiet mit Sonderauflagen und Sonderbewachung, man müßte um eine Drehgenehmigung nachfragen.

Udo und ich beschließen, die Taktik zu ändern: Am nächsten Tag sitze ich mit meinem Kameramann frühmorgens in der Linienmaschine nach Barcelona: Wieder Überfall statt vorsichtigem Taktieren heißt die Devise.

Den Sicherheitskräften am Eingang des Gewerbegebiets Mercabarna erkläre ich, wir hätten einen Interviewtermin mit dem Besitzer von Fricarn, telephonieren nicht nötig, wir würden bereits erwartet: Der Bewacherdienst eskortiert uns vor den Eingang der kleinen Firma und verabschiedet sich dann. Mein Begleiter schultert noch in unserem Leihwagen seine Kamera, der erste Erfolg: jetzt besitzen wir schon einmal Außenaufnahmen der Firma. Ein winziges Büro und Kühlanlagen, wie sie typischerweise Zwischenhändler besitzen: Fleisch einlagern, kühl halten, weiterverkaufen und wieder auslagern - mehr passiert hier nicht.

Dann mache ich das Mikrophon klar und steige aus dem Auto, mein Kameramann mit laufender Kamera auf der Schulter hinter mir: ich öffne die Plastiktüren am Eingang des Kühltraktes, als schon der Besitzer auf mich zugelaufen kommt. Was ich hier wolle? Ich strecke das Mikrophon aus: Sie haben doch hier Fleisch aus Belgien eingelagert. Nein, sagt er, das kann nicht sein. Doch, ich sage es ihm auf den Kopf zu, wir wissen davon. Oh Gott, sagt er zu meiner Überraschung sofort, aber das ist doch schon eine Zeit her. Der Mann tut mir leid: Innerhalb von nur zwei Minuten hat er unseren Anfangsverdacht bestätigt, überrumpelt und in die Ecke getrieben von einem Mikrophon und einer Kamera. Bitte, sagt er, bitte, stell die Kamera und das Mikrophon ab, wir können uns drinnen gerne weiter unterhalten.

Und im Büro - off the record- erzählt er mir dann seine Geschichte: Er sei von Rudy de Cock und seinen Strohmännern von Tragex-Gel gelinkt worden. Das Fleisch habe belgische Gesundheitsstempel gehabt und auch sonst seien die Papiere in Ordnung gewesen. Als dann im Juni auf einmal die Polizei vor der Tür gestanden habe, um die Ladung zu beschlagnahmen, sei er vollständig überrascht gewesen. Vom Fleisch selbst aber, sagt er, war da kaum mehr etwas übrig. Wieviel es denn insgesamt gewesen sei? 220 Tonnen. Und wieviel hat die Polizei beschlagnahmt? 15, 20 Tonnen. Und was sei mit dem Rest gewesen? Ya vendido y comido, der Besitzer zuckt etwas hilflos mit den Schultern: schon verkauft und von seinen Landsleuten gegessen. Jetzt habe ich die Bestätigung unseres schlimmsten Verdachtes: Mehr als 180 Tonnen Fleisch aus den Beständen der Schmuggelfirma Tragex-Gel waren über Fricarn in spanischen Supermärkten und in spanischen Kochtöpfen gelandet. Ist es möglich, daß die ermittelnden Behörden diesen Skandal bis heute geheimhalten konnten? Ich telephoniere die Medien in Barcelona ab: Nein, tatsächlich: niemand wußte von den Verbindungen der spanischen Firma nach Belgien, niemand von der Beschlagnahmung des bescheidenen Restes des verdächtigen Fleisches. Der Chefredakteur der großen Tageszeitung „La vanguardia" bestätigt es mir sogar vor laufender Kamera: Udo und ich haben in Brüssel einen beinahe unglaublichen Fall aufgedeckt, von dem niemand vor Ort auch nur die geringste Ahnung hatte. Die Vertuschungspolitik der Behörden in ganz Europa gleicht sich, und das gemeinsame System scheint zu funktionieren: Keine Schlagzeilen mit den drei Buchstaben „BSE"!

Europaweit ist also das englische Schmuggelfleisch geliefert und gegessen worden, und alle beteiligten Behörden haben mehr oder weniger erfolgreich versucht, das nicht publik werden zu lassen. Aber dann plaudert ein angetrunkener Zöllner auf einer Party in Hamburg aus, daß auch die Hamburger Firma HFI große Mengen englisches Fleisch gekauft hat, ein Journalist ist in der Runde, die Geschichte wird veröffentlicht, anschließend werden wochenlang in ganz Deutschland mit großem Medienecho Fleisch und Würste aus dieser Lieferung gesucht und gefunden. Unsere These stimmte: Das englische Fleisch kam überall in Europa auf den Tisch.

Jetzt konzentrieren wir uns verstärkt auf einen noch viel brisanteren Verdacht: Bei dem Schmuggelfleisch könnte es sich um das Fleisch alter OTM-Rinder gehandelt haben. Wir wissen, daß 1996, als das OTM-Verbrennungsprogramm begann, riesige Mengen OTM-Fleisch nicht sofort vernichtet, sondern überall im Vereinigten Königreich zwischengelagert wurden. Es fehlte schlichtweg an Verbrennungskapazität. Aber niemand, auch nicht in der EU, kann uns sagen, wo das OTM-Fleisch lagert. Selbst der Europäischen Kommission gegenüber hieß es lediglich: Die Lagerung sei sicher. Und uns selbst wird beim Interventionboard, der zuständigen Abteilung des Londoner Landwirtschaftsministeriums, erklärt: Nur ausgewählte und überprüfte Kühlhäuser wurden für die OTM-Lagerung benutzt. Stimmt das? Wir haben große Zweifel. Und da wir zwei der englischen Komplizenfirmen kennen, bei denen der Belgier Rudy de Cock sein Fleisch abholen ließ, setzen wir dort an.

Ich telefoniere zwei Tage lang kleine Rundfunk- und Fernsehstationen und Lokalzeitungen ab, um einen Producer zu finden. „Producer", so heißen in Jargon Rechercheure, die für einen Tagessatz Informationen sammeln, damit nicht gleich der Reporter selbst mit dem meist teuren Kamerateam vor Ort sein muß. Und ich finde Ashley. Er macht einen agilen Eindruck, und ich beschreibe ihm die Geschichte. Und warte.

Und dann kommt das Fax von Ashley: Er hat alle Bauern besucht, die rund um die Kühlhäuser von Millend-Coldstores wohnen. Von dort, so wissen wir, holten die Fahrer der belgischen Schmuggler ihr englisches Fleisch. Und was Ashley jetzt schreibt, könnte die Sensation sein. Ich buche für den nächsten Tag schon einen Flug nach

London. Dort holen mich Tim und Elly, ein freies Kamerateam, vom Flughafen ab, und wir fahren nach Stoke-on-Trent. Treffen mit Ashley. Gemeinsam fahren wir zu Millend-Coldstores: Zwei Veterinäre mit weißen Kitteln, die nichts sagen wollen, dikke Vorhängeschlösser auf den Kühlhaustüren, Siegel. Die Firma ist gleich nach der Entdeckung des Schmuggels geschlossen worden. Eine Klitsche eher: Drei Kühlhäuser à 300 Tonnen, alles etwas verwahrlost.

Aber wir haben einen Termin mit Bauer Benyon. Ihm gehört der Hof, auf dessen Grundstück die Kühlhäuser stehen, und er mag seine Nachbarn nicht besonders. Und er bestätigt uns ohne lange Umschweife in die Kamera, daß hier im Herbst unter staatlicher Aufsicht OTM-Fleisch in Plastikboxen eingelagert wurde! Das gefährliche Fleisch lagerte also nachgewiesenermaßen bei den überführten Schmugglern!

Und das Landwirtschaftsministerium gibt es dann auch zu: „Ja, wir haben Millend-Coldstores für die OTM-Lagerung genutzt". Aber, so die Behauptung: Die gesamte Menge wurde ordnungsgemäß in Millend wieder ausgecheckt, überwacht von staatlichen Veterinären, und kein Kilo fehlte.

Wir fahren noch einmal nach Stoke-on-Trent: Direkt vor der Kühlhaustür der Verarbeitungsraum, Fleischsägen, Verpackungsmaterial. Ein einziges kleines Siegel trennte hier das Sondermüll-Fleisch von den Männern, die für Tragex-Gel Fleischkartons packten. Wie sollen sie hier anderes Fleisch gelagert haben, wenn ihr Kühlhaus voll war mit OTM? Und wer soll hier, in dieser gottverlassenen Gegend, überwacht haben, daß das Siegel nicht aufgebrochen wurde. Wir reden noch einmal mit Bauer Banyon, und der bestätigt: Irgendwann kamen hier täglich drei bis fünf Kühllaster aus Belgien und den Niederlanden an, viel mehr als früher. Soviele, daß die Nachbarn anfingen, sich zu beschweren. Und das war genau in dem Zeitraum, in dem das OTM-Fleisch dort lagerte! Es paßt alles zusammen.

Zurück in Brüssel konfrontieren wir die Kommission und das Europaparlament mit unseren Funden. Auch hier Verwunderung. Und endlich die Bestätigung: Ja, das Schmuggelfleisch war erkennbar sehr altes Fleisch. Wie alt? Schwer zu sagen: Experten können das Alter nur dann genau bestimmen, wenn die Lagerbedingungen bekannt sind.

Aber der BSE-Ausschuß ist jetzt hellhörig geworden, eine Gruppe von Abgeordneten macht eine Inspektionsreise nach England, um der OTM-Prozedur auf den Grund zu gehen. Wir sind gespannt und fahren mit.

Im OTM-Schlachthof

Ein beißender Geruch, ein ohrenbetäubender Lärm von Kreissägen und Förderbändern: Im Schlachthof Bridgewater sieht es aus, wie in vielen Betrieben in der Region - und doch hat er als einziger die Genehmigung, alte Rinder, also OTM-Kühe, zu entsorgen.

Es war ein langer Kampf, bis wir hier drehen durften: als den Abgeordneten des BSE-Ausschusses vorgeführt wurde, wie sicher hier Sondermüllfleisch behandelt wird, blieb die gesamte Presse vor der Tür. Nach tagelanger Telephoniererei mit Behörden, Ministerien, Europaparlament und Kommission in Brüssel habe ich es dann geschafft: als einziges Kamerateam dürfen wir das Schlachten von OTM-Kühen drehen - wenn alles so sicher vor sich geht, muß man das auch sehen dürfen.

Das erste, was uns auffällt: Die angeblich so gefährlichen Kühe werden zunächst fachgerecht zerlegt, wie jedes gesunde Tier auch. Ja, an den Einzelteilen der OTM-Rinder werden sogar Proben auf Parasiten und Bakterien durchgeführt, als sei das Ganze ein normaler Schlachtvorgang. Die Rinderviertel, die am Schluß sauber gehäutet und zerlegt am Haken hängen, könnte man so problemlos auf den Markt bringen - Fleisch sieht man es nicht an, ob es möglicherweise mit BSE infiziert ist.

Dann aber beginnen die Schlachter in Bridgewater einen minutiösen Zerstörungsprozeß, ein grausiges Bild. Die Schlachtreste, besonders die abgeschnittenen Kuhköpfe werden in Bottiche mit tiefblauer Farbe getunkt, um ihre Gefährlichkeit sichtbar zu machen, ein Anblick wie eine Illustration zu Dantes Inferno: stur blicken die großen Kuhaugen geradeaus, während am Fell langsam die giftblaue Farbe eintrocknet.

Die OTM-Rinderviertel selbst werden per Hand minutenlang mit groben Messern zerschnitzelt, also unbrauchbar für den Markt gemacht. Und um die Gefährlichkeit des Fleisches nach außen sichtbar zu machen, werden diese zerhackten Fleischteile auch noch mit gelber Warnfarbe eingesprüht. Warum eigentlich nicht auch mit dem Giftblau? Achselzucken bei den Schlachtinspektoren, die, vorschriftsmäßig mit Mund- und Bartschutz verkleidet, hinter uns stehen, um dem deutschen Kamerateam die Sicherheitsmaßnahmen zu erläutern. Was denn diese gelbe Farbe eigentlich sei? Tartrazin, sagt man uns, eine äußerst haltbare chemische Verbindung.

Blaue Köpfe, gelbe, zerschnitzelte Fleischreste, wir sind beeindruckt, als wir Bridgewater wieder verlassen. Nur, ein bißchen lange dauerte die Prozedur schon. Jede Kuh kunstgerecht zerlegt, danach das Färben der Köpfe, das Zerhacken der Rinderviertel, dann wird dort nochmal eingefärbt..... Zwischen einer halben und einer dreiviertel Stunde dauert das ganze pro Tier, wenn man das für die 2,2 Millionen OTM-Rinder in Großbritannien hochrechnet, dann macht das an die 150 Arbeitsjahre für die wenigen lizensierten Schlachthöfe in England. Irgendetwas kann nicht stimmen, und so hake ich denn bei Experten nach: unmöglich, sagt jeder aus der Fleischbranche, Time is money, in dem Geschäft kann es sich keiner leisten, derartig lange an Fleisch herumzubasteln, dass eigentlich nur vernichtet werden muß.

Ach ja, sagt uns ein Veterinär der Europäischen Kommission, den ganzen OTM-Schlachtvorgang, den kenne ich gut, den haben wir doch selbst in England einmal unter die Lupe genommen. Die färben die Rinderviertel ja richtig gelb ein und so. Mit

Tartrazin, sage ich, einer chemisch äußerst haltbaren Substanz. Er lacht: Nur daß diese chemisch haltbare Substanz eigentlich eine Lebensmittelfarbe ist und zudem wasserlöslich. Was das heißt? Nun, daß prinzipiell jeder die Warnfarbe von den Rindervierteln wieder abwaschen kann, wenn er denn will. Und er läßt uns den Bericht der Veterinärkommission sehen: „Die gelbe Farbe“, so ist dort moniert, „ist zum Einfärben von tierischem Muskelfleisch vollständig ungeeignet.“

Tartrazin - eine gelbe, abwaschbare Lebensmittelfarbe, als Kennzeichnung für das Sondermüllfleisch? Und das vorher ordentlich geschlachtet, mit Parasitenkontrolle und allen anderen Tests? Aus Sicht der Briten vielleicht gar nicht so absurd, wie es uns erscheint, denn als sie das OTM-Programm verkünden, hoffen immer noch viele, daß sich vielleicht eines Tages die Aufregung um das Fleisch aus England wieder legen könnte, daß man vielleicht doch Teile des OTM-Fleischs wieder in den Handel bringen könne.

Aber wir wollen mehr als Indizien. Ist also irgendwo gelbes Fleisch gefunden worden? Ja, heißt die überraschende Antwort. Ein Veterinär, der in Frankreich die gestoppte Ladung von Tragex-Gel inspizierte, sagt uns: „Als ich die Rinderhälften sah, dachte ich sofort: Bingo. So gelbes Fleisch habe ich in zwanzig Jahren noch nie gesehen“. Also doch Tartrazin? Er schüttelt den Kopf. Angeblich haben die Franzosen die Rinderhälften auf Tartrazin untersucht und nichts gefunden. Claude versucht, in Paris mehr herauszubekommen. Vergeblich. Wir wissen weder, wo die Analysen gemacht wurden noch wer sie gemacht hat. Völlige Informationssperre. Aber warum? Will man vielleicht kein Tartrazin gefunden haben, weil man ahnt, welche Schlagzeilen dann kommen werden?

Bleiben also die tiefen Schnitte, die als zusätzliche Sicherheit das Fleisch unbrauchbar für jeden Schmuggler machen sollen. Waren es wirklich so viele? Als wir Veterinären unsere Bilder zeigen, auch in England, lachen sie nur: „Quatsch, das dauert doch viel zu lange. Für solche Schnitzel-Orgien hat kein Schlachthof Zeit, die werden doch nach Stück bezahlt, da geht´s um Geld“. Und auch unser Kontaktmann in Brüssel sagt uns, sogar vor laufender Kamera: „Drei, vier Einschnitte pro Rinderviertel“, mehr habe man nie bei den Kontrollbesuchen in England erlebt. Fest steht also schon einmal, daß das Londoner Landwirtschaftsministerium der Gruppe von 20 Europaabgeordneten ein dreistes Theater vorgespielt hat. Und wir schaffen es nach einiger Zeit, von Fahndern Fotos der beschlagnahmten Fleischlieferungen zu bekommen. Unter dem Mikroskop erkennen wir an einigen Stücken tiefe Einschnitte. Ein klarer Beweis, glauben wir.

Aber wieder einmal finden die Fahnder der Betrugsbekämpfung in Brüssel eine harmlose Erklärung. Das könnten auch Schnitte sein, um die Flankenstücke besser in den Karton falten zu können. Es ist zum Verrücktwerden. Zwar erklären alle aus der

Branche, die wir nach der Falt-Theorie fragen, das für baren Unsinn, aber beweisen können wir wieder einmal nicht in letzter Konsequenz, daß es sich beim Schmuggelfleisch um OTM handelte. Das können nur diejenigen, die es analysiert haben, und das sind dieselben, die jede OTM-Schlagzeile fürchten. Aber unsere Recherche ergibt trotzdem allmählich ein immer dichteres Bild: Immer beklemmender werden die Beweise, daß die Fleischindustrie in Europa bis in die Ministerien hinein Macht ausübt - und gedeckt wird.

Beispiel Niederlande. Unsere Kollegen aus Hilversum kommen einem landesweiten Betrug auf die Spur. Der Hintergrund: Nach dem in Rotterdam und Vlissingen entdeckten Schmuggelfleisch werden die russischen Behörden immer mißtrauischer. Rußland war wegen großzügiger Exporterstattungen ein beliebtes Ziel für das englische Schmuggelfleisch. Um Manipulationen zumindest schwerer zu machen, haben die Russen daher 1996 sogenannte Reimporte verboten. Das heißt: Fleisch, das von niederländischen Firmen geliefert wird, muß garantiert von holländischen Rindern stammen. Das aber bedeutet für die kleinen Niederlande, wo nur wenige Rinder aufgezogen werden, aber viel Rindfleisch verarbeitet wird, einen schmerzhaften Export-Rückgang.

Um das zu verhindern, so recherchieren unserer Kollegen aus Hilversum, haben sich Fleischindustrie und Ministerium stillschweigend auf einen großangelegten Betrug verständigt. Niederländische Veterinäre bestätigen im großen Stil, daß Fleischlieferungen von niederländischen Rindern stammen, obwohl sie genau wissen, daß die Tiere aus anderen Staaten importiert und in den Niederlanden nur zerlegt wurden. In einem Fall fliegen Veterinäre sogar nach Rügen, um dort eine Ladung aus den Niederlanden mit Bestimmungsziel Rußland heimlich mit Brandeisen nachzustempeln. Niederländische Herkunftsstempel machen aus dem Fleisch heimische Ware. Bezahlt wird der dreitägige Trip von der Exportfirma, die so nach Rußland liefern kann.

Aber schlimmer noch: Unsere Kollegen finden heraus, daß all das mit Wissen und Duldung des Landwirtschaftsministeriums passiert. Landwirtschaftsminister van Aarzen muß mehrmals vor dem Parlament in Den Haag Rede und Antwort stehen. Wie soll da dasselbe Ministerium uns offen Auskunft geben über krumme Machenschaften beim Rindfleischschmuggel?

Als unsere Dokumentation „Die Paten der Fleischmafia" endlich geschnitten wird, ist Rudy de Cock, der große Drahtzieher, immer noch auf freiem Fuß, nicht einmal eine Anklage gegen ihn läuft, obwohl der Fall so klar und eindeutig zu sein scheint wie kein zweiter. Aber auch in ganz Europa ist nicht ein Beteiligter verurteilt worden bis dahin. Dafür erfahren wir, daß wieder zwei belgische Veterinäre von Männern aus dem Umfeld De Cocks zusammengeschlagen wurden, und daß De Cocks Strohmann von Tragex-Gel neue Firmen eröffnet hat. Offenbar werden neue Geschäfte vorbereitet.

Von der Faszination von Wendegeschichten oder: Von der Gefahr, sich in ostdeutschen Seilschaften zu verknoten

Christian Boos

Am Anfang stand ein Fehler. Ich ließ mich auf eine Geschichte ein, zu der es eigentlich nur wenig gesicherte Erkenntnisse gab. Der Verdacht bestand, daß sich kurz nach der Wende eine kleine Clique unrechtmäßig in den Besitz einer Handelsgenossenschaft gebracht hatte, die in der Armeestadt Strausberg immerhin zu den größten Arbeitgebern am Ort zählte. Hunderte von Bauern waren mutmaßlich geprellt.

Der Stoff klang faszinierend. Als Rundfunkreporter hatte ich die 89er Ereignisse in der DDR und das Verebben des revolutionären Impetus hautnah miterlebt. Damals schwirrten Gerüchte über Wendegewinnler herum, und schon lange hatte ich solch eine Geschichte für das Fernsehen aufarbeiten wollen. Dahinter steckte die alte spannende Frage, inwieweit eine Revolution die Gesellschaft wirklich verändert, oder - am Beispiel der DDR - die Herrschaft der „roten Socken“ weiterwirkt, wie manche behaupten. Doch mehr als eine unvollständige Loseblattsammlung von Dokumenten und eine handgeschriebene Liste mit Namen von vermeintlich Betroffenen waren auch diesmal nicht zur Hand.

Eigentlich sollte man gerade komplizierte investigative Geschichten nur beginnen, wenn man mindestens 50% der Recherche zugespielt bekommt. Das notwendige „Gegenchecken“, die Recherche der fehlenden Versatzstücke und die filmische Aufbereitung sind an sich schon aufwendig genug. Doch ich erlag der Faszination der Geschichte und ließ mich auf eine der nervigsten und langwierigsten Recherchen ein, die mich, den Journalisten aus dem Westen, zeitweise tief in die (teilweise noch existierende) DDR-Gesellschaft hineingezogen und mich sogar heute - 3 Jahre danach - noch nicht ganz losgelassen hat.

Mißverständnisse: Reporter west goes east

Hartes Lehrgeld war zu zahlen. Auf dem Gebiet der ehemaligen DDR, wo im Grunde von 1933 bis 1989 außer in kleinen Samisdatzirkeln keine institutionalisierte bürgerliche Öffentlichkeit existiert hatte, herrschen oft krause Vorstellungen von der Arbeit eines Journalisten. Den Satz: „Sie können das ja mal recherchieren, Sie sind ja

Journalist!“, hasse ich inzwischen. Dieser Satz unterstellt einerseits, man würde als Journalist problemlos an alle Informationen herankommen. Zum anderen erwarten viele Ostdeutsche von einem Journalisten gelegentlich Hilfe, der nur ein Multitalent aus Sozialarbeiter, Rechtsbeistand und Ombudsmann gerecht werden könnte. Viele erwarten, daß man ihnen stellvertretend bei der Durchsetzung ihrer Probleme hilft, ohne bereit zu sein, die entsprechende Gegenleistung an Eigenengagement zu erbringen („Aber nennen Sie auf keinen Fall meinen Namen!“). Erst heute weiß ich, daß dies kein schrulliges Verhalten von einzelnen ist, sondern dahinter die Sozialisation einer ganzen Generation steckt.

Für einen Journalisten, der wie ich seinen Beruf in einer Zeit anfing auszuüben, als Bürgerinitiativen aus dem Boden sprossen, war (und ist) diese Haltung eine harte Geduldsprobe. „Öffentlichkeit über die Medien“ herzustellen gehörte zum Standardrepertoire eines Gutmenschen der 70er und 80er Jahre, dem etwas an den Verhältnissen in der Altbundesrepublik nicht paßte. Man wußte, was Journalisten erwarteten: ein paar Dokumente, ein paar Betroffene und am besten noch einen Experten, der eine qualifizierte Minderheitsmeinung -möglichst mit der Aura eines Professorentitels versehen- glaubhaft vorbringen konnte; und dann natürlich einige Aktivisten, die ihre Meinung grell und provokativ in Szene setzen.

Von all dem in Ostdeutschland, zumal auf dem Lande, nichts, zuweilen sogar das Gegenteil: Verschlossenheit trotz Klage über Benachteiligungen. Dahinter steckt eine Haltung, die von Öffentlichkeit eher Nachteile erwartet, nicht -wie im Westen- die Erhöhung der eigenen Chancen. Dies resultiert einerseits aus der Erfahrung der Diktatur, wo der, der den Mund aufmachte, potentiell mit Verfolgung bedroht war. Zum anderen hat die Abgeschlossenheit der DDR einen provinziellen Konformismus kultiviert, der abweichendes Verhalten nicht als Individualismus schätzt, sondern das Tanzen aus der Norm eher ächtet.

All das sind Einsichten, die mir erst im Nachhinein erwachsen sind, sozusagen als Abfallprodukt meiner Recherche zum Thema „Seilschaften auf dem Lande“. Damals, 1995, machten mich diese zeitraubenden Hindernisse bei meinen Recherchen erst einmal ungeduldig nervös.

Beweisnöte

Die Liste mit vermeintlich kenntnisreichen Geschädigten, die ich von meinem Informanten bekommen hatte, erwies sich als unkorrekt. Neben den Opfern der Vermögensverschiebung enthielt sie Unbeteiligte und ärgerlicherweise auch „Täter“, nämlich jene Genossenschaftsbosse und Angestellten, die im Verdacht standen, die Bauern übers Ohr gehauen zu haben. Beim Abarbeiten der Liste riskierte ich, an den Falschen zu kommen und die „Täter“ zu warnen, bevor ich überhaupt etwas Genaues wußte. Wenn die Metapher der „Seilschaft" überhaupt ein sinnvolles Bild ergibt, dann, daß sie ein informelles Geflecht von Personen charakterisiert, die zur Erlangung eines Zieles für eine bestimmte Zeit an einem Strang ziehen. Wenn man bei den Recherchen an den Falschen gerät, zieht sich dieses Netz zu, Türen verschließen sich, Betroffene ziehen sich eingeschüchtert zurück (es wirken ökonomische Anreize oder physische Drohungen, etc.), wobei alte Ängste aus der Zeit der Diktatur mobilisiert werden. Das Wirken dieser „unsichtbaren Hand" bestätigt zwar die Existenz einer „Seilschaft", aber die Recherche ist damit eigentlich am Ende, bevor sie begonnen hat.

Ein weiteres typisch ostdeutsches Phänomen: Telefonrecherchen stoßen selbst bei den banalsten Fragen auf erhebliches Mißtrauen. Vermutlich verbirgt sich auch dahinter ein altes Erbe, daß das (in der DDR rare) Telefon eher dem mit Mißtrauen beäugten Amtsbereich zugeordnet, während das wirklich Private nur mündlich, vertraulich besprochen wurde. Es blieb also nur die mühselige Vor-Ort-Recherche. Wochenende für Wochenende ging also dafür drauf, von Dorf zu Dorf und von Hof zu Hof zu gehen, wo die Genossenschaftsmitglieder wohnten, denen mutmaßlich die Genossenschaft wirklich gehörte.

Ich lernte den trügerischen Charme der ostdeutschen Gerüchteküche kennen. Zu DDR-Zeiten wurde in Zeitungen und Büchern bekanntlich gelogen wie gedruckt. Das heißt, grob gesprochen, alles offiziös Gedruckte war vom propagandistischen Ziel der SED verzerrt. Da man das schwarz auf weiß Gedruckte nicht getrost nach Hause tragen konnte, blühte die Gerüchteküche. Die Wahrheit vermittelte sich über Klatsch und Tratsch, über Gespräche im Freundes- und Verwandtenkreis. Die Möglichkeiten der Verifizierbarkeit solcher Informationen waren in einem kommunistischen System naturgemäß äußerst begrenzt. So blühten und blühen in der ostdeutschen Gerüchteküche nicht nur Volksweisheiten, sondern auch Stammtischparolen, Fehlinformationen und Verdächtigungen. Diffuse Erzählungen, „wie das damals war", enthielten oft das Körnchen Wahrheit, das den nächsten Rechercheschritt einleitete. Andererseits war auch manches Beiwerk irreführend. Die Rede von den „Stasiseilschaften" und „denen da oben, die immer noch das Sagen haben", sind zuweilen nichts als hilflose und irreführende Erklärungsmuster von Wehrlosen. Der Satz: „ Der ist Stasi und der ist Stasi", brachte mich am Anfang zu der Vermutung, ich hätte es in Strausberg vielleicht mit einem ganzen Stasi-Komplott zur Bereicherung von Altkadern zu tun. Spätere Recherchen haben zu moderateren Schlußfolgerungen geführt.

Es erwies sich als schwer, harte Fakten, Dokumente zu finden. Bei Wirtschaftskriminalitätsrecherchen sind sie unerläßlich, um das Klagerisiko zu minimieren. Doch die Bauern hatten großenteils die Papiere, die hätten beweisen können, daß sie übers Ohr gehauen worden waren, nicht parat. Die Bauern in der DDR haben auf Grund der Willküraktionen von Staat und Partei eine massive Entrechtungserfahrung gemacht, die sie bis heute prägt. Viele hoffen nicht einmal mehr, noch zu ihrem Recht zu kommen. Aus dieser pessimistischen Sicht heraus haben viele sogar die beweiskräftigen Unterlagen weggeworfen.

Die BHG-Geschichte machte dieses Verhalten zumindest verständlich. Sie war nach dem Kriege eine Selbsthilfeorganisation der Klein- und Mittelbauern zum günstigen Erwerb von Saatgut und Arbeitsgeräten; eine demokratische Bauernorganisation mit Vollversammlung und Vorstand und damit dem Staatsgefüge unter Führung der Einheitspartei systemfremd. Deswegen wurden die BHGn in den 50er Jahren entmachtet. Man schloß sie mit der SED-dominierten Massenorganisation VdgB zusammen. Die Bauern in den Vorständen wurden durch loyale VdgB-Funktionäre ersetzt. Faktisch wurden die BHGn ländliche Verkaufsstellen, die wie die HO vom Staat, der SED bzw. der VdgB geleitet wurden. Diese Entmachtung und Entrechtung der Bauern bedeutete auch eine geistige Enteignung. Das Wissen um den Aufbau, die finanzielle und rechtliche Konstruktion der Genossenschaften, das normalerweise jeder selbständige Bauer sozusagen mit der Kuhmilch aufnimmt, ging verloren. Das Wissen zentralisierte sich bei den Funktionären. Dieses Herrschaftswissen konnte in der Wende gerade bei den ländlichen Genossenschaften mißbraucht werden. Da sie nicht staatlich waren, sondern auch zu DDR-Zeiten formal privatrechtlich organisiert, wandelten sie sich jenseits unmittelbarer staatlicher Kontrolle nach der Wende um, unterstanden also nicht der Treuhand.

Dies eröffnete Genossenschaftsleitern, die in der Regel SED- oder vereinzelt Blockparteifunktionäre waren, einen unerhörten Handlungsspielraum, ihre Karriere zu sichern, zuweilen auch zum Betrug. Offenbar haben auch viele Funktionäre beweiskräftige Unterlagen verschwinden lassen. Im Falle der Strausberger BHG liegt eine eidesstattliche Versicherung vor, daß Akten in der Wendezeit vernichtet wurden.

Der Gang über die Dörfer zeigte, daß es äußerst schwierig war, überhaupt das analste nachzuweisen, wer nämlich Mitglied der BHG-Strausberg war. Doch dies blieb die entscheidende Frage für den Nachweis, ob ihnen wirklich ihr Eigentum entwendet worden war. Doch nur vereinzelt konnten Bauern Mitgliedsbücher präsentieren, die sie als ursprüngliche Anteilseigner auswiesen. Normalerweise müßten im Genossenschaftsregister beim Amtsgericht genauere Informationen zu erhalten sein. Aber Besuche bei diesen Registern zeigten, auch diese Unterlagen sind lückenhaft, vermutlich in der Wendezeit teilweise vernichtet worden. Die Register wurden bis in die Wende, anders als heute, bei der Kreisverwaltung geführt. Damit lagen die Registerunterlagen bei den DDR-Staatsbediensteten, die der gleichen Schicht und oft auch der gleichen Partei angehörten wie die Genossenschaftsleiter. Es gibt den durchaus begründeten Verdacht, daß beide Gruppierungen in der Wende zusammenarbeiteten, um das Genossenschaftsvermögen in den Händen der ehemaligen Funktionärskaste zu konzentrieren. Die Verwaltung konnte dies begünstigen, indem rechtswidrige Akten geduldet wurden oder Akten verschwanden. Diese Rahmenbedingungen sind ein Geheimnis des Erfolges von Seilschaften.

Aus den Erzählungen der Bauern und der Mitgliedsbücher konnte ich entnehmen, daß die BHG-Genossenschaft und die VdgB-Massenorganisation um 1950 verschmolzen worden waren, so daß die Mitgliedschaft für beide Organisationen galt. Durch diesen Hinweis gelang es mir nach Wochen, ein Duplikat der Genossenschaftskartei in Gestalt der VdgB-Kartei zu finden. Sie befand sich in der Obhut des Bauernverbandes und damit in den Händen eines ehemaligen (SED/) VdgB-Funktionärs. Nur unter dem Vorwand, ländliche Traditionen zu erforschen, kam ich an diese Kartei heran. Denn welcher SED-Funktionär läßt schon gerne einen Westjorunalisten in seiner Vergangenheit herumforschen. Allein die neugierig unbefangene Frage, „was haben Sie eigentlich früher gemacht", läßt jedes Gespräch ersterben.

Nach einigen Wochen ergab sich ein verdichtetes Bild: Die BHG mußte einmal einigen 100 Genossenschaftsmitgliedern gehört haben, die Anteile von einer Mark bis maximal 1000 Mark (10 Mark mal 100 ha) gezeichnet hatten. Dies bewies die gefundene Kartei. Die Bauern wohnten zumeist sogar straßenweise in den Dörfern zusammen. Es wäre also ein leichtes gewesen, sie nach der Wende zusammenzutrommeln, und sei es nur über Gemeindeaushänge oder Zeitungsaufrufe. Eine Urversammlung hätte nach der Wende über die Zukunft der Genossenschaft entscheiden müssen. Das hatte ich inzwischen im Genossenschaftsrecht nachgelesen. Statt dessen hatte besagte kleine Clique um den ehemaligen Leiter, später erweitert durch einige „Experten" aus dem Westen, die Genossenschaft usurpiert.

Die Qual, aus dem Wirrwar der Recherche eine Geschichte zu machen

Als erstes kam es darauf an, den Leiter der Genossenschaft und mutmaßlichen Drahtzieher des Coups zu einem Interview zu bewegen. Erfahrungsgemäß gelingt so etwas nur „spontan". Interviewwünsche bei ehemals Systemnahen mit langen Ankündigungen und präziser Themenbenennung scheitern regelmäßig, sofern sie im weitesten Sinne mit Vergangenheitsaufarbeitung der DDR zu tun haben. Im Gegensatz zu den Bauern, die oft die Kosten für Rechtsanwälte und gerichtliche Auseinandersetzungen nicht tragen können, verfügen die Genossenschaftsbosse in der Regel über gut bezahlte Rechtsbeistände. Schon im Vorfeld einer Fernsehsendung, noch während der Recherche hat man sich in der Regel auf unfreundliche Briefe und Anrufe von Rechtsanwälten mit allerlei Prozeßandrohungen einzustellen. Eine solide Grundkenntnis auf dem Gebiet des Presserechtes und ein gutes Nervenkostüm empfehlen sich. Im Fall der BHG-Strausberg kam mir der Umstand zu Hilfe, daß der Leiter Ärger wegen einer fehlenden Baugenehmigung hatte und von sich aus ein Interview anbot, was wahrheitsgemäß über die „Entwicklung“ und „Entwicklungshemmnisse“ der Genossenschaft geführt werden sollte. Vor laufender Kamera wagte der Herr es dann nicht, den heiklen Fragen ganz auszuweichen.

Auch zwei Bauern konnte ich nach langem Zureden zu einem Interview überreden. Das Problem war nur, die Betroffenen wirkten nicht sehr betroffen, sondern eher verhalten. Die Erwartungshaltung des durch das Genre des Betroffenheitsjournalismus der 70er und 80er Jahre geprägten Westjournalisten wurde enttäuscht. Keine flammende Anklage, statt dessen eher melancholisch-resignative O-Töne. Alle die Schwierigkeiten der Recherche mündeten in die Schwierigkeit der filmischen Umsetzung. Die Entmündigungserfahrung der Bauern verhinderten eine wirklich packende, mitreißende Darstellung.

Ich fand immerhin einen SED-Funktionär, der meine These von der unrechtmäßigen Umwandlung der Genossenschaft indirekt bestätigte. Auch wenn einige ehemals Systemnahe in der Verwaltung der Genossenschaftsclique bei ihrem Coup geholfen haben mußten, gab es - so lernte ich - genug Spannungen und Rivalitäten im alten Apparat, daß nicht alle an einem Strang zogen. Das Modell der SED-Seilschaften hatte Tücken. Wie bei jedem Thema sollte man trotz notwendiger Grundhypothesen seine Gesprächspartner auf konkrete Interessenslagen und Erfahrungen abklopfen, um ihre Motivation zu erforschen und sie zu motivieren, Internes auch preiszugeben.

Was fehlte, war ein Experte, ein Interviewpartner, der die Geschichte für das Publikum (und meinen Redakteur) auf den Punkt brachte. Dieser Experte ist eigentlich ein Muß in einem Fernsehmagazinbeitrag. Er bündelt die Darstellung zu einer These und sichert die Redaktion - auch juristisch - ab. Mein Problem war: der Experte war in diesem Fall ich. Wendewirtschaftskriminalität ist „hightech“, in der diffusen Schnittmenge von DDR- und Westrecht, in dem es viele Grauzonen gab und gibt, die erst den Handlungsspielraum für Seilschaften eröffneten. Ich habe zu dem Zeitpunkt des Beginns meiner Recherche keinen Zeitungsartikel gefunden, in dem über ähnliches berichtet wurde, keinen Rechtsanwalt, der mit der Materie vertraut war.

Ein komplizierte Materie, die zur Vermeidung von Rechtsstreitigkeiten auch nicht zu vereinfacht dargestellt werden durfte, kein Experte, blasse Betroffene. Ich riskierte, trotz guter Recherche einen nur mittelprächtigen Fernsehbeitrag zu machen. Ich riskierte es trotzdem, in der Hoffnung, durch die Ausstrahlung im ORB eine Lawine an Zuschauerreaktionen loszutreten, um dann „nachlegen“ zu können.

Doch das Kalkül ging nicht auf, obwohl immerhin der Vorwurf im Raume stand, einer der größten regionalen Handelsbetriebe östlich von Berlin sei möglicherweise veruntreut worden. Mehr noch, dahinter konnte und kann bis heute ein Strickmuster vermutet werden, das für viele andere Fälle auch zutrifft. Doch weder die örtliche Presse zog richtig nach, noch meldeten sich die Staatsanwaltschaft oder Politiker, noch riefen weitere Betroffene oder Insider an. Die Westerwartung einer funktionierenden bürgerlichen Öffentlichkeit wurde wieder einmal enttäuscht.

Die DDR lebt: Einschüchterungen und Bedrohungen

Statt weiterer Aufklärung begann im Gegenteil ein DDR-Spiel, in das ich plötzlich einbezogen wurde und das ich vorher nur aus Erzählungen kannte. Zunächst erfuhr ich von einer Reihe von Bedrohungen. Diverse Personen, die für meine Informanten gehalten wurden, vermeldeten nächtliche Drohanrufe, Einbrüche, Beschädigungen von Autos. Statt weitere Betroffene zu Aussagen, zur Übergabe von Dokumenten bewegen zu können, griff Einschüchterung um sich. Die Lokalpresse stellte die Berichterstattung mehr oder minder ein, nachdem ehemalige DDR-Journalisten merkwürdige Anrufe bekommen hatten. Sollte die inzwischen bekannte Tatsache, daß diese Kreisredaktion zu DDR-Zeiten ein konspiratives Objekt der Stasi war, die Redaktionsleitung zeitweise ein Stasi-IM war, eine Rolle beim schnellen Rückzug der Lokaljournalisten gespielt haben?

Über die Stadtverordnetenversammlung und die Stadtregierung wurden falsche Behauptungen über meine Berichterstattung in die Welt gesetzt. Es wurden Dinge dementiert, die nie behauptet worden waren, und somit der Eindruck einer unsoliden Berichterstattung erweckt. Klagedrohungen wurden in die Welt gesetzt, allerdings nie wahr gemacht. Eine offenkundig unbegründete Strafanzeige wegen eines vermeintlichen Hausfriedensbruches wurde gegen mich gestellt. Ein Grunddilemma der Seilschaftsrecherchen: Statt ein Problem zu lösen, hatte ich mehrere zusätzliche bekommen: Nächtliche Anrufe von Personen, die mich um Hilfe baten, weil sie sich bedroht fühlten, juristische Abwehrgefechte. Das Ganze auch noch unter dem finanziellen Druck, als Freiberufler auf seine Kosten zu kommen. Ich muß zugeben, daß ich damals ziemlich entnervt war. Wie ich inzwischen von anderen Kollegen weiß, die ernsthaft mit ähnlichen Thematiken befaßt waren, der anscheinend normale Gang der Dinge bei diesem Thema. Die merkwürdigen Reaktionen zeigten immerhin, daß auch auf der anderen Seite ein Nerv empfindlich getroffen war. Die Vielfalt der Reaktionen ließ auch darauf schließen, daß hier Leute miteinander kooperierten. War ich also doch auf den Spuren einer großen Verschwörung von alten Seilschaften?

Die überraschenden Reaktionen motivierten mich und motivieren mich bis heute, weiter an dem Thema dranzubleiben, schon zum Schutze meiner Informanten, denen ich mich auch im Nachhinein verpflichtet fühle. Ich finde, daß das zum Ehrenkodex eines investigativen Journalisten gehören sollte. Immerhin wurde erst vor einem Jahr eine Informatin an der Haustür zusammengeschlagen, mit der Bemerkung, sie solle endlich den Mund halten. Ich entschloß mich, auf die Staatsanwaltschaft und Polizei zuzugehen. Manche Journalisten gehen diesen Schritt wesentlich leichter in der wohl nicht unbegründeten Hoffnung, durch Information der staatlichen Strafverfolgungsorgane selbst Tips zu bekommen. Ich persönlich halte es eher für problematisch, beide Sphären zu sehr zu vermischen. Mein Rechercheergebnis ist der journalistische Film-, Hörfunk- oder Fernsehbeitrag, den sich auch jeder Staatsanwalt ansehen kann, um seine Schlußfolgerungen zu ziehen. Dazu kann man vielleicht noch die eine oder andere mündliche Erläuterung geben. Aber die Recherchewege etc. sollten doch -außer in begründeten Ausnahmefällen- tabu bleiben. Abgesehen vom Informantenschutz sollte jeder Journalist bedenken, daß seine Aussagen im Aktensatz auch irgendwann der „Gegenseite“ zugänglich sind. Angesichts der Bedrohung von Informanten, hielt ich, obwohl ich nicht weiß, von wem sie ausgehen, meine Zurückhaltung gegenüber den Strafermittlungs-behörden nicht mehr für angemessen.

Nachgehakt: die Gauck-Akten

Ein weiterer Schritt waren Akteneinsichtsanträge bei der Gauckbehörde. Im Gegensatz zu manchen anderen - oft interessegeleiteten - Ansichten, bin ich nicht der Meinung, daß „die Akten lügen“. Man muß sie nur, wie jede historische Quelle, richtig lesen und interpretieren. Die Wertungen in den Stasiakten geben oft eher das Weltbild des Schreibers (also des Stasimannes) wieder als die Realität, die kruden Fakten sind - Irrtümer nicht ausgeschlossen - oft verläßlicher als im Erinnerungsvermögen der Menschen gespeichert.

Die Akten, die von den üblichen Datenschutzvorschriften und Sperrfristen für Staatsakten weitgehend freigehalten wurden, ermöglichen Defizite der DDR-Öffentlichkeit auszugleichen. Wahrheiten, wie sie sich in einer „offenen Gesellschaft“in Zeitungsarchiven oder Büchern finden würden, sind für Ostdeutschland eher in den Dokumenten der SED, des Staates oder der Stasi aufzuspüren. Um es - eigentlich überflüssigerweise - noch einmal zu betonen: Die Akteneinsicht bei der sogenannten Gauckbehörde hat nichts mit mythischen guten Drähten zu tun, sondern ist ein höchst bürokratischer Vorgang, der durch das Stasiunterlagengesetz für die Presse in den §§ 30 ff geregelt ist. Der gute Draht verhindert lediglich, daß die Recherche im bürokratischen Getriebe ganz zum Erliegen kommt.

Der Fall Strausberg zeigte folgendes: Manche Verdächtigung war in der Tat eine Verleumdung, nicht jeder vermeintliche Stasimitarbeiter hatte eine Akte. Immerhin war die Trefferquote in der einstigen NVA-Stadt relativ hoch. Bei einem Genossenschaftsverantwortlichen gab es Hinweise auf einen Stasikontakt, ebenso bei einem hohen Vertreter im Arbeitsamt von Strausberg, beim ehemaligen stellvertretenden Bürgermeister, einem Verantwortlichen des Kreis-Agraramtes, sowie der Verwaltungs-EDV, einem Mitarbeiter des Liegenschaftsamtes, des Grundbuchamtes und der Kreiszeitung. Die Art der Akten und Stasi-Tätigkeiten ließen es aber als eher unwahrscheinlich erscheinen, daß diese Leute alle gezielt aufgebrochen sein sollten, um der Genossenschaftsclique das Überleben zu sichern. Andererseits hatte die Stasi im Herbst '89 einen Teil dieser IM-Akten vernichtet. Es bestand also offenkundig ein Interesse daran, daß diese Leute unenttarnt weitermachen konnten. Bei manchen der Akteure zeigten sich vor allem im Nachgang zu meiner Berichterstattung Doppelbödigkeiten, wie sie offenkundig auch zu den „Sekundärtugenden" eines IM gehören.

Nach drei Jahren Recherchen zum Thema Seilschaften auf dem Lande bin ich inzwischen der Überzeugung, daß es hier weniger um den ganz großen Komplott geht. Der Kern derer, die jeweils bewußt versuchen, mit Vermögen anderer durchzustechen, ist relativ klein. Sie sind in der wirren Wendezeit nach dem Motto „Rette sich wer kann!" gestartet und nur damit durchgekommen, weil die rechtsstaatlichen Institutionen relativ schwach ausgeprägt waren und teilweise heute noch sind und sie überall auf Helfer trafen, denen sie mentalitätsmäßig verwandt sind. Man muß nicht unbedingt in derselben Parteigruppe oder Stasistruktureinheit gewesen sein, um der Auffassung zu sein, daß an der DDR nicht alles schlecht war und somit verteidigungswürdig ist; daß Funktionäre auch verdiente Leistungsträger waren, die nicht abgewickelt werden sollten; daß das neue Rechts- und Wirtschaftssystem fragwürdig ist; daß lieber ein (krummer) Ossi ein Geschäft machen soll, als ein Besserwessi. Auch aus solchen Einstellungen heraus können Altkader Hilfe von Gleichgesinnten erwarten.

Der eingangs erwähnte Fehler, sich auf ein sehr unpräzises Rechercheterrain begeben zu haben, hat immerhin zu zahlreichen Aufschlüssen über Ost-Mentalitäten und den Zustand von Ost-Institutionen geführt. Statt an den Rechercheproblemen gelegentlich schier zu verzweifeln, hätte ich vielleicht diese selbst früher zum Thema machen sollen: Die Entmündigung vieler ehemaliger DDR-Bürger, die Einschüchterung, das geringe Rechtsbewußtsein, die Asymmetrie der Rechtschancen, der oft beklagenswerte Zustand der amtlichen Register, die Verschleierung durch Verwaltung, die Bindungskräfte zwischen Helfern und Profiteuren. Das eigentliche Thema liegt oft neben dem Thema. Es handelt sich nämlich hier nicht nur um bloße Rechercheprobleme, sondern um zentrale Probleme, an denen die ländliche Gesellschaft in den neuen Bundesländern überhaupt krankt.

P.S. Das Ermittlungsverfahren gegen die Genossenschaftsverantwortlichen sollte im vorigen Jahr eingestellt werden. Das Verfolgungsinteresse der ehemaligen DDR-Staatsanwälte ist offenbar nicht sehr geschärft. Durch meine Nachrecherche lebte das Ermittlungsverfahren immerhin wieder auf. Meine Hoffnung, auf Grund meiner Berichterstattung zügige Ermittlungen und vielleicht einen Musterprozeß zu problematischen Genossenschaftsumgründungen zu provozieren, um damit wenigstens an Einzelbeispielen die Spirale der Einschüchterung zu durchbrechen, habe ich allerdings weitgehend aufgegeben.

Korruption im Kanal. Wie eine Recherche begann, steckenblieb und sich veränderte

Werner Rügemer

Nachdem ich in meinem früheren Beruf als Redakteur arbeitslos geworden war, erhielt ich ungeplant Einblick in einen mir bis dahin unbekannten Bereich der Wirklichkeit. Das Arbeitsamt schlug mir nach einiger Zeit eine ABM vor, die mich sofort faszinierte. In einem Abfall- und Abwasserinstitut, das im städtischen Schlachthof untergebracht war, sollte ich zwei Jahre lang ein Projekt koordinieren: Erstes Indirekteinleiter-Kataster einer deutschen Großstadt.

Das klingt völlig harmlos oder auch unverständlich. Aber das Projekt hatte es in sich. „Indirekteinleiter": So heißen in der Welt der Abwassertechniker und der Ämter für Stadtentwässerung die Gewerbebetriebe und Unternehmen, die ihr Abwasser nicht direkt in den nächsten Fluß einleiten, sondern indirekt, also zunächst in die städtische Kanalisation.

„Direkteinleiter" sind im Unterschied dazu dann solche Unternehmen, die ihr Abwasser direkt in den Fluß einleiten, also nicht über die städtische Kanalisation gehen. Sie sind dem allgemeinen ebenso wie dem umweltbewußten Publikum bekannt, wenn auch nicht mit dieser technisch-juristischen Bezeichnung, als da sind z.B. Bayer, BASF, Hoechst. Sie haben u.a. die Eigenschaft, direkt an einem Fluß gebaut worden zu sein, weil es zu ihrem normalen, täglichen Geschäft gehört, beim Produzieren von Chemikalien auch viele und zudem stark „verschmutzte" Abwässer zu produzieren, die entsorgt werden müssen - also auf kurzem Wege ab in den Rhein, den Main, die Donau, die Elbe usw.

Von solchen Direkteinleitern gibt es in Deutschland - wie in jedem modernen Industrieland westeuropäischer Prägung - einige hundert. Von den Indirekteinleitern gibt es dagegen etwa zwei Millionen, also praktisch ebenso viele wie es kleine und große und mittlere Unternehmen in Deutschland gibt. Das allgemeine ebenso wie das umweltbewußte Publikum ist aber mit der Wahrnehmung bei den wenigen großen Direkteinleitern stehengeblieben. Das begann, als vor gut zwei Jahrzehnten Bürgerinitiativen und Aktivisten von Greenpeace an Rhein und Main in spektakulären Aktionen an den Ausläufen von Bayer und Hoechst Abwasserproben entnahmen und den Giftstoffgehalt nachwiesen.

Die zwei Millionen deutschen Indirekteinleiter sind aber nicht nur zahlreicher, sondern teilweise auch giftiger; dazu gehören Chipfabriken, Textilhersteller, Krankenhäuser, Labors mit radioaktivem Material oder gentechnisch veränderten Organismen. Aber diese zwei Millionen leiten ihr Abwasser ganz unscheinbar und unsichtbar irgendwo unter der Erde in das städtische Kanalnetz. Aber hier fuhr und fährt das Greenpeace-Boot nicht vor, hier entnahm und entnimmt keine Bürgerinitiative eine Probe.

Damals, in den 80er Jahren, wurde in den Expertenkreisen das Problem der „Indirekteinleiter" durchaus erkannt. Der Gesetzgeber machte einen Wust von Bundes- und Landeswassergesetzen und nachgeordneten Verordnungen, die die Indirekteinleiter einer strengen Kontrolle unterwerfen sollten. In der Praxis änderte sich aber eigentlich nichts. Deshalb wollte sich 1991 der nordrhein-westfälische Umweltminister Matthiessen ein besonderes Verdienst erwerben, nicht zuletzt deswegen, weil damals die Grünen „bedrohlich" an die Regierungstore klopften. Der sozialdemokratische "Betonkopf" gab deshalb seine Zustimmung zu eben jenem eingangs genannten Kataster-Projekt, um überhaupt einmal - wie die neuen Gesetze es vorschrieben - in Erfahrung zu bringen, wieviel und welche Abwässer die Indirekteinleiter in die Kanalisation einer Großstadt einleiten, was davon gereinigt oder auch nicht gereinigt werden kann, welche Vorbehandlungsanlagen in den Unternehmen neu installiert werden müßten, was mit dem verseuchten Klärschlamm zu tun sei usw.

Nun gab es damals zufällig in einer nordrhein-westfälischen Millionenstadt am Rhein das schon genannte private Abfall- und Abwasserinstitut in den Räumen des städtischen Schlachthofs. Der Vorsitzende des Beirats war ein Ministerialdirektor aus dem Umweltministerium, der Institutsvorsitzende war ein Mitglied der Mehrheitsfraktion im Rat der Millionenstadt. Man arbeitete nach dem Motto: Der Staat ist arm, Umweltdienste sind teuer und müssen deshalb möglichst privat erledigt werden. So wollte man viel Geld verdienen: Nach dem ersten Modell-Kataster für die Millionenstadt - Kostenpunkt ca. 5 Millionen Mark - würde man für alle Großstädte des Landes solche Kataster erstellen.

Um es kurz zu machen: Zunächst zockten die tapferen Privatisierer kräftig Staatsgelder ab, auf die sie durch ihre guten Verbindungen reichlich Zugriff hatten: Sie genehmigten sich 10 ABM, die mit Sondergenehmigung zu 100 % vom Arbeitsamt finanziert wurden, Zuschüsse für Büroausstattung flossen aus verschiedenen staatlichen Töpfen. Das Institut verdiente viel Geld mit teuren Seminaren für Behördenmitarbeiter, um ihnen die Notwendigkeit der Kontrolle der Indirekteinleiter nahezubringen. Professoren aus dem Institutsbeirat ließen die ABM-Kräfte für sich persönlich arbeiten. Dem Schlachthof, in dessen Aufsichtsrat der Institutsvorsitzende die Stadt vertrat, wurde ein gut honoriertes Gefälligkeitsgutachten ausgestellt, wonach Blut und Darminhalt der täglich 800 geschlachteten Rinder und Schweine zur biologisch äußerst wertvollen Beigabe zum städtischen Abwasser erklärt wurden usw. usf.

Die Selbstbedienung der Institutsoberen lief, das Katasterprojekt aber stockte. Je mehr die fleißigen ABM-Kräfte über die industriellen Abwässer in der Kanalisation in Erfahrung brachten, desto weniger wollten Minister und Institutsleitung davon wissen. Die Stadtverwaltung legte ihre kooperationswilligen Mitarbeiter in der Wasserbehörde an die Kandare. Man fürchtete, die örtlichen Unternehmen durch den Vollzug der Umweltgesetze gegen sich aufzubringen. Natürlich drohten einige Unternehmen, sie würden abwandern, wenn sie kontrolliert würden. Kurz, das Katasterprojekt wurde nach einem halben Jahr gestoppt, bevor es richtig begann. Weil ich mich nicht einfach auf ganz andere Arbeiten umpolen lassen wollte, wurde ich entlassen, mein Gehalt wurde um 1000 DM zurückgestuft, und erst nach drei Arbeitsgerichtsverfahren wurde ich wieder eingestellt.

Auf diese Weise erhielt ich einen ersten, noch vagen Einblick in die korruptive Welt der Abwasserentsorgung. Durch Gespräche mit Klärwerksarbeitern, Angestellten der Ämter für Stadtentwässerung, Staatsanwälten und Tiefbauingenieuren versuchte ich, mir weitere Klarheit zu verschaffen. Das war nicht leicht, denn es herrschte ein fast durchgängiges Gesetz des Schweigens. Allmählich zeichnete sich ab, daß es offenbar durch flächendeckende Korruption abgesichert wurde. Die Staatsanwaltschaft München hatte damals, 1992, eine Schwerpunktgruppe „Korruption beim Kanal- und Klärwerksbau" gebildet, nachdem fünf leitende Angestellte von Siemens zu Gefängnis- und Geldstrafen verurteilt worden waren: Sie hatten einen Baurat der Stadt München mit 2,16 Millionen DM bestochen, damit Siemens den Auftrag für die Elektronik der beiden Münchner Großklärwerke bekam. Bis Ende 1994 hatte die Schwerpunktgruppe der Staatsanwaltschaft 315 Ermittlungsverfahren erledigt, das Gericht hatte 116 Jahre Freiheitsstrafen verhängt, gegen weitere 330 Beschuldigte wurde ermittelt. Bundesweit tätige Firmen waren beteiligt, kaum eine größere bayerische Kommune blieb ausgespart. Daß es in anderen Städten und Bundesländern nicht zu vergleichbaren Verfahren kam, liegt allein daran, daß bis heute nur die Staatsanwälte in München sich so konzentriert mit der Korruption im Kanal befassen.

Meine Erfahrungen und Erkenntnisse hielt ich in dem Buch „Staatsgeheimnis Abwasser" fest. Nur der kleine Düsseldorfer Zebulon Verlag interessierte sich für die Veröffentlichung (1995). Die großen Verlage hatten alle abgewinkt: „Das Thema ist viel zu speziell" war der Tenor. Ähnlich erging es mir, als ich bei Rundfunk- und Fernsehredaktionen wie „Monitor" anfragte. Manche Umweltredaktion antwortete: „Ach, mit Wasser, Trinkwasser, da hatten wir doch vor kurzem schon eine Sendung." Manche Wirtschaftsredaktion antwortete: „Ach, von Korruption redet heute doch jeder" oder: „Wenn es nur in Bayern so ist, dann ist es ja nicht so schlimm."

In Ministerien und Firmen wurde über das Buch intensiv diskutiert, in der Öffentlichkeit dafür umso weniger. Die einschlägige Lobby „Abwassertechnische Vereinigung" (ATV, in ihr sind Unternehmen, Ministerien, Planungsingenieure und Kommunen gleichermaßen Mitglied) ließ durch ihre Geschäftsführung eine Stellungnahme erarbeiten: Alle Funktionäre wurden davor gewarnt, das Buch öffentlich zu erwähnen. Beim Empfang zur Einweihung einer unsinnig großen Müllverbrennungsanlage sprach mich der Geschäftsführer des Müllmonopolisten an: „Ich habe Ihr Buch gelesen: wirklich hervorragend recherchiert, alle Achtung." Öffentlich herrschte dagegen Stillschweigen.

Mittlerweile wenden sich zahlreiche Bürgerinitiativen an mich. Sie übergeben mir Unterlagen über zu große Kläranlagen und teure Kanalisationsnetze, die nach dem Bau nicht ausgelastet sind. Warum werden sie zu groß gebaut? Warum werden Dioxine und radioaktive Substanzen in die städtischen Kanalisationen eingeleitet, ohne daß die Verwaltungen reagieren?

In meinem Arbeitszimmer stapeln sich Aktenordner, in denen Strafanzeigen wegen Betrugs, Bestechung und Urkundenfälschung beim Kanal- und Klärwerksbau gesammelt sind: Diese Strafanzeigen wurden erstattet, aber von den Staatsanwaltschaften in Sachsen, Sachsen-Anhalt, Hessen, Nordrhein-Westfalen und Brandenburg nicht aufgegriffen. So manche Dienstaufsichtsbeschwerde gegen untätige Staatsanwälte versickert auf dunklen Dienstwegen. Justizminister, die von den Anzeigenerstattern um Hilfe gebeten werden, reagieren nicht oder drohen gar zurück. In manchen Fällen teilte der Staatsanwalt nach Jahren auf Anfrage mit, die Akten seien „nicht mehr da".

Auf diesem Tiefpunkt könnte das beginnen, was nach meiner Erfahrung der Journalismus, der weitgehend zur untertänigen Verlautbarungsjournaille verkommen ist, nötig hat: eigenständige Recherche und ernsthafter Dialog mit den Bürgern. Das ist nicht nur im Bereich der kommunalen Abwasserentsorgung so. Die Widerstände scheinen kaum überwindlich, weniger für die Recherche selbst als für die öffentliche Darstellung und Diskussion der Ergebnisse. Aber es gibt kaum eine spannendere Situation als gerade diese.

Von Akten, Oibes und Vernichtung. Als einmal ein Geheimdienst vor laufender Kamera enttarnt wurde*

Dagmar Hovestädt

Ein junger Mann in Lederjacke, begleitet von einem Kamerateam, befragt Passanten, eine Straßenumfrage. Das Übliche, Reporteralltag. Es ist Ende Dezember 1989, der Journalist steht in der Normannenstraße in Berlin-Lichtenberg, vor dem Haupteingang zu einem DDR-Ministerium mit Namen Staatssicherheit. Die Frage an die Menschen, die aus dem Gebäude huschen, ist banal und doch sensationell: „Ihr Ministerium wird aufgelöst, was machen Sie denn jetzt?" Und: „Empfinden Sie Schuld für das, was Sie hier gemacht haben?"

Am 2. Januar 1990 wird dieser Bericht über den ehemaligen Geheimdienst der DDR in der ARD im Polit-Magazin „Kontraste" ausgestrahlt - Auftakt zur einer langen Reihe von Berichten über das Ministerium für Staatssicherheit und dessen Auflösung.

Der Journalist heißt Roland Jahn. Er ist in Jena, DDR, im Jahre 1953 geboren. Am 10. Juni 1983 wirft ihn sein Staat hinaus. Der aktive Bürgerrechtler mit einem Faible für die polnische Gewerkschaftsbewegung war einfach zuviel für die Oberen der DDR. Ausbürgerung hieß dies im offiziellen Sprachgebrauch. Kaum acht Jahre später steht er als Journalist vor denen, die ihn zuvor knechteten. Und sie stellen sich seinen Fragen. Wundersame Weltgeschichte.

Doch die Biographie des „Kontraste"-Autors ist mehr als eine Anekdote der Geschichte. Sie ist der Schlüssel zum Verständnis der folgenden Recherchen zur Auflösung der DDR-Staatssicherheit. Hilfreich zum weiteren Verständnis ist außerdem ein kurzer Abriß des zeithistorischen Rahmens. Denn unter diesen Bedingungen wurden die Aktivitäten eines Geheimdienstes noch nie journalistisch begleitet - und es wird auch nie mehr so sein.

Im November 1989 hat die DDR einen Ministerpräsidenten namens Hans Modrow. Die politischen Entscheidungen fällt ein einzigartiges politisches Gremium namens Runder Tisch, an dem auch die Oppositionellen mitbestimmen.

Am 17. November 1989 wird das Ministerium für Staatssicherheit, das MfS, in Amt für Nationale Sicherheit, AfNS, umbenannt. Doch der Opposition reicht das nicht. Auf ihren Druck hin wird am 14. Dezember 1989 schließlich die komplette Auflösung beschlossen. An dieser Aufgabe sind nun mehrere Gremien beteiligt. Es gibt einen von Modrow eingesetzten Chef des Amtes in Auflösung. Es ist der ehemalige Leiter der Stasi-Bezirksverwaltung Frankfurt/Oder. Dazu ein staatliches Komitee zur Auflösung, das dem Ministerrat untersteht. Und auch der zentrale Runde Tisch hat ein Komitee mit Namen AG Sicherheit beauftragt, die Auflösung zu überwachen. Zeitgleich hatten sich in den Bezirksverwaltungen bereits Bürgerkomitees gegründet, die in Leipzig oder Rostock, Berlin oder Gera den Geheimdienstlern in Abwicklung auf die Finger schauen wollten.

In den Bezirken sind die Bürgerkomitees bereits aktiv, sie überwachen und organisieren die Auflösung der Stasi. Nur in der Zentrale, in Berlin, ist das Amt für Nationale Sicherheit noch relativ intakt. Grund genug für einen Bericht. Und so zieht Roland Jahn für das ARD-Magazin „Kontraste" vor das Stasi-Gebäude und beginnt zu recherchieren.

ARD, 2. Januar 1990 - Fernsehen macht Geschichte

Bestandsaufnahme Staatssicherheit. Wer arbeitet dort noch? Mit welchen Zielen? Und wie sieht die Zukunft aus?

Die Zukunft der Mitarbeiter ist ungewiß. Offensichtlich ist, daß sie moralisch hoch belastet sind. Und in vielen Einzelfällen wohl auch strafrechtlich. In dieser Zeit der ungeklärten Verhältnisse kursiert das Gerücht, die MfSler sollen mit der Auflösung ihres Ministeriums großzügige Abfindungen und Übergangsregelungen erhalten. Auf die direkte Nachfrage vor der Kamera verneint ein Ministeriumssprecher dies. Ansporn genug, einen tatsächlichen Beleg zu finden.

Über einen Kontakt zum zentralen Runden Tisch gelingt es, in den Besitz des vertraulichen Ministerratsbeschlusses zu gelangen. Und siehe da, es ist beschlossene Sache: Übergangs- und Ruhegelder, Prämien und Sondervergünstigungen. Der Fernsehbericht zitiert diese Quellen und macht den Beschluß öffentlich.

Damit hat „Kontraste" den ersten Themenkomplex zur Stasi-Diskussion auf die politische Bühne gebracht: Was machen die Mitarbeiter des Geheimdienstes nach der Auflösung? Wo haben sie gewirkt und wie? Und was sollen und dürfen sie fortan tun?

Der Bericht problematisiert noch ein weiteres Thema, das zwei Jahre später zur Gründung einer Bundesbehörde führt: Den Umgang mit den Akten des MfS.

Bereits im Dezember 1989 gibt es ein Fernschreiben vom Ministerrat an die Räte der Bezirke mit der Empfehlung, personenbezogene Daten zu vernichten. Auch dieses Dokument wird dem Journalisten aus dem Kreis der Bürgerkomitees zugespielt.

Mit dem Verfilmen des Status quo, der Arbeit der Bürgerkomitees und dem Veröffentlichen der Pläne für die Akten schafft „Kontraste" eine Grundlage für die Diskussion, stellt eine Öffentlichkeit her, in einem System, das bis dato nie eine unkontrollierte Presse kannte. Die Courage der Bürger, die sich in die Stasizentralen begaben, und so direkt an der Quelle arbeiten, ist für die „Kontraste"-Reporter mit ihren langjährigen Verbindungen in die DDR-Opposition die Grundlage aller Recherchen. Neben Roland Jahn arbeiten weitere Redakteure am Thema Stasi. Sie bringen persönliche Kontakte in die DDR mit, eine langjährige DDR-Korrespondententätigkeit oder eben eine eigene DDR-Biographie. Das schafft eine Vertrauensbasis, auf der der Informationsaustausch zwischen dem westdeutschen Medium „Kontraste" und den DDR-Bürgerrechtlern funktioniert - weit über das notwendige Maß an reinem Faktenaustausch hinaus. Journalisten und Bürgerrechtler werden immer wieder Verbündete im gemeinsamen Anliegen, den Geheimdienst öffentlich zu machen.

Für „Kontraste", das Ost-West-Magazin, brechen Zeiten an, in denen die Reporter nun endlich das ganze Bild mit den jeweiligen Protagonisten aus der DDR zeichnen können. Nach langen Jahren des Berichtens aus der Perspektive der DDR-Opposition - auf Grundlage von zum Teil illegal gefilmten und dann geschmuggelten Aufnahmen - können sie nun endlich auch die Verantwortlichen zu den Vorwürfen befragen und müssen nicht mehr nur deren Version der Dinge aus den offiziellen Verlautbarungen abbilden. Das ist auch für die SED-Kader und Geheimdienstler eine vollkommen ungewohnte Situation: Da kommt einer und fragt etwas, das nicht in staatlichem Auftrag ist, steckt seine Nase in die Dinge, die unter Aufbietung aller Verdrängungsmechanismen und staatlicher Repression in der DDR ja eigentlich gar nicht sein konnten.

Und so reagieren sie eher ungeübt oder auch verblüffend offen auf die Fragen der Journalisten vom „Klassenfeind". Der Bericht vom 2.Januar 1990 endet damit, daß der Amtsleiter der Bezirksstelle Gera des Amtes für Nationale Sicherheit den Reportern erklärt, daß seine Mitarbeiter nach wie vor ungehinderten Zugang zu den Waffenkammern haben. Eine Information, die unmittelbare Folgen hat, Fernsehen macht Geschichte.

Am Montag nach dem „Kontraste"-Bericht zieht die Montagsdemo in Gera vor die ehemalige Stasi-Bezirksverwaltung und fordert die Entwaffnung der Mitarbeiter. In Berlin organisiert das Neue Forum eine Demonstration vor der Stasi-Zentrale in der Normannenstraße, am 15. Januar 1990 - an diesem Tag wird die Zentrale gestürmt.

ARD, 13. März 1990 - Bericht aus dem Herz und Hirn des Geheimdienstes

„Kontraste" wird Zeuge der Vernichtung von Stasi-Akten, die Journalisten können filmen, wie die elektronischen Datenträger auf dem Schrottplatz zerschreddert werden. Die Aktion ist politisch gewünscht. Die Modrow-Regierung und der Runde Tisch haben sich darauf geeinigt, daß die elektronischen Datenträger der Stasi vernichtet werden dürfen. Für alle anderen Akten gilt offiziell ein Vernichtungsstopp.

„Kontraste" fragt nach den Gründen für die Vernichtung. Dabei wird deutlich: Keiner weiß tatsächlich, welche Informationen auf den Datenträgern zu finden waren und ob das alles in schriftlicher Form tatsächlich weiterhin in den Akten zu finden ist. Einen genauen Abgleich hat es nie gegeben. So werden Informationen unwiederbringlich getilgt.

Die Journalisten entdecken auch, daß der vereinbarte Stopp der Aktenvernichtung unterlaufen wird. Bürgerkomitee-Mitglieder berichten von ehemaligen Stasi-Mitarbeiter, die neben heißgelaufenen Bürohexlern stehen. Das Kamerateam selber kann das Verladen und den Abtransport von Akten filmen - auch dies gelingt Ex-Stasi-Mitarbeitern ohne die Kontrolle durch das Bürgerkomitee.

Die Journalisten werden weiter fündig. Über das Bürgerkomitee erhalten sie den Ministerratsbeschluß vom 26. Februar 1990, der die Vernichtung der elektronischen Datenträger legitimiert. Doch der Beschluß geht viel weiter. Es ist von einer dreistufigen Vernichtung die Rede. Nach den Computerdaten soll die Schlüsselkartei zu den Akten der Täter und Opfer des MfS vernichtet werden und in einem dritten Schritt schließlich alle personenbezogenen Akten.

Die Recherchen der „Kontraste"-Journalisten schaffen Aufklärung. Im Interview vor der Kamera ist sich der Vorsitzende des staatlichen Komitees zur Auflösung ganz sicher, daß nur, wie beschlossen, die elektronischen Datenträger vernichtet werden und nichts sonst. Die Recherchen stehen dazu in krassem Widerspruch. Wer kontrolliert hier wen? Wachen die Bürgerrechtler tatsächlich über die Stasi oder haben die Ex-Mitarbeiter den Laden im Griff und spielen Katz und Maus mit den Bürgerrechtler?

Der Bericht zeigt auch, wie die Mitglieder des Bürgerkomitees nun selber ins Grübeln geraten, ob es tatsächlich nicht besser sei, die Akten komplett zu vernichten. Die von Bürgern kontrollierte Auflösung des Geheimdienstes sei schließlich Erfolg genug. Die Geschichten in Form der Akten weiter existieren zu lassen, könne nur Unfrieden schaffen, gar Menschenleben gefährden, beispielsweise das der Agenten, die noch im Ausland lebten. Sie böten nur Stoff, an dem sich andere Geheimdienste schadlos hielten.

Doch das ist nur die eine Seite. Andere plädieren für die Offenlegung der Akten, dafür, daß jeder, der will, Einsicht erlangen kann. „Ein Geheimdienst ist geheim und man kann ihn wirklich nur auflösen, wenn das alles offengelegt wird. In dem Moment, wo Sachen unter Verschluß gehalten werden, werden weiße Flecken der Geschichte durch andere weiße Flecken der Geschichte ersetzt," erklärt ein Mitglied des Bürgerkomitees. Die interne Diskussion der Bürgerrechtler wird eine öffentliche Auseinandersetzung.

Stunden, Tage, Wochen sind die Reporter von „Kontraste" mittlerweile mit den Bürgerrechtlern im Gespräch, über ihre Arbeit, über die Stasi, über die Auflösung. Bei

Drehs, bei Kneipenabenden, bei Privatbesuchen. Nicht ein Bruchteil dessen taucht in den Beiträgen auf, aber es ist der Schlüssel zum Rechercheerfolg. Eine einmalige Vertrauensbasis. Unter diesen Umständen werden die Journalisten vom „West-Sender" mit der DDR-Erfahrung zum Diskussionspartner, zum Korrektiv. Sie werden Ersatz für die bisweilen fehlende staatliche und auch demokratische Kontrolle, sie leisten polizeiliche Ermittlungsarbeit und gleichzeitig sozialtherapeutische Betreuung. Eine zeitverschlingende Aufgabe, mit sensationellen Ergebnissen.

Im Zuge ihrer Recherchen, im März 1990, gelingt den Journalisten eine denkwürdige Premiere. Eine kleine Gruppe trifft sich mit Kamerateam im Allerheiligsten der ehemaligen Stasi-Zentrale: Haus 8, Herz und Hirn des Geheimdienstes. Hier liegen die meisten noch vorhandenen Akten, hier stand der Zentralcomputer, hier sind die Zugangskarteien für die Akten. Selbst beim Sturm auf die Stasi Mitte Januar ist niemand bis hierhin vorgedrungen. Noch hat sich hier niemand von außerhalb die Sammelwut und Bespitzelungsarbeit der Stasi im Detail angesehen. Jetzt will sich das Bürgerkomitee einen Eindruck verschaffen, begleitet von dem ersten westlichen Kamerateam, das jemals dort filmen durfte. Die ehemaligen Stasi-Chefs, die noch an der Auflösung mitarbeiten, sind entsetzt. Doch das Bürgerkomitee und die Verantwortlichen vom Runden Tisch stimmen nach langen Verhandlungen der Expedition in Begleitung des Fernsehens zu.

Ehemalige Stasi-Archivare entschlüsseln für die Bürgerrechtler und das „Kontraste"-Team den komplizierten Weg hin zu einer Akte. Start ist in der zentralen Personenfindungskartei, in der jeder Bürger mit seinem richtigen Namen erfaßt ist. Ein großer Raum umfaßt die Karteikarten von A bis K.

„Kontraste"-Autor Roland Jahn macht sich auf die Suche nach seiner eigenen Akte. Eine glückliche Kombination. Auf seiner Karteikarte befindet sich eine Schlüsselnummer. Mit ihr geht es zur nächsten Kartei, in einem anderen Stockwerk. Zutritt für Mitarbeiter der ersten Kartei streng verboten.

In der zweiten Kartei findet sich der Stasi-interne Deckname zum Vorgang des bespitzelten oder bespitzelnden Bürgers. Auf Roland Jahns Karteikarte findet sich der Vorgangsname „Weinberg". Außerdem ist vermerkt, daß zwei weitere Akten in der Bezirksverwaltung Gera liegen. Er stammt aus Jena, das liegt im Verwaltungsbereich von Gera.

Die Journalisten und Bürgerrechtler entdecken Manipulationen an der Kartei. Ganze Kästen fehlen. Der sie begleitende ehemalige Archivmitarbeiter klärt auf: Die sogenannten „aktiven Vorgänge" seien aus Gründen des Quellenschutzes vom Ministerium entfernt worden. Die „aktiven Vorgänge", das sind alle bis zum Schluß observierten Bürger und aktiven Spitzel. Stasi-Mitarbeiter haben diese Teile der Kartei herausnehmen können und an einem versteckten Ort ins Archiv gebracht.

Über Roland Jahn gibt es eine ganze Reihe von Aktenteilen. Was von ihnen in der Abteilung beim Ausräumen übrigblieb, liegt jetzt ungeordnet in den Regalen. Unmöglich, schnell und systematisch etwas zu finden. Die kleine „Delegation" hat trotzdem Glück. Eine kleine Akte zum Vorgang „Weinberg" wird entdeckt.

Daraus ist erkennbar, daß die Stasi noch unter der Regierung Modrow über das Amt für Nationale Sicherheit weiterspitzelte, obwohl es offiziell hieß, kein Bürger wird mehr überwacht.

Diese erste, sozusagen öffentlich gezogene Akte gibt im Frühjahr 1990 Einblick in den Umfang und die Art der Bespitzelung, zwei Jahre vor der Eröffnung der Bundesbehörde.

Die Spitzel hatten den Auftrag, den Zeitrhythmus und Tagesablauf des Journalisten, der in West-Berlin lebt, auszukundschaften. Sie sollten typische Verhaltensweisen und Reaktionen in besonderen Situationen recherchieren, Hinweise zum Privatleben geben, über Kontakte zu seiner Tochter und zu Frauen berichten. Schließlich sollte seine Arbeitszeit und seine Benutzung von Verkehrswegen aktenkundig gemacht werden und die Einschätzung der Hausbewohner sowie ihre Stellung zu Roland Jahn sollte in Erfahrung gebracht werden. In der Akte finden sich Fotos und Skizzen zum Wohnhaus und zu einem Café in West-Berlin, in dem der Journalist häufig verkehrte. Später kann er in seiner vollständigen Akte lesen, daß sogar geplant war, das Café zu verwanzen, um seine Gespräche zu belauschen.

Diese verfilmte Recherche aus dem Heiligsten des fast vergangenen Geheimdienstes - ein Stück Zeitgeschichte, das den Auftakt bildet zu einer gesellschaftlichen Diskussion. Soll es für alle möglich sein, diese Geschichten nachzulesen?

Im gesamten Jahr 1990 (und danach) ist die Auflösung des Staatssicherheitsdienstes, die Enttarnung von inoffiziellen Mitarbeitern, das Unterschlüpfen der Hauptamtlichen im vereinten Deutschland, der Umgang mit der Hinterlassenschaft, den Akten, Gegenstand umfassender Berichterstattung.

ARD, 11. September 1990. Enttarnung vor der Kamera

Im Spätsommer 1990 macht sich das Reporterteam von „Kontraste" auf den Weg, mit der Kamera das zu erledigen, was das DDR-Innenministerium, die Polizei und andere Behörden nicht geschafft haben: Die Enttarnung ehemaliger MfS-Mitarbeiter, die weiterhin bei öffentlichen Stellen Dienst tun.

Eingebunden in die ständigen Diskussionen bei den Stasi-Auflösern erfahren die Journalisten, daß es im Ministerium eine spezielle Kategorie von Mitarbeitern gegeben hat, die noch weiter aktiv sind und zwar unerkannt: Die Offiziere im besonderen Einsatz, kurz Oibe. Das waren Stasi-Offiziere, die wie normale Ministeriumsmitarbeiter in verschiedenen Bereichen des öffentlichen Lebens tätig waren. Ihre Aufgabe war es, von innen an den Schaltstellen des öffentlichen Lebens zu spitzeln, Personalpolitik zu beeinflussen, jede Auffälligkeit zu melden. Um dies unerkannt tun zu können, hatten sie alle eine Legende, einen geschönten Lebenslauf.

Weil nicht gleich ersichtlich ist, daß sie eigentlich dem MfS angehören, konnten sie bis dato nicht umfassend enttarnt werden. Ihre Zahl schätzt der Sonderausschuß Stasi-Akten der Volkskammer auf über 2000. Es sind noch vier Wochen bis zur Wiedervereinigung. Und erst ein winzig kleiner Teil dieser Mitarbeiter ist gefunden.

„Kontraste“ beginnt selber zu recherchieren. Viele der Unterlagen, die in der Hinterlassenschaft des Ministeriums für Staatssicherheit zu einer zweifelsfreien Identifizierung hätten beitragen können, sind vernichtet. So zum Beispiel die elektronischen Datenträger. Es scheint ein unmögliches Unterfangen zu sein, die versteckten Geheimdienstler in ihren Positionen ausfindig zu machen.

Doch es gibt einen Schlüssel.

So sehr die Geheimdienstler bemüht waren, alles Belastende zu vernichten, sich einer drohenden Verfolgung und Benachteiligung im neuen System zu entziehen, so weitsichtig waren sie in einem Punkt: Ihre Zukunft jenseits der 65. Sie sorgten dafür, daß ein Datenträger der Vernichtung entgeht, das Finanzdatenprojekt. In ihm sind alle hauptamtlichen Mitarbeiter verzeichnet, mit Namen, einer Personenkennzahl, dem Tätigkeitsbereich und der Höhe des Gehaltes. Denn soviel war auch im Chaos der Auflösung klar: für eine Rentenberechnung muß ordnungsgemäß nachgewiesen werden, wer wo und mit welchem Gehalt den Dienst versehen hatte...

„Kontraste“ erhält eine Kopie der Datei, von einem Mitarbeiter des Bürgerkomitees. Die Daten auf der Liste sind verschlüsselt. Wie die Codes knacken?

Die Logik hilft. Da die Oibes als normale Mitarbeiter in den Ministerien galten, mußten sie auch dort normal ihr Gehalt beziehen. Daß sie eigentlich dem MfS unterstellt sind, durfte ja nicht auffallen. So ist davon auszugehen, daß ihr MfS-Gehalt angesichts ihres Dienstgrades nur einen Bruchteil der üblichen Summe ausmacht: Der zentrale Schritt zur Filterung der Oibes aus den Hunderttausenden von Namen auf der Gehaltsliste der Stasi.

So können die Journalisten eine lange Liste von potentiellen Kandidaten aufstellen, am Ende die über 2000 Oibes identifizieren.

Damit wird Problem Nummer zwei ersichtlich. Wo sind diese Mitarbeiter, im August, September 1990? In welchen Abteilungen der Behörden und Ministerien der de-Maizière-Regierung versehen sie ihren Dienst? Es gibt zunächst vage Hinweise auf verschiedene Ministerien in Berlin. Also suchen die Journalisten großflächig.

Die Gehaltsliste der Stasi liefert weitere Indizien: Das Geburtsdatum und die Zugehörigkeit zu einer Dienststelle. Von dieser Stasi-Dienststelle lassen sich Rückschlüsse auf den Einsatz in bestimmten Ministerien ziehen. Wer auf der Datenliste bei der Fernmelde-Einheit des MfS angesiedelt ist, könnte nun im Postministerium zu finden sein. Die Diensteinheitennummer 97 auf der Datenliste steht für die Zusammenarbeit mit dem Ministerium des Inneren. Diese Mitarbeiter könnten nun im neugegründeten Zentralen Kriminalamt der DDR arbeiten. Diese Vermutung wird bestärkt durch einen Fund der Rechercheure im Bürgerkomitee, die mittlerweile tiefer in die Strukturen des Apparates vorgedrungen sind. „Kontraste" erfährt von ihnen, daß Stasi-Chef Mielke noch im Mai 1987 verfügt hatte, daß generell alle Leiter der politischen Dezernate der DDR-Kripo mit getarnten Stasi-Offizieren zu besetzen seien.

Und auch die Kontakte zum Volkskammerausschuß Stasi-Auflösung machen sich bezahlt. „Kontraste" gelangt an eine Reihe von Privatadressen der Oibes. Bei einem der Besuche beim Ausschuß berichten die „Kontraste"-Autoren von ihren Schwierigkeiten, die Oibes zu finden. Der Mitarbeiter des Ausschusses erzählt von seinen Schwierigkeiten, mit wenig Personal die Oibes tatsächlich zur Rede zu stellen. Eine von dem Ausschuß recherchierte Liste mit Namen und Adressen liegt „zufällig" auf dem Tisch, als der Mitarbeiter für kurze Zeit das Zimmer verläßt. Informationsaustausch ohne Worte.

Diese Mischung aus Wissen und Vermutung, Kontakten und Intuition führt zum Ziel. Die intensiven, mittlerweile freundschaftlichen Kontakte zu den Bürgerrechtlern und Stasi-Auflösern sind von unschätzbarem Wert. Das Interesse der „Kontraste"-Autoren war von Anfang an viel größer als jemals ein Fernsehbeitrag sein konnte. So wurden sie zum wichtigen Diskussionspartner in allen Fragen. Über den Mielke-Befehl von 1987 beispielsweise ist Wochen zuvor abends am Kneipentisch geredet worden, eher beiläufig. Im Zusammenhang mit der Gehaltsliste wird er zum Indiz. Die journalistische Informationsbeschaffung hat keine Deadline. Sie setzt sich zusammen aus ungezählten Gesprächen ohne Kamera oder konkrete Beitragsidee, aus Telefonaten früh am Morgen, Kneipenabenden, Treffen ohne Pressekonferenz. So entstehen erst die Geschichten, die zu Geschichte werden.

Die Recherche zu den getarnten Stasi-Offizieren ist abgeschlossen. Die „Kontraste"-Journalisten haben eine Liste von ungefähr 50 Oibes mit ihren jetzigen Arbeitsplätzen oder Wohnorten zusammengestellt. Der Dreh organisiert sich entlang der Namensliste. Es sind Begegnungen, bei denen die beiden Journalisten hart an die Grenze dessen gehen, was die Aufgabe eines Journalisten ist. Sie erledigen den Job eines Staatsanwaltes, der Polizei - mit dem Mittel der Kamera, der Öffentlichkeit.

Tagelang klappern sie Ministerien ab und klingeln zur Abendbrotzeit an Haustüren. Ihr Ziel: Die Enttarnung der Geheimdienstler vor der Kamera. Denn offensichtlich kann man bei diesem Anliegen keinen Interviewtermin vereinbaren. Sie verschaffen sich unter allgemeinen Interviewanfragen Zugang zu den Behörden und Abteilungen. Sie studieren beim Pförtner das Haustelefonverzeichnis, auf der Suche nach der Zimmernummer des Oibes von ihrer Liste. Und während der eine Journalist das offizielle Interview angeblich vorbesprechen will, macht sich der andere mit der Kamera auf den Weg zum Büro des Oibes.

Im gesendeten Beitrag werden dann ein Dutzend Oibes vor der „Kontraste"-Kamera enttarnt. Eine Typologie von Stasi-Offizieren.

Detlef Pirner, der Pförtner in der Eingangsloge vom internationalen Pressezentrum. Er bekennt sich ganz freundlich und ohne Scheu zu seiner Stasi-Tätigkeit. „Naja, das war so, aber das ist natürlich vorbei." Günther Ulisch, der Leiter des Pressezentrums, leugnet. Sein Auftauchen auf der Liste begründet er mit einer früheren Lehrtätigkeit.

Im Postministerium überrascht die „Kontraste"-Kamera den freundlichen Herrn Lösche. Dem treten vor der Kamera die Schweißperlen auf die Stirn, als unvermittelt die Frage nach seiner Tätigkeit für das Ministerium für Staatssicherheit gestellt wird. „Sind Sie Offizier? - Nein. Würden Sie bitte aufhören! - Sind Sie Offizier der Staatssicherheit? - Also bitte!"

In einer Reihe weiterer Ministerien, dem Ministerrat und der Humboldt-Universität wird „Kontraste" ebenfalls fündig. Und besonders lohnenswert ist die Enttarnung im Ministerium des Inneren. Hier treffen die „Kontraste"-Autoren auf Helmut Schulz, den sie in seinem Büro beim Apfelessen stören. Nach vehementen Nachfragen kann sich Kriminaloberrat Schulz, der mittlerweile beim Staatlichen Stasi-Auflösungskomitee beschäftigt ist, dann doch erinnern, an seine 30jährige Tätigkeit für das MfS. Bei der zentralen Kripo hatte er in alten Zeiten der Stasi fleißig Informationen über alle eingestellten Mitarbeiter geliefert. Seit Anfang des Jahres löst er den Geheimdienst mit auf.

Und die verantwortliche Politik? Der amtierende DDR-Innenminister Peter-Michael Diestel steht für ein ausführliches Interview zum Thema Oibes nicht zur Verfügung. Doch auf eine Stellungnahme wollen die Journalisten nicht verzichten. So fangen ihn die „Kontraste"-Autoren nach einer Veranstaltung ab. Konfrontiert mit dem Ergebnis ihrer Recherchen und nach seiner umfassenden Verantwortung befragt, sagt Diestel, daß er keine Liste aller Oibes habe und so auch kein generelles Groß-Reinemachen durchführen könne. Im übrigen sei doch alles klar. „Ich muß nichts überprüfen, wenn jemand sagt, ich war bei der Staatssicherheit. Ich bitte um Nachsicht, zwei Minuten waren vereinbart. Auf Wiedersehen."

Außergewöhnliche Mittel zu außergewöhnlichen Zeiten. Menschen bei ihrer Arbeit aufzuspüren, sie vor laufender Kamera mit einem dunklen Kapitel ihrer Vergangenheit konfrontieren, das ist eigentlich die ultima ratio des investigativen Journalismus. Der Kameraüberfall wird in dieser Zeit der DDR zum besonderen Stilmittel. Wenn die staatlichen Institutionen versagen, wenn das Vertrauen in die Funktionsweise einer Gesellschaft nicht da ist, dann sind die Journalisten in der Pflicht. „Im zentralen Kriminalamt der DDR, zuständig für Ermittlungen in allen Kriminalfragen, haben wir die meisten Oibes gefunden. Wer sollte denn da die Aufklärung leisten, wenn die Ermittler selber belastet sind?“ So sieht Roland Jahn seine Aufgabe.

* Dieser Text beruht auf den „Kontraste“-Beiträgen der Autoren Roland Jahn und Peter Wensierski aus den Jahren 1989/90 und ausführlichen Gesprächen mit Roland Jahn.

Recherche ist eine Tugend

Matthias Drobinski

Man sollte die Recherche auf die Rote Liste der vom Aussterben bedrohten journalistischen Tugenden setzen. Nicht, weil die Journalisten faul geworden wären, sondern weil die Medien sich geändert haben: Wenige festangestellte Redakteure verwalten Themen, Ressorts, Seiten und Sendungen, zahlreiche „Freie" liefern Texte, Manuskripte, Stories. Den Festangestellten steht das Brackwasser der Verwaltung bis zum Kinn - wie sollen sie drei Wochen abtauchen, um eine Geschichte gründlich zu recherchieren? Die Freien arbeiten nach einer einfachen Rechnung: Sie bekommen ein festes Honorar; steigt der Aufwand, sinkt der Stundenlohn. Ende der Vorrede.

Ich hab's ja gut. Ich arbeite festangestellt in einer Redaktion, die diese Recherche will und dafür auch Geld ausgibt - längst nicht so viel, wie Tageszeitungen in den USA, aber immerhin. Und trotzdem ist auch meine Recherchezeit durch eine Menge Innendienst beschränkt. Vor allem die langfristig angelegte Kontaktarbeit leidet, die nicht sofort in einen neuen Artikel mündet, sondern erst einmal Interesse signalisiert, Vertrauen schafft, Basisinformationen vermittelt. Wie wichtig sie ist, zeigt die Geschichte über die Hintergründe der Shoah-Erklärung des Vatikans. Sie ist keine Heldengeschichte, denn eine solche ist mir noch nie passiert. Es ist die Geschichte einer kleinteiligen Kontaktarbeit mit einem kleinen Erfolg.

Sie beginnt für mich im Oktober vergangenen Jahres. Die katholische Nachrichtenagentur meldet: Tagung zur Judenfeindschaft im Vatikan. Die Ergebnisse der Tagung könnten in ein „Wort des Vatikans" zum Antijudaismus eingehen. Die Nachrichtenredaktion will eine Meldung, die Redaktion „Thema des Tages" einen Hindergrundbericht und ein Interview. Ein Interesse, das in vielen Zeitungsredaktionen nicht mehr vorhanden ist - Kirchenthemen gelten als langweilig. Die Recherche ist banal: Noch einmal die entsprechenden Geschichtsbücher durchgesehen und dann am Telefon herumgefragt: Wer könnte erreichbarer und williger Gesprächspartner sein?

Er heißt Hans Hermann Henrix, ist Akademiedirektor in Aachen und arbeitet seit Jahren in einer deutsch-polnischen Arbeitsgruppe an dem Entwurf der Shoah-Erklärung. Henrix gibt gerne Auskünfte, ist aber vorsichtig mit Hintergründen: Eine Indiskretion auf einer Tagung 1995 in Jerusalem habe seiner Arbeit geschadet. Damals habe der israelische Rundfunk über einen Entwurf des Shoah-Dokumentes berichtet. Solche Indiskretionen wiegen in der katholischen Kirche und ganz besonders im Vatikan schwer. In der Politik kann man mit ihnen Testballons steigen lassen: Wie wirkt dieser Vorschlag, jenes Modell? In der katholischen Kirche ist dies kaum möglich. Und auch deshalb wird in der katholischen Kirche viel getratscht und wenig Information weitergegeben, sind Kirchenmitarbeiter vorsichtig, wenn ein Journalist anruft - allzuenger Kontakt mit den Medien schadet dem Anliegen. Vier Monate später, an einem Sonntag im März, ruft der SZ-Rom-Korrespondent Klaus Brill an: Morgen veröffentlicht der Vatikan sein lange erwartetes Dokument zur Judenfeindschaft. Ich rufe Henrix an - er ist so überrascht wie ich und hat die Nachricht gerade von einem Journalisten der New York Times. Er ist hörbar enttäuscht über diese Entwicklung, ohne daß er zu diesem Zeitpunkt näher auf die Details eingehen will. „Wir erinnern - eine Reflexion über die Shoah" wird am folgenden Tag in Rom vorgestellt. Es bedauert die jahrhundertelange Judenfeindschaft von Christen, es bittet um Verzeihung, doch es ist kein Schuldbekenntnis der gesamten Kirche, wie Engagierte im christlich-jüdischen Dialog sich gewünscht hatten. Auch in der historischen Bewertung der katholischen Kirche im Nationalsozialismus ist das Dokument fehlerhaft, wenn es den schwachen Breslauer Kardinal Bertram als frühen Warner vor dem Nationalsozialismus herausstellt oder ohne Quellenbeleg behauptet, Pius XII. habe „hunderttausenden" von Juden das Leben gerettet. Die SZ dokumentiert das Papier, ich schreibe eine gemäßigt kritische Analyse: Anliegen gut, Ergebnis lückenhaft. Damit scheint die Geschichte erledigt zu sein. Doch dann höre ich bei verschiedenen Gesprächen: Der Papst sei unzufrieden mit dem Dokument, das er gerne entschiedener gehabt hätte. *Publik-Forum,* die „Zeitschrift kritischer Christen", veröffentlicht einen entsprechenden Artikel. Sollte die Sache doch weitergehen?

Wieder ein Anruf bei Hans Hermann Henrix, der sich mittlerweile an mich erinnert und mir nun seine Geschichte erzählt: Es gab einen ersten Entwurf, maßgeblich formuliert von ihm, der ein Schuldbekenntnis der katholischen Kirche angesichts jahrhundertelanger kirchlicher Judenfeindschaft ablegte. Gegen diesen Entwurf erhob der zuständige Kardinal Cassidy Bedenken - und als dann noch die Indiskretion von Jerusalem ihre Wellen schlug, beauftragte der bemühte, aber ängstlich-vorsichtige Kirchendiplomat eine andere Gruppe, ein Vatikandokument zu erstellen, das dann ohne Schuldbekenntnis der katholischen Kirche angesichts der Shoah blieb.

Eine typische Geschichte für Recherche in den Kirchen-Szenen. Man braucht Geduld und Zeit, muß immer wieder nachfragen, sich informieren, reden, das Mißtrauen kirchlicher Gesprächspartner abbauen. Denn die Welten des Katholizismus und des Protestantismus, um mich auf die großen Volkskirchen zu beschränken, sind in den vergangenen Jahrzehnten Sonderwelten geworden, von denen nur noch kleine Teile in der Gesamtöffentlichkeit sichtbar sind. Und nur mit Geduld, Gesprächsbereitschaft, der Lektüre von einigem „Sondergut" gelingt es, die doppelte Mauer zwischen Journalisten und Kirchen zu überspringen und Kircheninterna zu erfahren.

Die eine Mauer zwischen Kirchen und Journalisten haben die Journalisten aufgebaut. Wohl kaum ein anderer Berufsstand ist so weitgehend säkularisiert; der aufklärerische Impetus dieser Profession scheint sich schlecht mit dem Bekenntnishaften des Religiösen zu vertragen, das irgendwann den Zweifel beiseite schieben muß. Diese Distanz ist zunächst nicht schlimm - wer über die SPD berichtet, muß ja auch nicht gläubiger Sozi sein. Aber die meisten Journalisten sind, was Kirchen und Religion angeht, erschreckend ahnungslos. Ich habe immer wieder Kollegen getroffen, die mit dem Begriff „ökumenisch" nichts anfangen können, die sich unter einem Erzbischof eine bronzene Statue vorstellen oder ängstlich fragen: „Muß ich einen Bischof mit Eure Heiligkeit anreden?" Wer das nicht weiß, dem wird es schwerfallen, einen Kirchenmitarbeiter dazu zu bringen über seine Arbeit zu reden oder über Streitthemen in der evangelischen oder der katholischen Kirche. Jeder Volontär im Lokalteil muß wissen, was *shareholder value* ist, bei den Kirchen muß man es offensichtlich nicht so genau nehmen wie bei der Wirtschaft. Das ist verletzend für den Gesprächspartner - und viele von ihnen werden bedeutend auskunftsfreudiger, wenn sie merken: Da fragt einer, der kennt sich aus.

Die andere Mauer haben die Kirchen errichtet - man kann nun lange darüber streiten, welche Mauer zuerst da war und wer mehr Steine aufgetürmt hat. Aber für die Kirchen ist es auch bequem, in ihrer Welt zu bleiben und die öffentliche Auskunft über ihre Maßstäbe, ihre Politik, die Bereiche, für die sie ihr Geld ausgibt, hinter wohlklingenden Erklärungen und Predigten zu verstecken. Für viele Kirchenleute haben Journalisten sowieso keine Ahnung und gehen mit antikirchlichen Vorurteilen an ihre Arbeit. Solchen Menschen gibt man keine Informationen, die wenden sie ja sofort gegen die Kirche. In der katholischen Kirche ist diese Haltung wesentlich häufiger zu finden als in der evangelischen, aber auch dort gibt es immer wieder die Beleidigten, die hinter jeder Anfrage an die Institution Blasphemie wittern. Er habe den Eindruck, die Kirche solle von den Medien „sturmreif geschossen" werden, hat einmal Walter Kasper gesagt, der katholische Bischof von Rottenburg-Stuttgart. Viele kirchliche Amtsträger erwarten nichts von den Journalisten, nichts Gutes jedenfalls.

Hier unterscheiden sie sich von den Protagonisten in der Politik, die bewußt Medien nutzen, um sich, ihr Anliegen und ihre Karriere befördern. Deshalb ist es auch schwieriger, innerhalb der Kirchen zu recherchieren als innerhalb der politischen Szene. Dort gehört es zum Alltagsgeschäft, daß Interna mehr oder weniger dosiert an die Medien weitergegeben werden. Ein Pfarrer oder pastoraler Mitarbeiter, Kirchenamts- oder Ordiariatsmitarbeiter steht aber schnell außerhalb des kirchlichen Wertekodex, wenn er das tut: Er hat nicht aufgeklärt, sondern gesündigt, den Kirchengegnern Vorschub geleistet. Kritik ja, aber bitteschön intern. Und mußte es ausgerechnet die *Süddeutsche Zeitung* sein?

So wird verständlich, warum jener Informant das Gegenteil erreichte, der die israelischen Medien in der Absicht informierte, ein Schuldbekenntnis der katholischen

Kirche zu befördern. Warum in Deutschland die Schwangeren-Beraterinnen des Sozialdienstes der katholischen Frauen nur ungern mit Journalisten über ihre Arbeit reden, obwohl sie vieles zu berichten hätten. Warum schwule Priester und lesbische Kirchenangestellte pressescheu sind, obwohl sie bei Journalisten auf großes Verständnis stoßen würden. Und warum innerhalb der Kirchen viel geklatscht und getratscht wird - aber wenig davon bei den Journalisten ankommt. Und wenn, dann als anonymer Hinweis, als Gerücht. Man kann sich als Kirchenmitarbeiter schaden, wenn man allzu eng mit Journalisten verbunden ist. Vieles läßt sich nur aus den berüchtigten „Kirchenkreisen" zitieren, manchmal am Rande der Seriosität. Und vieles, was man erfährt, wird nie geschrieben.

Das ist aber gottseidank nur die eine Seite. Die andere sieht so aus: Wer innerhalb der Kirchen recherchieren will, der kann das inzwischen erfolgreich tun. Die Kirchen sind längst keine schwarzen Blöcke mehr. Die Pressestellen in Ordinariaten und Kirchenämtern, die ich kenne, sind keine Informationsverhinderungsstellen. Auch die Kirchen sehen, daß sie mit offener Information und Dialog mit der Gesellschaft der Sache des Evangeliums mehr dienen als mit Geheimniskrämerei; zunehmend wissen die Kirchenleitungen: Nicht jeder Journalist, der bestimmte Haltungen und Handlungen kritisiert, wünscht die Kirche zum Teufel. Und ebenfalls ist die Zahl der Informanten gestiegen, die in einer kritisch-fairen Berichterstattung auch ein Mittel sehen, um Machtmißbrauch und Fehlentwicklungen in den Kirchen zu verhindern.

Ich habe immer wieder erlebt: Journalisten, die bereit sind, die gleiche Mühe aufzuwenden wie für eine rund recherchierte Wirtschaftsgeschichte, können auch eine gute Kirchengeschichte recherchieren. Sie finden Gesprächspartner in Verbänden, Ordinariaten und Kirchenämtern. In kritischen Kirchengruppen wie der evangelischen „solidarischen Kirche", der „Kirchenvolksbewegung" oder der „Initiative Kirche von unten". Es ist eine Arbeit, die Zeit braucht und Interesse. Wen die Fragen von Glauben und Unglauben, von Hoffnung und Transzendenz nicht interessieren, der sollte vielleicht besser die Finger vom Thema lassen (nicht aber der Atheist, der Christen ernsthaft befragen kann). Diese Arbeit kann sich lohnen, so, wie sich jede kontinuierliche, ernsthafte und faire Recherchearbeit auszahlt. Denn Glaube, Kirchen, Religionen interessieren auch an der Schwelle zum dritten Jahrtausend mehr Menschen, als mancher Chefredakteur sich vorstellt.

Über Tote und Lebende - zwei Filme über Aids

Holger Weinert

Es war nicht einfach im Jahre 1989, und vieles, was mir entgegenkam, grenzte an böswillige Unterstellung. Die Recherche zu meinem ersten Film über Aids führte durch feindselig agierende Institutionen, mit denen ich heute, nach Jahren, freundschaftlich zusammenarbeite und auf die ich eher verwundert zurückblicke.

Das Projekt war kein schonungsvolles: Einen Aids-Kranken während seiner letzten Lebenszeit regelmässig mit der Kamera zu beobachten und zu begleiten. Wie kam ich überhaupt darauf? Immerhin bin ich ein ausgebuchter Moderator des Hessischen Fernsehens und bestens mit bequemeren Aufträgen versorgt.

1987 war der bislang einzige Mensch aus meinem näheren Bekanntenkreis an den Folgen von Aids gestorben. Er hieß Uli, hatte immerfort traurige Augen, war hübsch und ein richtiger Schwiegersohntyp - aber schwul, und das nicht zu knapp.

Wir hatten gemeinsam ein Buch über Bremer Baudenkmäler herausgegeben, er als Architekt, ich als Journalist. Im Herbst klagte er am Telefon über eine schmerzhafte Gürtelrose, Karfreitag war er tot. Völliger Verfall innerhalb von vier Wochen. Toxoplasmose-Parasiten, die jeder abwehrstarke Mensch normalerweise nach kurzem Kampf aus dem Körper befördert, hatten sein Hirn zersetzt. Ich war schockiert und haßte einmal wieder das Leben, die Camus'sche „Pest".

Uli war zu Hause gestorben, gepflegt von Freunden - und von der Mutter. Als es vorbei war, lief sie ums Bett: „Ich weiß doch noch genau, wie er geboren wurde." Ein Protokoll seiner letzten Tage erreichte mich aus dem hohen Norden hier in Frankfurt. Als die Abteilung Dokumentation mich nach einem Feature-Thema fragte, sagte ich: dieses und kein anderes. Ein Ausnahmejahr nahm damit seinen Anfang. Zuerst klapperte ich von einer hessischen Aids-Hilfe zur anderen. Schilderte als immerhin relativ prominenter Journalist mein Anliegen, und fand keinen Glauben. Das Mißtrauen gewisser Funktionärskreise, die damals etwa in Frankfurt das Sagen hatten, kannte keine Grenzen und nur den eigenen Horizont. Jeder Hinweis, das Leiden an dieser verrufenen Krankheit menschlich erlebbar zu machen und Verständnis zu wecken, lief ins Leere. Ich erinnere mich, wie mich die Aids-Hilfe Wiesbaden knapp und eisig aus der Zusammenkunft entließ, und mir ein sensitiver Mitarbeiter an der Tür sein tiefes Bedauern über diese Runde zuraunte. Heute mache ich Benefiz-Veranstaltungen aller Art für dieselben Gruppen. 1989 wurde aber mein wirkliches Benefiz-Jahr: Kein Sender bezahlt den tatsächlichen Arbeitsaufwand für einen solchen Dokumentarfilm. Ich konnte die Einwände durchaus verstehen - Öffentlichkeit in diesem Zusammenhang ist etwas Bedrohliches. Bis heute aber ist mir die traditionelle Engstirnigkeit linker Gruppen, wo sie sich erhalten hat, zuwider. Alles wurde anders, als ich mit der Deutschen Aids-Stiftung in Köln in Kontakt kam. Das waren großbürgerliche Helfer, die vielen Kleinfunktionären und ABM-Kräften ihrerseits suspekt waren. Der Vorsitzende und Gründer, Pfarrer Rainer Jarchow, ist heute Aids-Pfarrer in Hamburg und kann als intellektuell subversiv inmitten des Establishments gelten.

Hier gab es Vertrauen und zwei Vorschläge, das traurige Vorhaben zu verwirklichen. Den jungen Mann in Hamburg lehnte ich ab, weil er sich nach meinem Eindruck der lokalen Society als Berühmtheit durch HIV irgendwie aufdrängte. Er lebt noch, und der Film wäre nie zustande gekommen. Die zweite Adresse führte mich in ein Eifeldorf. In ärmlichen Verhältnissen lebten hier der schwule HIV-Kranke und ein heterosexuelles Paar um die 50 zusammen. Alle verband eines: die jeweils schwierige Biographie. Das Paar hatte dem Kranken versprochen, ihn bis zum Tod zu pflegen. Er hatte niemanden mehr.

Bei seinem Vorleben war das kein Wunder. Hier würde ich keinen Heile-Welt-Fall finden wie bei Uli, der so umsorgt gestorben war. Auch der 39jährige in der Eifel hieß Uli. Er sagte schon im ersten Gespräch: „Schone mich nicht, wenn es mir erst schlecht geht. Ich will, daß andere diese Krankheit begreifen." Als er eines Nachts fast an der entzündeten Lunge erstickte, ließ ich die Kamera selbstverständlich im Auto. Am nächsten Morgen machte er mir Vorwürfe. „Die Menschen müssen begreifen, daß Aids eine Krankheit auf den Tod ist." Alle im Landkreis taten alles für ihn. Er war der erste Fall dort, und jedermanns soziales Gewissen versorgte ihn so gut es irgend ging. „Soviel Zuwendung wird niemand mehr bekommen", sagte die Frau in der Pflegestation, als alles vorbei war. Eine Ausnahme war der Landarzt, der vor unserer Kamera vor Ansteckungsängsten schlotterte.

Bis alles vorbei war, dauerte es nur neun Monate. Sein Zustand am Anfang des Films noch lebensfroh und stabil. Am Ende ein Mensch auf dem Totenbett, zerfressen von einem Hirntumor. Das Herz hatte viel zu lange durchgehalten. Den eigentlichen Sterbeprozess haben wir bewußt nur durch wenige Fotos und durch Text dokumentiert. Das Sozialamt ließ seine Urne anonym in Hannover bestatten - das war am billigsten.

Während der Dreharbeiten hatte es kaum Schwierigkeiten gegeben. Ärzte, Pfleger, alle hatten verstanden und halfen uns. Im Sender, wo sich zunächst kein Kamerateam hatte auftreiben lassen, aus purer Verängstigung, wurde eine junge Kamerafrau auf eigenen Wunsch dann das Jahr über in Bereitschaft gehalten - sie war Uli während seines letzten Sommers am nächsten und fädelte mit ungeheurer Energie ein Wiedersehen des schwulen Todeskandidaten mit seiner Ex-Frau und seinen beiden fast erwachsenen Töchtern ein. Für ihre intensive und trotzdem distanzhaltende Kameraführung bekam sie von den strengen ARD-Juroren eine Anerkennung und unser bewußt gemeinsam gezeichneter Film „Ulis letzter Sommer" den Journalistenpreis der Deutschen Aids-Stiftung.

Nach der Ausstrahlung im Ersten (vier Millionen Zuschauer) riefen weinende Menschen im Sender an. Am Roten Meer unterhielten sich Urlauber über den Film, wie unsere Redaktionsassistentin aus den Ferien meldete. Es gibt keine Sendung, auch nicht meine Shows, auf die ich so oft und noch Jahre lang angesprochen worden bin. Die einzige negative Kritik fand sich in einem Schwulen-Blatt. Gesamtvorwurf: Geschmacklos. Danke gleichfalls.

Den zweiten großen Film zum Thema Aids habe ich der zuständigen Abteilung vorgeschlagen, als Menschen von den Toten auferstanden waren. Das war 1997, denn plötzlich tauchten HIV-Kranke wieder auf, die sich schon zum Sterben gelegt hatten. In unserem Sender waren inzwischen einige Kollegen an den Folgen von Aids gestorben - ein Aufnahmeleiter der Hessenschau, mein Jahrgang, besonders qualvoll. Außerdem einer unserer Grafiker und ein leitender Programmitarbeiter.

Im Mainz hatte sich ein infizierter 24jähriger vor den Zug geworfen. Der Kellner einer Frankfurter Kneipe hängte sich auf, als die Krankheit ausbrach. Ein befreundeter Arzt sagte mal zu mir: „Ich hätte nie gedacht, daß die sexuelle Revolution so endet."

Diesmal standen mir alle Türen offen. Obwohl einem das keinerlei Vorteile bringt, hatte ich ganze Sendungen zum Fundraising benutzt und regelmässig Versteigerungen für die Aids-Station veranstaltet. Aber auch unser aller Bewußtsein hatte sich geändert: Nicht nur das der Bevölkerung, auch in den Organisationen.

Für „Das Aids-Wunder" fanden sich so viele Freiwillige, daß ich Mühe hatte, alle in einen Film zu bekommen. Durchweg waren die Betroffenen dankbar, daß sie es vorerst wieder ins Leben geschafft hatten, während Freund oder Freundeskreis schon begraben waren. Nun standen sie vor der Kamera - zwei in der Disco, dieselben, die Monate vorher noch zusammen auf der Aids-Station dem Tod entgegendämmerten. Das Sterbehaus im Frankfurter Nordend war plötzlich fast leer.

Doch wieder gab es Vorbehalte des begleitenden Hilfskonsortiums: Bloß nicht allein die Erfolge herausstellen. Das könnte staatliche Unterstützung und Spendebereitschaft schmälern, vielleicht sogar den eigenen Arbeitsplatz gefährden.

Über die Jahre hatte sich die gesamte Wohltätigkeitsgesellschaft so sehr an die ubiquitäre Hilfsmaschinerie gewöhnt, daß ich namhafte Benefiz-Veranstaltungen erlebt habe, wo nicht ein Wort über therapeutische Fortschritte gefallen ist - obwohl viele auf dem Platz dem Tod von der Schippe gesprungen waren. Dabei steht doch fest: Hilfe ist jetzt erst recht nötig, wo ein neues Leben aufgenommen werden muß, oft mit bleibenden gesundheitlichen Schäden, und Aids-Ambulanzen einen ganz neuen Finanzbedarf haben. Vor allem, wenn die Erfolge nachlassen und mit neuen Mitteln verteidigt werden müssen.

Das Nichtbegreifen der Veränderungen liegt auch daran, daß wir alle über die Jahre unsere Gutmenschen-Lektion gelernt haben. Aids hat sich uns allen eingeprägt. „Sie haben doch diese beeindruckenden Aids-Filme gemacht“, meinte neulich eine Politikergattin zu mir und tadelte die Tatsache, daß ich seit einem halben Jahr eine „Klatschsendung“ im 'hessen fernsehen' moderiere. Meine Entgegnung war, glaube ich, nicht opportun: „Es gibt doch beides im Leben, Freud und Leid.“ Ich will beim besten Willen nicht jede Woche einen Aids-Film machen.

Wie erschütternd diese Arbeit sein kann, zeigte sich bei den Dreharbeiten zum „AIDS-Wunder“ vom letzten Jahr. Alle Beteiligten leben übrigens noch - außer einem. Inmitten einer hoffnungsvollen Frühstücksgesellschaft trafen wir den Schauspieler Klaus. Er sah elend aus, und ich traute mich kaum, ihn anzusprechen. „Ich will nicht mehr“, sagte er uns in die Kamera, „mein Körper ist kaputt, die neue Therapie reduziert zwar die Viren, aber es nützt mir nichts mehr.“ Fünf Tage danach bestellte er uns auf sein Krankenzimmer und gab mir ein langes Interview - eine Art Testament. Zwei Tage später sprang er vom Balkon. Der Seelsorger, der von seinen Absichten irgendwie wußte, unterband die Reanimation und handelte sich den Zorn der Krankenhausleitung ein. Während einer aktuellen Produktion im HR hatte ich das ungute Gefühl, im Krankenhaus anrufen zu müssen. Er hatte es gerade getan. Ich kannte ihn kaum, aber war in Tränen aufgelöst. Ein Vorgesetzter, dessen Verhältnis zum Tod offenbar wenig bearbeitet ist, nahm Reißaus. Auch dieser Film lief in der ARD, wenn auch frühere Sendeplätze (20 Uhr 15) heutzutage für ernsthafte Produktionen kaum noch drin sind. Selbst die dritte Ausstrahlung im 'hessen fernsehen' hatte enorme Zuschauerzahlen und rief wieder Trauergefühle wach, die mir noch Wochen später beim Einkaufen geschildert wurden, weil sie den Menschen letzten Endes ihre eigene Sterblichkeit vor Augen führen. „Alles Gute!“ wurde einem jungen Mann aus unserem Film auf der Straße zugerufen. „Sie müssen es schaffen!“

Ich muß wohl nicht herausstellen, daß wir anders als RTL-explosiv weder Karzinome abgeschwenkt noch irgendjemanden sonstwie bloßgestellt haben. Dennoch: Die Schauspieltruppe des toten Klaus erzählte in Frankfurt herum, ich hätte seinen Tod und die kleine Trauerfeier am Aids-Memorial ausgeschlachtet. Das wurde von Aids-Hilfe und Act up als Egozentrik gedeutet. Und wirklich: Die Sängerin, die ein Abschiedslied für den Toten gesungen hatte, beschwerte sich, daß sie nicht auf dem Abspann stand! Das sind Momente, wo man die Toten liebt, und die Lebenden einem so kleinkariert vorkommen.

Die heimliche Seuche: Der Killer-Keim EHEC. Chancen und Probleme einer Recherche im Ausland

Klaus Weidmann

Die Krankengeschichte von Laura ist kurz und endet tödlich. Donnerstag: blutiger Durchfall und Besuch beim Hausarzt. Verdacht auf Salmonellen. Freitag bis Sonntag: das 3 1/2jährige Mädchen aus Bayern bleibt zu Hause im Bett. Ihr Zustand verschlechtert sich. Montag: Kinderklinik Neuburg/Donau. Verdacht auf EHEC. Transport ins Krankenhaus Schwabing. HUS-Syndrom, Nierenversagen. Notoperation. Dienstag: EHEC hat ihr Gehirn irreparabel geschädigt. Mittwoch: Abschalten der Geräte. Laura ist tot. Das war 1996.

Laura ist kein Einzelfall. Viele tausend Menschen leiden unter EHEC-Infektionen. Eine unbekannte Zahl von Deutschen stirbt an EHEC. Doch über die heimliche Seuche hüllt sich Deutschland - anders als viele andere Industrieländer - in Schweigen. Über viele Jahre hinweg haben deutsche Ärzte, Behörden und Verbraucherverbände den neuen Killer-Erreger ignoriert. Auch die deutschen Medien haben das Thema "verschlafen". Dabei arbeiten vereinzelt auch deutsche Wissenschaftler längst an der EHEC-Erforschung. Doch ihre Warnungen bleiben ungehört.

Worum geht es? EHEC-Darmbakterien (enterohämorrhagische Escherichia-coli) kommen als normale Darmbewohner bei Tieren und Menschen vor. Die neue, mutierte, bösartige EHEC-Bakterie hingegen kann beim Menschen das Blut zerstören, Nieren schädigen und insbesondere bei Kleinkindern und immunschwachen alten Menschen als sog. HUS-Syndrom zum Tode führen. EHEC-Patienten leiden häufig ihr Leben lang an Folgeschäden. Eine neue Killerbakterie. Deutsche Experten vermuten vor allem Rohmilch und -fleisch als Überträger der Krankheit und raten zum Durchgaren des Fleisches und Händewaschen. Genaue Übertragungswege kennt niemand, wirksame vorbeugende Maßnahmen kann keiner empfehlen, eine Therapie gibt es nicht.

Erste, sporadische Presseartikel über EHEC erscheinen in Deutschland Anfang 1995, als in Bayern 44 Kinder an den Folgen einer EHEC-Infektion schwer erkranken. Im April 1996 meldet das bayerische Sozial- und Gesundheitsministerium, es seien bereits sieben Kleinkinder an EHEC gestorben. Daraufhin spekuliert "Frontal", die EHEC-Infektionen in Bayern seien der bisher größte Ausbruch in einem westlichen Industrieland - was sich später als falsch herausstellen soll. "Focus" meldet, EHEC könne durch den Verzehr von Wurst übertragen werden. In Deutschland bleibt EHEC ein Randthema. Dann, August 1997: die örtlichen Gesundheitsbehörden melden einen sprunghaften Anstieg von EHEC-Infektionen in Niedersachen, zwei Kinder seien gestorben. Das Thema flackert auf, um dann im Strudel anderer Meldungen zu versinken.

Die Redaktion von REPORT Baden-Baden stellt sich folgende Fragen: wie groß ist das Ausmaß an EHEC-Erkrankungen in Deutschland tatsächlich? Was unternehmen Bundes- oder Landesbehörden dagegen? Wie steht Deutschland im internationalen Vergleich da? Im folgenden soll dargestellt werden, wie ein in Deutschland vernachlässigtes Thema sich nach Recherchen im Ausland zu einem Skandal auswachsen kann.

EHEC-Recherche in Deutschland*

International bekannte Experten vergleichen EHEC längst mit Seuchen wie Ebola oder Hepatitis C. Wie groß also ist das Ausmaß an EHEC-Erkrankungen in Deutschland? Eine einfache Frage, auf die bis heute niemand eine verläßliche Antwort weiß. Denn was Seuchen anbelangt, herrscht in Deutschland Behörden-Chaos: Der Journalist recherchiert in der Föderalismus-Falle.

Das Bundesministerium für Gesundheit erklärt uns, sie verfügten nicht über entsprechende Daten, weil es keine Meldepflicht für EHEC gäbe. Warum nicht? Weil das gegenwärtige Bundesseuchengesetz von 1961 keine Meldepflicht für EHEC vorsähe. Eine Eilverordnung, wie etwa zur Erfassung von AIDS-Erkrankungen erlassen, sei nicht durchgesetzt worden. Aber man arbeite an einem neuen Infektionsschutzgesetz (ISG) - und dann könne auch eine EHEC-Meldepflicht eingeführt werden.

Das Robert-Koch-Institut in Berlin (RKI) in einem Hintergrundgespräch: EHEC würde in Fachkreisen als brisant eingestuft; man warte schon seit 1991 auf das neue Infektionsschutzgesetz; ohne bundesweite Erfassung könne man in Deutschland nicht umfassend nach EHEC-Übertragungswegen forschen bzw. Präventionen vorschlagen. Lediglich die Länder Bayern, Brandenburg und Sachsen hätten eine Meldepflicht für EHEC eingeführt, müßten die Daten aber nicht an das RKI weitermelden.

Die Gesundheitsministerien der Länder handhaben Seuchenbekämpfung in zum Teil völlig unterschiedlichen Zuständigkeitsbereichen. An die zuständigen Stellen schikken wir einen Fragenkatalog: Seit wann werden EHEC-Infektionen registriert? Wieviele Infektionen sind seit 1995 registriert worden? Wie hoch ist die Zahl der Schwer-Erkrankten (HUS-Syndrom) und der Todesfälle? Welche Übertragungswege sind bekannt? Rückmeldungen werden mit Fristsetzung schriftlich erbeten.

*(Beitrag zu EHEC, Report Baden-Baden, ARD, 15.09.1997; Autoren: Ulrich Neumann und Klaus Weidmann)

Das Zwischenergebnis: Die EHEC-Statistiken der Bundesländer sind erschrekkend wenig harmonisiert. So erfaßt Berlin EHEC-Infektionen erst seit einigen Monaten, Bremen seit 1992, Mecklenburg-Vorpommern will schon seit 1990 EHEC-Erkrankungen registriert haben. Nur Bayern hat eine landesweite Meldepflicht eingeführt, ist aber auch nicht verpflichtet, die Daten an eine Bundesbehörde, etwa an das RKI, weiterzuleiten. Die Länderdaten sind entsprechend unsystematisch, lückenhaft, unvollständig: so erklärt das Gesundheitsministerium von Nordrhein-Westfalen in einer schriftlichen Stellungnahme, man habe "jährlich so um die 100 Infektionen", andere Bundesländer registrieren überhaupt nicht die Zahl der Schwer-Erkrankten, Bayern konnte nur auf hartnäckiges Nachfragen hin die aktuelle Zahl der Todesopfer liefern. Immerhin ist allein nach diesen Angaben das Ausmaß der EHEC-Infektionen in Deutschland weit höher als bislang angenommen: insgesamt 13 EHEC-Tote (zwei davon in Hessen, worüber nie berichtet wurde), tausende von Infizierten nicht nur in Bayern und Niedersachsen, sondern auch in Baden-Württemberg und Nordrhein-Westfalen (was ebenfalls nicht bekannt war).

Unter den fatalen politischen Rahmenbedingungen haben vor allem Mikrobiologen und Hygieniker zu leiden, die sich ernsthaft mit der Erforschung von Seuchen, hier von EHEC, beschäftigen. Fundgrube für den Journalisten also: der frustrierte Wissenschaftler. Federführend für die EHEC-Forschung sind zwei Institute: Vom Institut für Hygiene und Mikrobiologie an der Universität Würzburg erfahren wir, daß EHEC-Erreger erstmals 1985 in Deutschland entdeckt wurden. Es habe bislang vier Epidemien in Deutschland gegeben (1988 in Bayern, 1994 im Münsterland, 1995/96 in Bayern, 1996/97 in Niedersachsen). Unter Federführung des Robert-Koch-Instituts sei bereits 1993 in einer Studie vor EHEC gewarnt worden: EHEC sei als "Infektionserreger beim Menschen in Deutschland weit verbreitet"; es müsse davon ausgegangen werden, daß "diese Erreger in Deutschland endemisch vorkommen", und wegen der "Schwere der möglichen Erkrankungen" seien EHEC-Infektionen als meldepflichtige Krankheiten zu erfassen. Diese Studie wurde dem Bundesministerium für Gesundheit (!) zugeleitet und im Bundesgesundheitsblatt (1994, S. 410 ff.) veröffentlicht. Also: Deutsche Wissenschaftler warnen bereits 1993 vor EHEC und fordern vom BMG eine Meldepflicht, doch bis Ende 1997 ist nichts geschehen.

Das Hygiene-Institut in Hamburg bestätigt uns die bisherigen Recherche-Ergebnisse. Weiter heißt es in einem Hintergrundgespräch, "Seuchenbekämpfung muß an der Basis beginnen". Selbst mit der Einführung einer bundesweiten Meldepflicht im Rahmen des Infektionsschutzgesetzes sei nicht viel getan. Dort, wo die Seuche zum erstenmal auftrete, müsse das örtliche Gesundheitsamt ein Labor auffordern, nach dem EHEC-Erreger zu suchen. Aber Gesundheitsämter wie Labore seien in Deutschland mit EHEC-Erregern überfordert. Wörtlich heißt es später in einem Interview:

"Sie können unter Umständen, je nachdem wo Sie sind, froh sein, wenn überhaupt Ihre EHEC-Infektion erkannt und diagnostiziert wird. Denn die EHEC-Diagnostik ist eine recht komplizierte, sie ist nur in relativ wenigen Laboren verläßlich verfügbar... Es kann auch sein, daß Sie das gar nicht merken, daß erst Ihre Kinder, die sich sehr schwer infizieren und dann sehr schwer krank werden daran, daß man dann eben einen größeren Aufwand betreibt und versucht, irgendwo ein Labor zu finden, was für die Diagnostik geeignet ist und dazu in der Lage ist."

Beide Institute klagen über mangelnde Finanzmittel für die EHEC-Forschung. Auf Anfrage erklärt uns das Bundesministerium für Gesundheit, es gäbe keine Forschungsförderung für EHEC, und das Bundesministerium für Forschung läßt verlauten: Der Bund finanziert lediglich den Aufenthalt eines US-Experten beim Robert-Koch-Institut in Berlin, der an der Aufdeckung eines EHEC-Falles in Bayern beteiligt gewesen sei. Die Ausgaben seien nicht in Millionen zu rechnen. Den Namen des US-Experte wollte uns weder das Ministerium noch das RKI nennen.

Warum braucht Deutschland überhaupt einen Experten aus den USA? Wie sind die bisherigen Ergebnisse im internationalen Vergleich zu bewerten?

EHEC-Recherche im internet und im Ausland

Mit den Suchmaschinen Alta Vista, Yahoo! oder Netguide können wir weit über 400 verschiedene Dokumente zum Thema EHEC erfassen. Darunter befinden sich "Laborinformationen", "Labordiagnostiken", wissenschaftliche Abhandlungen, Verlautbarungen, Pressemeldungen - auch aus Skandinavien, Japan und den USA. Wir lernen, daß der Begriff EHEC im Ausland nicht immer verwendet wird. EHEC-Infektionen werden in den USA unter der Bezeichnung "E.coli", in Japan unter "0 157" geführt. Wir grenzen die Recherche auf USA und Japan ein.

Recherche in den USA

Internationale Datenbanken haben unter dem Stichwort E.coli eine Fülle von Publikationen über EHEC (The New York Times, Newsweek, Time Magazine u.a.m.) ausgewiesen. Daraus ergibt sich: in den USA wird schon seit den 80er Jahren nach EHEC-Keimen intensiv gefahndet; es gibt mehrere EHEC-Skandale, die Schlagzeilen machten, Lebensmittelgeschäfte oder Unternehmensketten mußten bereits vorübergehend schließen, ihre Produkte zurückholen und sogar hohe Geldstrafen bezahlen. Eine zentrale Seuchenbehörde, das Centers for Disease Control and Prevention (CDC) in Atlanta, spielt bei der Fahndung nach EHEC-Keimen eine entscheidende Rolle (Informationen über CDC finden sich im internet unter www.cdc.gov.)

Beim Centers for Disease Control and Prevention sprechen wir zunächst mit dem Pressebeauftragten, zufälligerweise einem deutschen Epidemiologen ("in Deutschland gibt es keinen Studiengang für Epidemiologie, deshalb bin ich in die USA gegangen"). Schließlich vereinbaren wir ein Interview mit Patricia Griffin, Leiterin der Abteilung für Seuchenbekämpfung beim CDC, der "EHEC-Päpstin" schlechthin. Von ihr erfahren wir die Basisdaten für die USA: es gibt jährlich schätzungsweise 10 000 - 20 000 EHEC-Infizierte mit bis zu 250 Todesfällen; 42 von 50 US-Bundesstaaten haben EHEC als meldepflichtige Erkrankung eingestuft, die restlichen acht Staaten melden trotzdem EHEC-Infektionen an das CDC.

Das US-Gesundheitssystem hat ein "Frühwarnsystem" für EHEC entwickelt. Regionale Labore sind verpflichtet und ausgerüstet, EHEC-Keime sofort zu identifizieren, zur weiteren Erkennung des jeweiligen EHEC-Typs werden Proben in ein spezielles CDC-Labor nach Atlanta verbracht. Bestätigt ein regionales Labor den EHEC-Verdacht, wird CDC alarmiert. Eine "schnelle Eingreiftruppe" aus Mikrobiologen und Epidemiologen, rund um die Uhr einsatzbereit, fliegt schon wenige Stunden nach Eintreffen des EHEC-Alarms in das von EHEC betroffene Gebiet. Die Wissenschaftler befragen nach einem standardisierten System die Erkrankten und suchen nach Gemeinsamkeiten (etwa im Nahrungskonsum der letzten Tage). Mit DNA-Analyse werden Mensch und Produkte getestet. So versucht man, den Übertragungsweg von EHEC zu rekonstruieren.

Beispiel: Im September 1997 haben sich 15 Personen mit EHEC infiziert, Todesopfer gibt es keine. Trotzdem nimmt die US-Gesundheitsbehörde CDC sofort die Spurensuche auf und verfolgt den bösartigen EHEC-Keim bis in eine Fleischfabrik nach Columbus, Nebraska, zurück. Die Fabrik wird vorübergehend geschlossen, 25 Millionen Hamburger vom Markt geholt.

Seit 1982 forschen US-Wissenschaftler an den Ursachen von EHEC - mit staatlicher Unterstützung. Wörtlich: "Jahr für Jahr bekommen wir mehr Geld für die Erforschung von EHEC und zwar deshalb, weil wir uns der Gefahren dieser Krankheit bewußter werden...". Das CDC hat herausgefunden, daß EHEC nicht nur von Rohmilch und -fleisch übertragen werden kann (wie deutsche Behörden auf Nachfrage verbreiten), sondern u.a. auch in Gemüsesprossen, Obst und Obstsäften versteckt sein können.

Im CDC erfahren wir darüber hinaus den Namen des US-Experten, der vom BMBF finanziert, im Berliner Robert-Koch-Institut arbeitet.

Recherche in Japan

Zuständig für Auskünfte über EHEC ist das japanische Gesundheitsministerium. Wir verabreden uns nach einigen Telefonaten mit Shunsaku Minami, stellvertretender Referatsleiter für "Lebensmittelhygiene" der Abteilung Hygiene im japanischen Gesundheitsministerium. Bei Recherche, Dreh und Übersetzung hilft uns das ARD-Studio in Tokio. Dabei erfahren wir, daß es in Japan bisher 15 EHEC-Todesopfer gegeben hat - also "nur" etwa soviel wie in Deutschland nach der offiziellen "Erfassung".

Doch anders als in Deutschland hat sich Japan schon seit vielen Jahren politisch, wissenschaftlich, finanziell auf die EHEC-Seuche eingestellt: eine landesweite Meldepflicht gibt es schon seit 40 Jahren (!). 1996 kam es zu einer ersten Masseninfektion mit elf Toten. Seitdem hat man ein "Überwachungssystem" entwickelt - vergleichbar mit dem in den USA. Kommunen müssen einen EHEC-Verdacht umgehend an das Gesundheitsministerium melden. Von dort aus werden Wissenschaftler mit der "Spurensicherung" beauftragt. Angesteckt würde der Mensch, so die Erkenntnisse japanischer Wissenschaftler, nicht nur durch Lebensmittel. Es gibt auch den Übertragungsweg von Mensch zu Mensch oder im Kontakt zu Tieren. Deshalb gilt EHEC in Japan nicht als Lebensmittelvergiftung, sondern als Infektionskrankheit. Allein aus dem Nationalbudget wird die EHEC-Forschung mit jährlich umgerechnet 21 Millionen Mark gefördert. Dazu kommen Forschungsprogramme auf Länderebene. Besonderen Schwerpunkt legt das japanische Gesundheitsministerium auf die Vorbeugung. Informationsbroschüren über EHEC sind auf Straßen verteilt worden, es gibt mehrere Leitfäden für Familien (auch für Analphabeten), Videos werden im Fernsehen ausgestrahlt, an Verbraucher, Schulen und Restaurants verteilt, Informationen ins internet eingegeben.

Erkenntnisse der Auslandsrecherche als Anstoß für die weitere Recherche in Deutschland

Über Gespräche mit dem CDC in den USA ist es uns möglich geworden, mit dem nach Deutschland entsandten US-Experten Kontakt aufzunehmen. Wir sprechen mit ihm am Telefon und "überreden" ihn zu einem Interview. Es stellt sich heraus, daß er eine Art Entwicklungshelfer für die deutschen Gesundheitsbehörden in Sachen EHEC ist. Er sagt uns: Die Epidemie in Bayern vom Sommer 1996, an der sieben Menschen starben, "ist wirklich nur durch Zufall entdeckt worden und sehr spät... Ich glaube, dieser Situation in Deutschland muß man jetzt sehr schnell Beachtung schenken. Ich bin sicher, viele Leute sind hier schon infiziert worden, die gar nicht hätten infiziert sein müssen."

Darüber hinaus hören wir, daß sowohl in den USA als auch in Japan größter Wert auf Aufklärung der Bevölkerung über EHEC gelegt und die Einhaltung von Hygienevorschriften in Lebensmittelfabriken, Geschäften und im Haushalt angemahnt werden. Und in Deutschland? Die stellvertretende Direktorin der Bundeszentrale für gesundheitliche Aufklärung in Köln antwortet auf unsere Frage, wie sie mit EHEC umginge? "Wir gehen mit EHEC gar nicht um." Der Etat sei vom BMG drastisch gekürzt worden, nur noch Sucht- und Aidsprävention sei möglich. Selbst Krebsprävention könne die Bundeszentrale nicht mehr durchführen. Das Bundesinstitut für gesundheitlichen Verbraucherschutz und Veterinärmedizin hat über EHEC lediglich ein für die Allgemeinheit unverständliches "Merkblatt für Ärzte" veröffentlicht. Das Blatt ist nicht etwa an deutsche Ärzte verteilt worden. Interessierte Mediziner müssen es beim Deutschen Ärzte-Verlag beziehen - zum Stückpreis von DM 1,30. EHEC-Aufklärung in Deutschland: Fehlanzeige.

Fazit

Landesweite Meldepflichten, technische und personelle Ausrüstung der Labore, "Frühwarnsysteme", Seuchen-Ermittlungsbehörden im Kampf gegen EHEC, Forschungsgelder, Schadensersatzklagen, Aufklärungsmaterial an Schulen, im Fernsehen und über das internet: Behörden in Japan und in den USA behandeln EHEC als das, was es ist: als eine gefährliche Seuche, die jederzeit ausbrechen kann. Die Auslandsrecherche ist in dreierlei Weise hilfreich gewesen: Erstens hat sie zu Folge-Recherchen in Deutschland geführt, womit weitere Mißstände aufgedeckt werden können; zweitens hat sie erkennen lassen, daß im Ausland EHEC wissenschaftlich und politisch als eine äußerst gefährliche Infektionskrankheit anerkannt, gemeldet und bekämpft wird; drittens hilft sie bei der Beurteilung der deutschen Gesundheitspolitik: die verheerende Verharmlosung und Gleichgültigkeit deutscher Behörden gegenüber dem Killer-Keim EHEC wird durch die Auslandsrecherche erst sichtbar.

Entsprechend sind die Aussagen der zuständigen Staatssekretärin im Bonner Bundesgesundheitsministerium, Sabine Bergmann-Pohl, zu bewerten. Obwohl unsere Fragen schriftlich vorformuliert und dem Referenten übergeben worden sind, zeigt sich die Gesundheitspolitikerin in unserem Interview völlig unvorbereitet und unwissend. Nicht einmal über die Rechtslage bezüglich einer Erfassung von EHEC-Infektionen hat sie sich informiert. Allen Ernstes besteht sie vor der Kamera darauf: "Eine Meldepflicht ist vereinbart, das ist nicht richtig, daß es diese Meldepflicht nicht gibt... Und Sie wissen ja, daß durch die Meldung der Labore und die Erfassung dieser Bakterien wir ja auch über das Infektionsgeschehen Bescheid wissen." Falschmeldung einer Bonner Behörde.

Wie sagt uns ein deutscher Wissenschaftler? "Schwere Infektionskrankheiten werden erst dann zur Kenntnis genommen, wenn viele, eigentlich zu viele Menschen daran erkrankt sind, und richtige, echte Maßnahmen werden erst dann ergriffen, wenn viele, leider zuviele Menschen auch daran verstorben sind." Und ein anderer: "In Deutschland hat es schon vier Ausbrüche gegeben. Ich denke, daß es nur eine Frage der Zeit ist, bis noch größere Ausbrüche folgen werden, die dann nicht mehr kontrollierbar sind."

Auslandsrecherche: Anmerkungen und Quellenlage

Die EHEC-Recherche zeigt: gründliche und investigative Recherche kennt keine Grenzen. Politik, Wirtschaft, Umweltschutz, Friedenssicherung, Wissenschaft und Kultur - Deutschland lebt im Zeitalter der Globalisierung. Kann und darf sich der deutsche Journalist dem entziehen? Wird er nicht durch die nationale Beschränkung seiner Recherche zu einem provinziellen Hofberichterstatter von wichtigtuerischen Politikern, die ihm wortreich den Blick für Zusammenhänge verstellen? Globalisierte Recherche - eine spannende Herausforderung für die Medien, gerade für den politischen und investigativen Journalisten in Deutschland. Nicht nur, weil ein länderübergreifender Vergleich, wie im Fall EHEC, bei der Bewertung von Problemen und politischen Handlungen in Deutschland helfen kann. Kompetenzen von Bund und Ländern werden vielmehr zunehmend auf inter- und supranationale Körperschaften verlagert, u.a. auf Institutionen wie die der Europäischen Union, der UNO, NATO, OSZE, WTO. Schon deshalb gebietet die Sorgfaltspflicht des Journalisten einen Blick über die Grenzen hinaus. Vor allem aber kann sich eine Recherche im Ausland häufig auch deshalb lohnen, weil sich dadurch neue, bislang in Deutschland unveröffentlichte Themen "entdecken" lassen.

Als Basisquelle der Information empfiehlt sich die Lektüre internationaler Zeitungen und Zeitschriften (u.a. Herald Tribune, New York Times, Le Monde diplomatique, The European), das Beobachten internationaler TV-Programme (z.B. CNN international) sowie das regelmäßige Studieren von Fachzeitschriften, so etwa für den internationen Rüstungssektor (z.B. Jane's Defense Weekly, The Military Balance des International Institute for Strategiec Studies IISS, Publikationen des Berliner Informationszentrum für Transatlantische Sicherheit BITS), für Geheimdienstfragen (das französische Publikation Intelligence), für naturwissenschaftliche Forschungsberichte (z.B. das britische Wissenschaftsmagazin Nature). Die Benutzung des internet mit den jeweiligen Suchmaschinen gehört mittlerweile zur Standard-Recherche bei gezielten Problemstellungen. Einen Austausch mit investigativen Reportern aus aller Welt bietet das Forum Investigative Reporters & Editors (IRE) in den USA.

Böses Blut

Irene Meichsner

Wer erinnert sich noch an den „Blut-Aids-Skandal"? Und an die Schlagzeilen, die Bundesgesundheitsminister Horst Seehofer machte, als er im Oktober 1993, buchstäblich über Nacht, den Präsidenten des damaligen Bundesgesundheitsamts (BGA) in Berlin in die Wüste schickte? Im BGA war eine Liste mit 373 Verdachtsfällen auf Infektionen durch HIV-verseuchte Blutprodukte aufgetaucht. Wer kann sich noch an die Angst erinnern, die sich wenig später ausbreitete? In der Koblenzer Blutzapfstelle UB-Plasma waren Blutspenden offenbar nur mangelhaft oder gar nicht auf HIV getestet worden. Schlagartig wurde damals der Öffentlichkeit bewußt, daß sich theoretisch jeder mit HIV infiziert haben konnte, der in den vergangenen Jahren eine Blutspende oder ein aus Blut hergestelltes Medikament erhalten hatte. Ja, zum ersten Mal hörten viele überhaupt von dem vielleicht größten von Medizinern jemals mitverursachten Desaster: Auf der ganzen Welt hatten sich seit Anfang der 80er Jahre mehr als 20 000 Menschen durch Medikamente oder Blutkonserven mit HIV infiziert. Viele davon waren Bluterkranke („Hämophile"). Sie hatten von ihren Ärzten auch dann noch die alten Blutgerinnungs-Medikamente bekommen, als sich längst abzeichnete, daß diese Arzneimittel - das HI-Virus selber war damals noch nicht entdeckt - hochinfektiös sein konnten. Nur einige wenige Ärzte hatten Konsequenzen gezogen und ihre Patienten, wo möglich, auf sichere Alternativen umgestellt.

Etwa 5000 Opfer dieses Dramas waren weltweit schon an Aids gestorben, als in jenem Oktober 1993 der „Blut-Aids-Skandal" auch die Bundesrepublik erschütterte. Dreieinhalb Jahre vorher, im Frühjahr 1990, war unser Buch erschienen. „Böses Blut" hieß es - eine mit Fakten, Zitaten und Auszügen aus Dokumenten gespickte Geschichte, die sich in Form einer strengen Chronologie mit den Rechtfertigungsversuchen auseinandersetzte, die uns die Beteiligten in unzähligen Gesprächen immer wieder entgegengehalten, manchmal auch entgegengeschleudert hatten: Aids sei schicksalhaft über alle hereingebrochen. Von Schuld könne keine Rede sein. Man habe zu keinem Zeitpunkt mehr tun können, als getan worden sei. Man dürfe nicht aus der heutigen Perspektive rückblickend urteilen. Man sei hinterher schließlich immer klüger als vorher. Noch im Herbst 1993 ließ sich Hans Egli, der mächtige Chef des weltweit größten Behandlungszentrums für Hämophile in Bonn, in der Presse zu den Worten hinreißen, das Desaster sei wie „ein Taifun oder ein Erdbeben", wie „eine schicksalhafte Naturkatastrophe" über alle Beteiligten hereingebrochen. Schon in einem mehrstündigen Interview, das wir im „Bösen Blut" auszugsweise abgedruckt hatten, hatte Egli jede

Mitschuld von sich gewiesen. Für uns beide, meinen Kollegen Egmont R. Koch und mich, gehört die Aufdeckung der Hintergründe des „Blut-Aids-Skandals" sicher zu den spannendsten, aufwendigsten, erschreckendsten und zugleich lehrreichsten Recherchen. Lehrreich deshalb, weil uns gerade diese Arbeit eine journalistische Lektion erteilte, die wir nicht mehr vergessen werden. Wer sich auf dem Feld des investigativen Journalismus bewegt, lernt mit der Zeit zwangsläufig, vielfältige Handlungmaximen in Rechnung zu stellen: die große Macht ökonomischer Interessen; eine oft ausgeprägte Fähigkeit zu Lüge und Notlüge bei den Verantwortlichen, die sich angegriffen fühlen oder um ihre Pfründe fürchten; häufig aber auch schlichte Dummheit, Bequemlichkeit oder Ignoranz. Doch anfangs hätten auch wir uns nicht vorstellen können, welch gut geölte Interessens-, Verdrängungs- und Vertuschungsgemeinschaft zwischen so unterschiedlichen Beteiligten wie Pharmafirmen, Ärzten, Blutspendediensten, Politikern und Behörden bestand, während sich gleichzeitig das Schicksal der Betroffenen entschied.

Als wir 1988 begannen, diese Geschichte im Rahmen einer Fernseh-Dokumentation über Blut als internationale Handelsware zu recherchieren, waren wir selber über das Ausmaß der Aids-Epidemie unter den Bluterkranken mindestens so überrascht wie über die enge Verbandelung zwischen Behörden, behandelnden Ärzten und herstellender Industrie. Trotzdem erschien auch uns das Argument zunächst plausibel, daß man zu keinem Zeitpunkt mehr habe tun können, als getan worden sei - obwohl Journalisten ja mit Vorliebe nachgesagt wird, sie würden grundsätzlich allen Menschen finstere Motive unterstellen. Bekanntlich ist jede Recherche eine Art Abenteuer, von dem man nie weiß, wohin es führt, wie aufregend es wird und wie lange es dauert. Wie so oft, stand auch hier am Anfang nicht viel mehr als ein vager Verdacht - das berühmte, bei einiger investigativer Erfahrung manchmal aber auch fast untrügliche Gefühl, daß da „irgendetwas" nicht stimmen kann.

Trotzdem wären wir dem „Blut-Aids-Skandal" mit einiger Wahrscheinlichkeit niemals auf die Spur gekommen, wenn nicht - wie so oft - ein glücklicher Zufall mitgespielt hätte. In diesem Fall packte das Kamera-Team die Ausrüstung schon zusammen, als der Chef der Blutbank an der Stanford Medical School in Kalifornien, ein vehementer Kritiker des internationalen Blut-Business, unvermittelt ein Treffen mit einem Informanten, einem Mediziner, anregte, der über ausgezeichnete interne Unterlagen verfüge.

Zwei Stunden später thronte im Hotelzimmer ein schwerer Karton mit über tausend Seiten Dokumenten, vertraulichen Memos, Aktennotizen, Vermerken, Briefen, Studien - übergeben mit der nachdrücklich Bitte, „im Interesse der Betroffenen etwas aus diesen Dokumenten zu machen". Viele Unterlagen stammten von der US-Firma Cutter, einem Tochterunternehmen des deutschen Bayer-Konzerns. Der Informant hatte gesagt, er habe sich die Papiere über den „Freedom of Information Act" beschafft, ein Gesetz, das amerikanischen Behörden die Freigabe von internen Unterlagen vorschreibt, wenn keine staatlichen Interessen berührt sind. Ansonsten hatte er über die Herkunft der Unterlagen keine näheren Angaben gemacht.

Wir versuchten, uns einen Überblick zu verschaffen. Und uns gingen die Augen über. Konnte es denn wahr sein, daß die beteiligten Pharmaunternehmen HIV-verseuchte Blutprodukte wider besseres Wissen auf dem Markt gehalten hatten? In einem Dokument stand, daß sich die Firmen, darunter die Bayer-Tochter Cutter, sogar auf eine gemeinsame „Verzögerungstaktik" gegenüber den Behörden verständigt hatten, um das lukrative Geschäft mit dem Blut nicht zu gefährden. Einem anderen internen Papier war zu entnehmen, daß man sich fast zur selben Zeit, im August 1983, bei Cutter schon ausmalte, daß allein in den USA innerhalb weniger Jahre mit möglicherweise 2000 an Aids erkrankten Blutern zu rechnen sei. Thomas C. Drees nannte es ein Komplott, und er wußte, wovon er sprach. Als Vorstandsvorsitzender eines amerikanischen Pharma-Unternehmens war er an der „Verschwörung" selber beteiligt gewesen. Ohne Rücksicht auf menschliche Verluste, aus rein wirtschaftlichen Interessen, so lasen wir in einer von Drees unter Eid abgegebenen Stellungnahme, seien zwischen 1982 und 1984 Maßnahmen zum Schutz Tausender von Patienten unterblieben - mit Duldung der zuständigen amerikanischen Behörden.

Journalistische „Sternstunden" wie diese, die uns auf Anhieb ein ganzes Paket von vertraulichen Unterlagen und Hinweisen bescherte, lassen sich nicht planen. Doch der Erfolg hängt naturgemäß auch davon ab, was man daraus macht. Wir nahmen Kontakt zu betroffenen Patienten auf. Wir hakten bei deutschen und ausländischen Ärzten, Firmen, Kliniken, Behörden und Krankenkassen nach. Früher oder später spricht es sich immer herum, wenn Journalisten solche Ermittlungen mit Nachdruck betreiben. Insofern kann man fast darauf bauen, daß sich weitere Menschen von sich aus melden werden. Wir trafen einige von ihnen, zum Teil anonym und unter konspirativen Bedingungen, weil sie Repressalien fürchteten. In solchen Fällen ist der Schutz der Informanten höchste Journalistenpflicht. Die Leute schilderten ihre Erfahrungen, übergaben weitere Unterlagen und drängten uns immer wieder, die Geschichte fortzuschreiben. Nicht alle handelten dabei aus uneigennützigen Motiven - aber erfahrungsgemäß können für investigativ tätige Jounalisten auch persönliche Animositäten und berufliches Konkurrenzdenken, manchmal sogar bloßer Neid unter verfeindeten Kollegen sehr fruchtbar sein. Oft genug stimmte es, was uns irgendjemand hinter vorgehaltener Hand zugesteckt hatte. Und so fügte sich - ähnlich wie bei einem riesigen Puzzle - über die Monate ein Stein zum anderen.

Auch in Deutschland hatte man offenbar den Kopf von Amts wegen in den Sand gesteckt, als sich das Aids-Drama unter den Empfängern von Blut und Blutprodukten anbahnte. Erst im Oktober 1985 hatte das BGA verbindliche Schutzmaßnahmen vorgeschrieben, bei manchen Medikamenten sogar erst 1987. Ein erster, ohnehin viel zu später Versuch vom Juni 1984 war noch an insgesamt 230 förmlichen Einsprüchen abgeprallt. Der Blutspendedienst der nordrhein-westfälischen Landesverbände des Deutschen Roten Kreuzes (DRK) in Hagen hatte sich damals sogar mit einer dreisten Dienstaufsichtsbeschwerde gegen das Ansinnen des BGA gewehrt, einen Ersatztest einzuführen, mit dem man die mögliche Zugehörigkeit von Blutspendern zu einer Aids-Risikogruppen hätte ermitteln können. Mittlerweile waren wir schon einiges gewöhnt, aber uns verschlug es doch noch einmal die Sprache, als wir lasen, womit die Rotkreuzler diese Beschwerde gegen den BGA-Präsidenten begründeten: Es bestünde der Verdacht auf eine „besonders grobe, objektiv gemeingefährliche Pflichtverletzung des Amtes“ und „fachlich unqualifizierte Eingriffe in die gesundheitliche Versorgung der Bevölkerung“.

Insgesamt hat auch diese Recherche die alte Erfahrung bestätigt, daß sich Nachforschungen wesentlich leichter gestalten, wenn man erst einmal über einige Insiderkenntnisse verfügt. Auch Informanten geben ihr Wissen dann eher preis. Dies gilt erst recht, wenn die Zahl der beteiligten Mediziner, Manager und Beamten, wie in diesem Fall, relativ überschaubar ist. Umso mehr muß man streng darauf achten, kritische Distanz zu bewahren, und vertrauliche Mitteilungen lieber doppelt und dreifach auf ihre Sachhaltigkeit überprüfen.

Insofern beruhte der Erfolg auch bei dieser Geschichte, vom Reporterglück einmal abgesehen, im wesentlichen auf einer Hartnäckigkeit und Ausdauer, wie sie manche Kollegen vielleicht nicht haben und, zumindest in der aktuellen Berichterstattung, wohl teils auch nicht haben können. Auch Journalisten können sich selbstverständlich irren, doch müssen sie es mit allen erdenklichen Mitteln zu verhindern versuchen. Und nie darf man vergessen, daß man Menschen möglicherweise in eine Öffentlichkeit zerrt, die sie selber um jeden Preis meiden würden. Keinesfalls darf dabei der Eindruck entstehen, sie sollten an den Pranger gestellt werden. Sich zum moralischen Richter über andere aufzuschwingen, steht ohnehin niemandem zu - Journalisten vielleicht am allerwenigsten. Aber Menschen, die sich aus eigener Kraft gegen handfestes Unrecht nicht wehren können, werden wir wohl immer wieder eine Stimme geben.

Noch etwas haben wir bei dieser Recherche nämlich erst allmählich begriffen. Daß sich die unselige Mär so lange halten konnte, wonach Aids schicksalhaft über alle hereingebrochen sei und man zu keinem Zeitpunkt mehr habe tun können, als getan wurde, hatte noch einen tieferen Grund. Es war die unfreiwillige, in ihren Folgen tragische Solidarität zwischen Tätern und Opfern. Denn die HIV-Infizierten und Aids-Kranken blieben über Jahre stumm, verkrochen sich, sehr oft aus Scham vor dem Stigma, mit Aids, der „Schwulenpest“, in Berührung gekommen zu sein. Keiner hierzulande ging wegen HIV vor Gericht, forderte Rechenschaft. Die meisten ließen sich von den Pharmafirmen bzw. von deren Versicherungen stillschweigend entschädigen. Die Täter hatten schon früh erkannt, daß diese Angst der Betroffenen, den Schutz der Anonymität zu verlieren und den Zeigefingern der Nachbarn ausgesetzt zu sein, ihr größter Verbündeter war. Ein Betroffener, dessen Schicksal wir lange begleitet hatten, starb an Aids, kurz bevor unser Buch erschien - er gehörte zu den wenigen, die zumindest versucht haben, gegen ihre Ärzte aufzubegehren.

Als das Buch 1990 schließlich auf den Markt kam, sorgte es unter den Verantwortlichen und Betroffenen für einige Unruhe. Doch es verkaufte sich außerordentlich schlecht. War HIV ein Tabu-Thema? Oder waren die geschilderten Ereignisse so unglaublich, daß sie schon wieder unglaubwürdig erschienen?

Wir haben uns immer wieder gefragt, wie es sein konnte, daß über einen Medizinskandal von solchen Dimensionen so lange nicht gesprochen und geschrieben wurde. Das gemeinsame Interesse der unmittelbar Beteiligten, ihn totzuschweigen, ist hier wohl nur eine Seite der Medaille. Die andere ist eine Denk- und Phantasiesperre, die ja mitunter auch unsere Vorstellungskraft beinahe überfordert hätte. Noch während der „Blut-Aids-Skandal“ im Herbst 1993 in den Medien blühte (wobei im übrigen auch viele Kollegen lange Zeit den Eindruck erweckten, als hätten sie von der größten Arzneimittelkatastrophe seit dem Contergan-Skandal noch nie etwas gehört), haben wir lange mit dem Bundesgesundheitsminister gesprochen. Er hat uns wortreich zu erklären versucht, was ihn zunächst daran gehindert habe, das, was in dem Buch stand, für bare Münze zu nehmen: Er hätte es doch sonst für möglich halten müssen, daß Ärzte auch gegen das Wohl ihrer Patienten handeln könnten - vielleicht sogar aus Sorge um den eigenen Profit.

Ähnliche Skrupel plagten den Bundestagsabgeordneten, der wenig später Vorsitzender des Aids-Untersuchungsausschusses wurde. Er sei dermaßen hin- und hergerissen gewesen, erzählte er uns, daß es seiner Ehefrau schließlich gereicht habe. Sie gab ihm den klugen Rat, nur einen Tag lang so tun, als ob wirklich stimmen würde, was da stand. Er folgte dem Ratschlag - und war fassungslos.

Aus unserem immensen, mehr als 30 Aktenordner umfassenden Fundus an schriftlichen Materialien hat sich - soweit keine Informanten gefährdet waren - später auch der Parlamentarische Untersuchungsausschuß reichlich bedient. Der Bundestag hatte ihn im November 1993 eingesetzt, um - so der offizielle Auftrag - die Verantwortlichkeiten für die „HIV-Infektionen durch Blut und Blutprodukte“ ausfindig zu machen. Der mehr als 700 Seiten starke Schlußbericht, den der Bundestag im Januar 1995 fast einstimmig verabschiedete, war eine weithin schonungslose Abrechnung mit allen, die jede Mitverantwortung für diese Arzneimittelkatastrophe bislang kategorisch bestritten hatten. Aber es war, zugegeben, für uns, Egmont R. Koch und mich, auch eine späte Genugtuung. Die Arbeit schien sich doch gelohnt zu haben. Denn da stand, schwarz auf weiß, was wir in mühsamer Kleinarbeit ermittelt hatten: Rund 60 Prozent der in den 80er Jahren durch verseuchte Blutprodukte ausgelösten HIV-Infektionen hätten verhindert werden können. Die Katastrophe habe sich, so der Aids-Untersuchungsausschuß, bereits Ende 1982 abgezeichnet, seitdem hätte man vor den Gefahren ausdrücklich warnen müssen. Seit 1983 seien Arzneimittel aus Blut, die nicht unschädlich gemacht waren, „nicht mehr verkehrsfähig" gewesen. Dabei sei „für einen Großteil" der Infektionen „ein schuldhaftes Verhalten der Beteiligten ursächlich" gewesen. Sie alle treffe darum eine „rechtliche Mitverantwortung" - die Pharmaindustrie, die Blutspendedienste des Deutschen Roten Kreuzes, die behandelnden Ärzte, die Länder, Kommunen und, last not least, den Bund als Dienstherrn des Bundesgesundheitsamts.

Im Bundestag bat Horst Seehofer Anfang 1995 die Opfer sogar förmlich um Verzeihung für die „Fehleinschätzungen der Bundesbehörden", versprach ihnen mit großer Geste eine angemessene Entschädigung. Auch für uns schien sich diese lange, schreckliche Geschichte damit ihrem - zwar nicht glücklichen, aber unerwartet versöhnlichen - Ende zuzuneigen. Denn niemand hätte es in dieser feierlichen, äußerst publikumswirksamen Stunde für möglich gehalten, daß sich der Staat ein weiteres Mal aus der Verantwortung stehlen würde. Und dieses Mal in einem geradezu erpresserischen Stil. Aber auch das sollte uns eine unvergeßliche Lehre sein.

Zwar sagten Industrie, Rotes Kreuz, Länder und Bund wenig später tatsächlich zu, sich an einem Fonds zur Unterstützung der Opfer zu beteiligen. Doch der war drastisch abgespeckt. Hatte man zunächst noch mindestens 200 000 Mark für jeden angepeilt, wurden die Opfer nun „herzlich" gebeten, sich mit einer Rente von 1500 Mark monatlich für jeden Infizierten und 3000 Mark für jeden an Aids Erkrankten zu begnügen. Gleichzeitig sollten die Betroffenen für dieses Almosen einen hohen Preis bezahlen. Denn von „rechtlicher Mitverantwortung" war schon nicht mehr die Rede. CDU/CSU und FDP hatten die Geschichte des „Blut-Aids-Skandals" neu geschrieben. Ja, sie hatten sie kurzerhand auf den Kopf gestellt - als hätte es einen Untersuchungsausschuß nie gegeben und auch keine öffentliche Bitte um „Entschuldigung". Frei nach dem Motto: Was geht mich mein Geschwätz von gestern an?

Die Katastrophe sei „weitgehend unvermeidbar" gewesen, heißt es in der Begründung zu einem vom Bundestag verabschiedeten Gesetz, mit dem den Opfern in Deutschland - damals etwa 1300 Infizierten und 1000 Angehörigen - seit Juli 1995 „humanitäre" Finanzhilfe geleistet wird. Wiederum konnten wir es kaum glauben: Die Betroffenen, von denen manche nur noch Tage oder Wochen zu leben hatten, mußten damit auch ihr eigenes Schicksal weitgehend für „unvermeidbar" erklären. Denn mit Annahme des „humanitären" Almosens sollten sämtliche Rechtsansprüche erlöschen. Das naheliegende Motiv: Wäre es bei der Feststellung des Untersuchungsausschusses geblieben, daß die nach Contergan furchtbarste Arzneimittel-Katastrophe in mehr als der Hälfte aller Fälle „vermeidbar" war, hätten auf den Bund im Zuge der „Staatshaftung" erhebliche Schadensersatz- und Schmerzensgeldansprüche zukommen können - so der Bremer Jurist Gert Brüggemeier, der den Entwurf zum HIV-Hilfegesetz in einer öffentlichen Anhörung als „verfassungsrechtlich hoch bedenklich" einstufte.

Aber das kümmerte in Bonn offenbar niemanden mehr. Das HIV-Hilfegesetz trat in Kraft, und auch für die Presse war das Thema abgehakt, obwohl ein Betroffener dem Bundesgesundheitsminister seine Wut sogar in einem Offenen Brief entgegenschleuderte: „Bravo! Bravo! Bravo! Sie haben endlich auch geschafft, wovon jeder Politiker träumt. Nämlich den überaus schwierigen Spagat nach allen Seiten. Bravo! Bravo! Bravo!" Hatte die Bundesregierung darauf spekuliert, daß sich unter den Opfern dieses furchtbaren Dramas keiner mehr finden würde, der noch die notwendigen Voraussetzungen für die jetzt eigentlich fällige Verfassungsbeschwerde erfüllen würde - nämlich Kraft und (Lebens-)Zeit?

Einige wenige haben es tatsächlich versucht. Ihre Klagen gegen das HIV-Hilfegesetz sind noch beim Kölner Verwaltungsgericht anhängig. Die zuständige Richterin hat sich anscheinend mit großem Engagement in die Materie eingearbeitet. Doch Bonn hat dicht gemacht: Ein Einblick in die Akten des Aids-Untersuchungsausschusses blieb ihr bislang verwehrt.

Diamanten-Fieber

Wolfgang Degen

Senor Frits Carlos van Guttmann-Sanchez stolperte über „peanuts". Mehr waren die 20 000 südafrikanischen Rand, etwa 7750 Mark, nicht. Zumindest nicht aus der Sicht eines Mannes, der jahrelang Millionen gescheffelt hatte, das meiste auch noch an der Steuer vorbei. Was waren schon 7750 Mark für einen, der zu seinen besten Zeiten nachts in einer Wiesbadener Kneipe innerhalb kurzer Zeit Hunderttausende von Mark bar auf einen Tisch gestapelt haben soll - wie andere Leute Zeitungspapier. Aus Geltungssucht, um bei einer Wette zu beweisen, daß er mit den Großen aus dem Milieu mithalten konnte - zumindest was das Finanzielle anging. Das trieb ihn seit Ende der 70er Jahre an, seitdem er in berüchtigten „Geldvernichtungsfirmen" das Handwerk gelernt hatte. Für einen wie Senor „Frits" waren die 7750 Mark nicht mehr als ein Griff in die Portokasse, wenn man weiß, daß er sich mit einer Kaution von zwei Millionen Mark den Knast erspart hatte. Für einige Zeit zumindest. Und er hatte, wenn auch mit gehöriger Wut im Bauch, verschmerzen können, daß er diese zwei Millionen abschreiben mußte. Die Kaution war bis auf einen kleinen Rest von betrogenen Kunden weggepfändet und im Frühjahr 1998 vom Oberlandesgericht Frankfurt für verfallen erklärt worden.

Der vermeintliche Mexikaner hatte Pech, daß ein Polizeibeamter in Kapstadt im August 1997 die 20 000 Rand verschmähte und sich nicht bestechen ließ. Ungewohnt für einen wie Senor Frits, der sich zuletzt doch fast alles hatte kaufen können - einen imposanten Fuhrpark, teure Uhren, willfährige Mitarbeiter und Helfer, Gefälligkeitserklärungen, Immobilien, die Freiheit auf Zeit. Der Beamte jedoch ließ sich nicht dazu verleiten, im Computer zu löschen, daß ein Senor van Guttmann-Sanchez samt Begleiterin (die mit echtem Paß) Mitte August 1997 nach Südafrika eingereist war.

Der Senor mit auffallend schwäbischem Akzent hatte einen guten Grund, seine Spur zu verwischen. Dieser Grund trug das Aktenzeichen 6 Js 162042/94, ein Haftbefehl, ausgestellt vom Amtsgericht Wiesbaden. Dort war Senor Frits unter seinem richtigen Namen nicht nur als Geschäftsführer der Diamantenanlagefirma Noble House bekannt, sondern auch als mutmaßlicher Millionenbetrüger. Was die Leser des Wiesbadener Kurier seit Sommer 1994 in gut zwei Dutzend Artikel erfahren hatten, breitete die Wiesbadener Staatsanwaltschaft später juristisch haarklein auf 427 Seiten aus, eine ihrer bisher umfangreichsten Anklageschriften. Wobei sich die Anklage der Einfachheit halber auf lediglich 381 Fälle beschränkte.

Eine Geschäftsfrau aus Baden-Württemberg, von den „Kurier"-Zeitungsberichten aufgeschreckt, bekam im November 1994 schriftlich, was der Diamantenbetrüger von Journalisten im allgemeinen und der Recherche des Wiesbadener Kurier im besonderen hielt. „Sollten Sie zu denjenigen Menschen gehören, die uneingeschränkt und bedingungslos der Presse mehr Glauben schenken als sonst irgendwem, dann sind Sie von meiner Seite her wirklich zu bedauern." Und den Reporter ließ der spätere Senor Frits im August 1994, im Anfangsstadium der Recherche, bei einem Telefonat wissen, was er von „Schreibern eines Provinzblattes" halte. Er sei schon mit „ganz anderen fertig geworden". Und überhaupt: „Wen interessiere schon, was in einer Wiesbadener Zeitung geschrieben stehe?"

Knapp dreieinhalb Jahre später, im Februar 1998, mittlerweile auf der Anklagebank des Landgerichts Wiesbaden, mußte der frühere Geschäftsführer der Betrugsfirma Noble House hören, wie die Richter der Ersten Großen Strafkammer über die Recherchen des Wiesbadener Kurier urteilten. Vorsitzender Richter Dr. Steffen Poulet würdigte vor der eigentlichen Urteilsverkündung „die großen Verdienste" des Reporters, der über Jahre hinweg hartnäckig nicht nur die Hintergründe der Noble House-Geschäfte recherchiert, sondern auch „immer wieder den Finger in die Wunde gelegt" habe. Im Gegensatz zur Staatsanwaltschaft. Denn die, so die Richterschelte, hätte nur „zögerlich" ermittelt. Selbst ein „prozeßtaktisches" Geständnis in letzter Minute half dem bereits einschlägig vorbestraften Angeklagten nicht mehr: Neun Jahre Freiheitsstrafe verhängte die Kammer.

„Kein Staat mit den Steinen" war in der Ausgabe vom 30./31. Juli 1994 im Wiesbadener Kurier der erste Artikel über Noble House überschrieben. Auf das Thema war der Reporter eher zufällig gestoßen, bei einer Bahnfahrt hatte ihn ein Artikel in der Heilbronner Stimme stutzig werden lassen. Da war von einer dubiosen Firma in Wiesbaden die Rede, die offenbar krumme Geschäfte mache. Nachrichtlich gab's auf den ersten Blick über das Thema Diamantenbetrügereien nicht viel Neues, sieht man davon ab, dass die Betrüger diesmal in Wiesbaden saßen, einen Steinwurf vom Polizeipräsidium entfernt. Vielleicht hätte die Recherche, zumal unter dem üblichen Zeit- und Termindruck einer Lokalredaktion, nach den ersten Artikeln ein schnelles Ende gefunden. Wie nur allzuoft im Redaktionsalltag. Aber da war das Gefühl, daß hinter den Diamanten mehr stecken könnte. Möglicherweise war auch die allzu dreiste Gegendarstellung nach den ersten Artikeln der Ansporn, tiefer einzusteigen. Zumal sich der Noble House-Geschäftsführer noch damit brüstete, die Redaktion durch Gegendarstellung und Androhung von Schadensersatz „ruhig gekriegt zu haben". Die Recherche des Reporters war für ihn nichts weiter als eine „kurze Betriebsstörung", die bald behoben sein werde.

In Wiesbaden glaubte er sich zudem unbehelligt von dem bis dahin ermittelnden Staatsanwalt, mochte doch jener, wie er dem verblüfften Reporter erklärte, nichts Unredliches bei Noble House entdecken. Vielmehr sah der Staatsanwalt in manchen

Opfern die wahren Täter, weil sie mit Schwarzgeldern Geschäfte machen wollten. Klagende Anleger waren mit ihren Betrugsanzeigen bislang gescheitert. Tips waren von dieser Seite also nicht zu erwarten.

Die Auszüge aus dem Handelsregister, als erster Einstieg, zeigten, daß Noble House einen sogenannten Beherrschungs- und Gewinnabführungsvertrag mit einer Firma in Panama hatte mit dieser bei Betrügern beliebten Konstruktion gehen geprellte Anleger erfahrungsgemäß leer aus. Ins Bild paßten auch die Querverbindungen in das Steuerparadies Liechtenstein. Die Auskünfte von Wirtschaftsdetekteien, das Ausschöpfen der über Jahre aufgebauten Kontakte bei Ermittlungsbehörden stärkten den Verdacht, daß hier ein einschlägig vorbestrafter Betrüger ein großes Geschäft aufgezogen hatte.

Der Reporter entschied sich, um Neues aufzudecken, erst einmal alte Fakten zu sammeln. Rekonstruiert wurde eine kriminelle Biographie des Noble House-Geschäftsführers, der seit Anfang der 80er Jahre in diversen betrügerischen Warentermingeschäften Spuren hinterlassen hatte. Die Staatsanwaltschaften und Strafkammern, die schon einmal mit ihm zu tun hatten, wurden abgeklappert, das Archivmaterial anderer Zeitungen und Zeitschriften ausgewertet. Es war auffallend, wie sich über Jahre die Wege bestimmter Betrüger immer wieder gekreuzt hatten. Ein Netzwerk von Beziehungen tat sich auf, Wiesbaden entpuppte sich als Dorado von Diamantenbetrügern. Die Aktivitäten von Noble House waren kein Einzelfall.

Wie aber ins „Innenleben“ von Noble House vordringen? Wie an Unterlagen der Firma herankommen? Und das mit den begrenzten Möglichkeiten einer Lokalredaktion, als „Einzelkämpfer“ ohne Zuarbeiter, ohne Scheckbuch-Journalismus. Die gewählte Taktik des gezielten Spekulierens und Provozierens, in manchen Recherche-Handbüchern verpönt oder als Ausnahme zugelassen, bewährte sich in diesem Fall. Die ersten Artikel erzeugten die gewollte Unruhe unter den Betrügern, sie verleiteten sie auch zu Fehlern. Der Geschäftsführer schickte seine Freundin vor, die den Reporter bei einem Treffen plump ausfragen sollte, was der Reporter denn schon alles wisse, und wer so Ungeheuerliches behaupte.

Bewußt als Recherche-Hebel eingesetzt wurde der Tip aus dem Milieu, daß der Geschäftsführer nicht nur nach großen Summen giere, sondern auch kleine Summen nicht verschmähe und selbst seine eigenen Mitarbeiter um verdiente Provisionen bringe. In diesem Kreis wurde nach Informanten gesucht.

Dutzende betrogener Kunden meldeten sich in den Tagen nach der ersten Berichterstattung. Sie baten um Vertraulichkeit und schilderten ihren Fall. Als sich die Anrufe häuften, wurde eine Datenbank angelegt. Sie wurde kräftig gefüttert, als sich anonym ein früherer Mitarbeiter meldete. Der Mann, ein Insider vieler Varianten des Anlagebetrugs, gab nicht nur „Nachhilfe“, er lieferte weitere Adressen betrogener

Kunden, nannte vor allem aber Namen von Ex-Kollegen. Bei einigen brauchte es Wochen beharrlicher Kontaktpflege, bis sie weitere Details lieferten oder Bekanntes bestätigten. Einer der Ex-Mitarbeiter, auch er ein um Provisionen Geprellter, entpuppte sich als Glücksfall, er schien förmlich darauf gewartet zu haben, endlich auspacken zu können über Noble House. Kundenkarteien, Abrechnungen und Telefonlisten wurden dem Reporter zugespielt.

Doch wie prüfen, was derart zugetragen wurde? Wie filtern, was mögliche falsche Anschuldigung aus Rache war? Oder gezielte Desinformation? Wie die Informanten schützen, die nach und nach Vertrauen faßten? Dazu die Bereitschaft, einen bereits fest eingeplanten Artikel in letzter Minute sausen zu lassen, um die Quellen nicht zu gefährden. Sich nicht verunsichern zu lassen, nur weil sich plötzlich ein „Zeuge" meldete, der mit Eidesstattlicher Versicherung glauben machen wollte, daß ihn der Reporter zu belastenden Aussagen „verführen" wollte und im Gespräch auch seine „wahren Motive" offenbart habe: Der Reporter wolle die Geschichte ganz groß herausbringen, „insbesondere im Spiegel, Stern und Fernsehen, und nicht vorher Ruhe geben, bis die Firma Noble House ihre Pforten schließt". Dazu zuweilen nächtelanges Beruhigen aufgeschreckter Informanten, die sich entdeckt glaubten und sich in der Atmosphäre der Angst, dem Druck nicht mehr gewachsen fühlten. Und nicht zuletzt beharrlich sein auch gegenüber Kollegen, die zwischendrin anklingen ließen, daß „doch eigentlich alles geschrieben" sei. Das war's mitnichten.

Allmählich bekam die Betrügerfirma Noble House Namen und Gesichter. Eine illustre Schar von Tricksern und Täuschern hatte sich dort versammelt: Da fand sich ein Ex-Stadtverordneter der Republikaner, den seine Partei als „nach Wien abgewandert" gemeldet hatte. Als einer der Starverkäufer demonstrierte er statt dessen wortgewandt seine Überredungskünste, mit seinem Doktortitel schindete er Eindruck bei den Kunden. Zu seinen Kollegen zählte ein einschlägig vorbestrafter Betrüger, der sich als Freigänger tagsüber im Kreis anderer Betrüger tummelte, ohne daß dies im Knast den Verantwortlichen aufgefallen wäre. Beruflich neu orientiert hatte sich auch ein Ex-Polizist, der mit seinen „Beziehungen" zu den Kollegen von einst prahlte und sie auch verschiedentlich genutzt haben soll.

Die Masche bei Noble House war gleichermaßen einfach wie gewinnbringend: Mit Lockangeboten, dem sogenannten opening, köderten Telefonverkäufer die Kunden, die zum Teil aus den Gelben Seiten herausgepickt wurden. Zulieferer war auch eine Firma aus Basel, die für 485 000 Adressen kapitalkräftiger Depotkunden eine Rechnung über knapp eine Million Mark ausgestellt hatte. Stellenweise las sich die spätere Zeugenliste wie ein Ärzteverzeichnis.

Die Betrüger wußten, wo sie bei ihrer „Telefonmassage" anzusetzen hatten. Für die Anfänger unter den Verkäufern gab's eine Gebrauchsanweisung zum Bearbeiten der Kunden, einschließlich möglicher Gesprächs- und Verhandlungsvarianten. Die Diamanten seien eine „ideale Fluchtwährung mit einer hohen Mobilität“, verhießen sie jenen, die dem Finanzamt aus dem Weg gehen wollten. Für die „Risikostreuung des privaten Vermögens bestens geeignet“, „höchste Kapitalanlage auf kleinstem Raum“, dazu inflationsstabil und krisensicher.

Anderen Kunden schmeichelten sie mit Komplimenten über deren angebliche Kompetenz in Geldangelegenheiten. Meist stand dies aber im krassen Gegensatz zu deren Ahnungslosigkeit. Wie sonst ist zu erklären, daß für Edelsteine Preise bezahlt wurden, die bis zu 500 Prozent und mehr über dem tatsächlichen Marktpreis lagen.

Mehr noch: Die Telefonverkäufer machten den Kunden auch noch weis, daß diese Phantasiepreise 13 Prozent unter dem Weltmarktpreis liegen würden. Andere Diamanten waren als Vermögensanlage deswegen völlig wertlos, weil sie als Farbsteine reine Liebhaberstücke waren.

Ob weiß oder farbig, ein sicheres Geschäft seien die Diamanten allemal, weil die Steine bei den Kunden nur „zwischengeparkt“ seien, lockten die Verkäufer. Für dieses Entgegenkommen des „Zwischenparkens“ würden die Anleger mit einer Rendite belohnt, quasi eine Prämie fürs Vertrauen. Alles ohne Risiko, denn die Steine würden zurückgenommen, da sie schon weiter verkauft seien. Allen Kunden wurde wortreich das Gefühl vermittelt, „auserwählt zu sein für die Diamanten-Schnäppchen. Dazu passend gab's die griffige Formel: „Nur die Schnellsten sind die Erfolgreichsten“. Im Glauben, daß die versprochene Kapitalvermehrung weitergehe, schossen die Kunden nach den kleinen Ködergeschäften Geld nach. In der Spirale von Kauf, Verkauf und neuerlichem Verkauf durch Verrechnung mit immer größereren und teuereren Steinen wurden die Anleger ausgenommen.

Die Köder wirkten so sehr, daß manche Opfer den Betrügern regelrecht hinterherliefen und ihr Geld bündelweise aufdrängten. Einzelne Kunden ließen sich derart blenden, daß sie Kredite von bis zu 100 000 Mark aufnahmen. Andere waren Dauerkunden, wie ein Mainzer Geschäftsmann, der zwischen November 1993 und September 1994 zwölf Mal „angezapft“ wurde.

Wollten die Kunden Geld und damit den versprochenen Gewinn sehen, waren die Telefonverkäufer um Ausreden nicht verlegen: Mal scheiterte die versprochene Rücknahme der Diamanten an den bevorstehenden Wahlen in Südafrika, mal war Angola daran schuld, weil das Land angeblich Diamanten zu Dumpingpreisen auf den Markt werfe. Mal war gerade in Australien eine neue Mine eröffnet worden, wodurch der Diamantenmarkt „übersättigt“ sei. Hoch im Kurs stand der Spruch, daß ein wichtiges Geschäft in Japan geplatzt sei und es deswegen zu Verzögerungen komme.

Der Handel mit Steinen und Lügen lohnte sich auch für die Starverkäufer, den „loadern“, denen die großen Geschäfte vorbehalten waren. In manchen Monaten machte der Spitzenmann einen Umsatz von einer halben Million. Manchen blieb dennoch wenig, denn die Betrüger zogen sich auch untereinander über den Tisch: Unter anderem drückte der Geschäftsführer seinen Starverkäufern überteuerte Uhren in die Hand, die sie dann abzukaufen hatten. Auf Pump, verrechnet wurde mit späteren Provisionen. So standen sie in seiner Schuld, waren von ihm abhängig, mußten Abschlüsse bringen.

Geldgierige, Gutgläubige, Spielernaturen, aber auch Bemitleidenswerte folgten dem Lockruf der Betrüger. Manche waren so naiv, daß sie sich ein zweites und drittes Mal ausnehmen ließen. Sie fielen auf „diesmal sichere" Angebote von Noble House-Konkurrenten herein, mit denen sie ihre Verluste wettmachen wollten. Nicht wissend oder ignorierend, daß sie gezielt ausgeguckt worden waren, weil man um ihre Notlage oder Empfänglichkeit wußte. Wenn auch die Motive unterschiedlich waren, gemeinsam war allen Opfern, daß die Geldgier stärker war als der Verstand.

Wie bei jenem Freiburger Rentner, der hinter dem Rücken seiner Frau zur Aufbesserung der Altersvorsorge auf Risiko setzte und das Ersparte einsetzte. Die Diamantengeschäfte brachten den Mann an den Rand des Ruins. Das erlebte auch jener Unternehmersohn, der mit den erhofften Diamanten-Gewinnen die Bilanzen des Familienbetriebes aufbessern wollte. 128 000 Mark Diamanten-Kapital kratzte der hoffnungsvolle Mann zusammen - geliehen von Freunden, Geld aus dem Betrieb der Mutter, selbst das Erbe hatte er sich vorzeitig auszahlen lassen. Am Ende stand der Mann vor dem Nichts, - der Betrieb kaputt, die Ehe auseinandergebrochen, das Privathaus versteigert. Gerade mal 20 000 Mark gab's als Gegenwert für die Diamanten.

Auch die unter Druck geratenen Betrüger recherchierten eifrig: Mal gaben sie sich bei Anrufen in der Redaktion als Polizisten aus, „um zu ermitteln", weil der Wagen des Reporters in einen Fall „schwerer Unfallflucht mit Toten" verwickelt sei. Mal riefen sie bei einer entfernt lebenden Bekannten des Journalisten an, um sich im „Auftrag eines deutschen Zeitungskonzerns ein fundiertes Bild über die auserwählte künftige Führungskraft", den Reporter eben, zu verschaffen. Gewalttätigkeiten, Schulden oder Alkoholprobleme interessierten sie besonders. Waren diese Bluffs noch amüsant, so mahnten handfeste Drohungen zur Vorsicht. Immerhin war der eine oder andere Betrüger auch schon wegen Körperverletzung der Polizei aufgefallen.

Hinzu kamen die Einschüchterungsversuche bei vermeintlichen Informanten. Der Noble House-Boß drohte angesichts der Enthüllungen, daß er das Zeitungshaus mit einer Videokamera überwachen lasse, um Informanten zu erwischen. Im naiven Glauben, daß dort die Informanten ein- und ausgingen. Selbst der kleine Bruder einer Noble House-Mitarbeiterin, die als vermeintliche Informantin verdächtigt wurde, bekam die Wut der Betrüger zu spüren. Auf der Straße wurde der Junge verprügelt, mit „Schönen Grüßen" an seine Schwester. Die wisse schon, warum man ihn verdroschen habe. Parallel zur immer tiefer eindringenden Recherche und den daraus resultierenden

Zeitungsberichten lief der Rechtsanwalt von Noble House zur Hochform: Mit Gegendarstellungen, Schutzschriften, Widerrufsforderungen oder Antrag auf Unterlassung, angedrohten horrenden Schadensersatzforderungen versuchte er, weitere Enthüllungen zu verhindern. Redaktion und Verlag, längst unterstützt von einem in Presserecht erfahrenen Anwalt, knickten auch nicht ein, als Noble House in einem letzten Rundumschlag beim Oberlandesgericht Frankfurt eine Einstweilige Verfügung zum Mundtotmachen erwirken wollte. Der Anwalt der Firma sah „durch grob fehlerhafte Recherche" und eine „inszenierte Pressekampagne mit aufgewärmten Artikeln", betrieben von einem „karrieresüchtigen" Reporter, gar die Resozialisierung seines Mandanten gefährdet.

Die Frankfurter Richter hingegen bejahten sehr wohl das Informationsbedürfnis der Öffentlichkeit, eine „grob fehlerhafte Recherche" mochten sie schon gar nicht erkennen. Der Geschäftsführer müsse vielmehr die Berichterstattung „im überwiegenden Interesse der Pressefreiheit" hinnehmen. „Das Informationsinteresse der Öffentlichkeit ist durch die bereits erfolgten Veröffentlichungen im „Wiesbadener Kurier" auch noch nicht erschöpft, weil die Zeitschrift jeweils an weitere Einzelheiten anknüpft und auch zusätzlich neue Leser ansprechen will", stärkten die Richter der Redaktion den Rücken. Eine dauernde Verletzung und Mißachtung der Persönlichkeitsrechte sahen die Richter nicht. Und auch die Vorstrafen des Geschäftsführer durften nach ihrer Auffassung genannt werden: Es gebe durchaus ein öffentliches Interesse, zu erfahren, ob der Geschäftsführer einer solchen Firma schon einmal wegen ähnlicher Delikte mit dem Gesetz in Konflikt geraten war. Verzichten müsse die Redaktion jedoch darauf, die Vorstrafen in Kombination mit dem Namen zu nennen.

Dem Noble House-Geschäftsführer drohten nach den Recherchen nicht nur finanzielle Verluste: Schnell kam heraus, daß er bis Juni 1995 noch unter Bewährung stand, nachdem ihn das Landgericht Frankfurt im November 1986 zu sieben Jahren Freiheitsstrafe verurteilt hatte. Seit Juni 1989 war die Reststrafe zur Bewährung ausgesetzt. In der Bewährungszeit war er rückfällig geworden, was er in der Zeitung nicht abgedruckt wissen wollte. Außerdem trug er sich mit dem Gedanken an einen Umzug: Bei der für ihn zuständigen Strafvollstreckungskammer Ulm, die nichts von seinen neuerlichen kriminellen Geschäften wußte, war er vorstellig geworden mit dem Wunsch, seinen Wohnsitz nach Gibraltar verlegen zu dürfen. Was die Richter umso mehr verweigerten, als sie mittlerweile durch den Reporter erfahren hatten, daß Noble House über einen Firmenableger in Gibraltar die Schwarzgeld-Geschäfte abwickelte. Auch die Behörden in Gibraltar reagierten: Im August 1994 erhielt der Geschäftsführer ein Aufenthaltsverbot, er durfte nicht mehr einreisen.

„Das ist ein unverbesserlicher Betrüger, der mit allen Wassern gewaschen ist", faßte ein Staatsanwalt, der mit Akribie frühere Betrugsanklagen gegen den Noble House-

Geschäftsführer zusammengetragen hatte, seine Erfahrungen zusammen. Wie recht der Staatsanwalt hatte, förderte die weitere Recherche zu Tage. Ein Informant, der sich nach den ersten Artikeln meldete, zeigte sich über die Berichterstattung enttäuscht: Da sei immer nur von Diamantengeschäften die Rede. Er könne nicht verstehen, daß noch nichts über ein Kinderhilfswerk namens Children Mission Fund (CMF) zu lesen war. Ob der Reporter denn nicht wisse, daß ein solches Kinderhilfswerk in Büros arbeite, die von den Diamantenbetrügern zur Verfügung gestellt würden. Es gebe auffallende Verbindungen zwischen dem Geschäft mit dem Mitleid und den glitzernden Steinen.

Neue Recherchen deckten auf, daß an der Spitze des Kinderhilfswerks, das Paten für Kinder in Lateinamerika suchte, die frühere Freundin des Noble House-Geschäftsführers stand. Sie soll nach Überzeugung der Ermittler in der Anfangszeit, während ihr damaliger Freund noch offiziell Berufsverbot hatte, treuhänderisch für ihn die damals noch nicht bestandenen Diamantengeschäfte geführt haben. Dann war sie ausgestiegen.

Nach bekanntem Muster meldeten sich erneut die Anwälte, auch alle enthüllenden Berichte über dubiose Verflechtungen zwischen dem Spenden- und dem Diamantengeschäft sollten unterdrückt werden. Jede Veröffentlichung gefährde das Leben von Straßenkindern in Südamerika, weil Paten durch falsche Behauptungen abgeschreckt würden, klagten Vertreter des Kinderhilfswerks zu guter Letzt. Da aber hatten frühere Mitarbeiter gegenüber dem Reporter längst geschildert, wie sie angehalten wurden, am Telefon auf die Tränendrüse zu drücken. Ihre Kunden suchten sie in den Gelben Seiten, Ärzte und Apotheker waren als besonders „ertragreich" eingeschätzt worden. Auch bei Architekten sei immer etwas zu machen, war den Mitarbeitern auf den Weg gegeben worden. Nach diesen Enthüllungen wurde einigen Paten im nachhinein klar, daß es kein Zufall war, daß ihnen nicht nur Patenschaften, sondern später auch ein tolles Diamanten-Anlagegeschäft offeriert worden war.

Die Mitarbeiter des Kinderhilfswerks arbeiteten auch nicht ehrenamtlich, wie sie den Paten weismachen sollten, bezahlt wurden sie nach Stunden. Was sich deswegen leicht beweisen ließ, weil das Kinderhilfswerk, freilich ohne Namensnennung, ausgerechnet in der Zeitung, die die dubiosen Vorgänge aufdeckte, bezahlte Stundenkräfte gesucht hatte. Auch Betrüger machen halt Fehler.

Der Fall Hagenuk - Die Informationssperre durchbrechen

Patrik Baab

Im Beitrag soll nachgezeichnet werden, wie methodischer Fernseh-Journalismus ein angeschlagenes Management zwingt, die Karten auf den Tisch zu legen.

1. Das Thema: Der Telefonhersteller Hagenuk steht vor der Pleite

Am 5. Dezember 1997 beantragt die Kieler Firma Hagenuk beim Amtsgericht die Eröffnung des Vergleichsverfahrens. 1300 Mitarbeiter in Kiel und Berlin bangen um ihren Job. Schon Tage zuvor hatte sich die Zahlungsunfähigkeit abgezeichnet: Die Produktion konnte nicht mehr aufrecht erhalten werden, Lieferanten wurden vertröstet, fertige Telefone waren kaum mehr am Lager.

Sofort stellten sich Fragen: Wo lagen die Ursachen der wirtschaftlichen Schieflage? Ging in diesem Unternehmen - mit weltweit anerkannt hohem Stand des Know How - alles mit rechten Dingen zu? Waren Managementfehler für die Firmenkrise verantwortlich? Das Thema Hagenuk wurde über mehrere Wochen zum Dauerbrenner in Schleswig-Holstein.

Der Rechercheur mußte sich also Strukturwissen und Marktkenntnis aneignen, das Vertrauen der Beteiligten erwerben, die Konsequenzen eines Vergleichsverfahrens ermessen, die Vorgeschichte rekonstruieren, die Hintergründe des Vergleichs enthüllen und daneben genau beobachten, ob sich die Akteure nicht zu Lasten der verbliebenen Arbeitsplätze aus der Vergleichsmasse bedienen. Keine Arbeit für einen Tag. Folgerichtig entwickelte sich eine fließende Recherche mehrerer Redakteure, die sich in zahlreichen aktuellen Fernsehfilmen, Interviews und Live-Schalten für das Schleswig-Holstein-Magazin des NDR niederschlug - also in fortlaufender Berichterstattung.

2. Der Ansatz: Ein Wirtschaftsthema handfest machen

Am 3. Dezember 1997 führte der Verfasser ein Hintergrundgespräch mit einem führenden Kieler Gewerkschaftsfunktionär. In diesem Gespräch wurden die Voraussetzungen zur Hagenuk-Berichterstattung geschaffen.

Zunächst wollten sich beide Seiten lediglich kennenlernen und dabei ausloten, wie Wirtschaftsthemen im Fernsehen angemessenen Raum finden können. Für Journalisten reine Routine: Vertrauen erwerben, Verläßlichkeit beweisen und Fairneß walten lassen - das sind Grundlagen des Jobs, nicht nur beim Fernsehen.

In diesem Fall wurde eine wenige Wochen zurückliegende vertrauensvolle Zusammenarbeit mit frischen Informationen belohnt: Der Verfasser erfährt vom drohenden Vergleichsverfahren bei Hagenuk, hört erste Mutmaßungen über Mißmanagement und erhält wichtige Hinweise zum Geschehen im Werk: trotz wochenlanger Unterbeschäftigung war keine Kurzarbeit beantragt worden, das Management lag miteinander im Streit, die Restproduktion war zur ebenfalls angeschlagenen Konzernmutter IPC nach Singapur verschifft worden, die Patente waren bei einer Tochterfirma geparkt. Die Vermutung des Gewerkschaftsfunktionärs: Das Management laviere bis an den Rand der Konkursverschleppung. Die wirtschaftliche Schieflage habe irgend etwas zu tun mit dem früheren Hagenuk-Mehrheitseigner Manfred Schmidt.

Ein spannendes Thema - und im Fernsehen eine Herausforderung. Denn obwohl Wirtschaftsthemen auf der Werteskala der Zuschauer weit oben rangieren, steht ihr Anteil am Programm in vielen Fernsehformaten in keinem Verhältnis zu ihrer Bedeutung. In vielen Redaktionen gelten Wirtschaftsthemen zu Unrecht als Quotenkiller. Dies ist einer Reihe von Hindernissen geschuldet, die ökonomische Stoffe für den Fernsehjournalisten oft zum Hürdenlauf werden lassen: der Einstieg ist oft Knochenarbeit, der Stellenwert der Probleme ist Dritten manchmal nicht unmittelbar einsichtig, der Fernsehautor steht vor immensen Darstellungsschwierigkeiten.

Denn zur Sachrecherche kommt im Fernsehjournalismus die optische Recherche dazu. Neben dem Gang ins Archiv und dem Griff zum Telefonhörer müssen Treatments und Drehpläne erdacht, Grafiken angefertigt, Interviews vor der Kamera geführt und dabei Redaktions- und Kamerateams sowie ein hoher technischer Produktionsaufwand koordiniert werden. Zu einem klaren Konzept und strukturierten Produktionsabläufen muß sich der Autor mit jenen Elementen befassen, die eine Fernseh-Reportage spannend machen: Er dokumentiert optisch die Recherchewege, macht Umfragen und Aufsager, organisiert Live-Schalten und sucht menschliche Beispiele, Betroffene.

Alle diese Elemente haben bei der Hagenuk-Berichterstattung eine Rolle gespielt. Als Mix von Elementen dienten sie dazu, die Reportagen über das Vergleichsverfahren zu vertiefen, ihnen Farbe und Kontur zu geben sowie Betroffenheit auszulösen.

3. Der Einstieg: Informationsvorsprünge nutzen

Als die Hagenuk-Geschäftsführung ein paar Tage später den Vergleichsantrag vorlegt, sind Bilder und Statements zunächst beeindruckend: eine Betriebsratsvorsitzende weint vor laufender Kamera, der Wirtschaftsminister redet von Mißmanagement, die Belegschaft zwischen Hoffen und Bangen. Doch über die Hintergründe des Vergleichs erfährt die Presse so gut wie nichts. Erst Stunden nach der Information durch den Betriebsrat geht die Geschäftsführung widerstrebend vor die Presse, es werden überwiegend Worthülsen gedroschen. Dem Verfasser war dies zu wenig.

In dieser unbefriedigenden Situation war es naheliegend, auf die Hintergrundinformationen der IG Metall zurückzugreifen. Der zentrale Vorwurf - Nieten in Nadelstreifen hätten die Firmenkrise verschuldet - wurde zunächst wieder zitiert. Um diese Kritik zu belegen, wurde in zwei aufeinanderfolgenden Filmen das Krisenszenario der Gewerkschaftsseite dargestellt: Ein Anschlußkonkurs schien wahrscheinlich, da es zunächst fraglich war, ob die erforderlichen 35 Prozent des Betriebsvermögens den Gläubigern angeboten werden konnten. Denn die Gebäude waren gemietet, die Anlagen geleast, die Patente verpfändet.

Die Mutmaßungen einer Konfliktpartei sollten die Firmenleitung und später auch den Vergleichsverwalter in Zugzwang bringen und dazu zwingen, der Belegschaft möglichst schnell reinen Wein einzuschenken, was die Lage des Unternehmens betraf.

Der Rechercheur ließ also zunächst einen Versuchsballon steigen, dessen Inhalt sich zwar später als weitgehend korrekt herausstellte, der aber zunächst nicht durch die notwendige Gegenrecherche überprüft werden konnte. Denn es war ja gerade der Zweck dieses Vorgehens, die Gegenseite zum Reden zu bringen. Die Möglichkeit dazu war durch das Hintergrundgespräch mit dem Gewerkschaftsvertreter gegeben. Selbstverständlich wurde die Veröffentlichung der Informationen mit dem Gesprächspartner abgestimmt. Doch zunächst hielt die Informationssperre des Unternehmens. Noch war das Netz der Vorwürfe nicht dicht genug.

4. Die Betroffenheit: Fernsehen wird vor Ort gemacht

Weil die Sachrecherche zunächst steckenblieb, wich die Redaktion auf die Ebene der Betroffenheit aus. Eine Live-Schalte mit Teilen der Belegschaft, der Betriebsratsvorsitzenden und der IG Metall wurde für eine Abendausgabe des Regionalmagazins kurz vor Weihnachten 1997 geplant und durchgeführt. Nach wie vor wollte sich die Geschäftsführung nicht äußern, das Betriebsgelände blieb tabu, Drehgenehmigungen waren nicht zu bekommen. Der Ort des Geschehens: Zur Hauptsendezeit mitten in der Stadt und für alle Passanten sichtbar vor dem Werkstor.

Zwar kamen in der Sache durch die Live-Schalte kaum neue Erkenntnisse dazu. Aber dennoch brachte die Präsenz des Fernsehens vor Ort wichtige Impulse für das Gesamtgeschehen: Die Rechercheure konnten ihr Lagebild vervollständigen. Die hochgradig verunsicherte und verängstigte Belegschaft akzeptierte das Fernsehen gegenüber einer sich nach wie vor ausschweigenden Firmenleitung als Anwalt ihrer Interessen. Die öffentliche Betroffenheit angesichts der Firmenkrise wuchs. Dadurch kamen Geschäftsführung und Vergleichsverwalter zunehmend unter Rechtfertigungsdruck.

Hier zeigt sich die eigentliche Qualität des Fernsehens: In der Darstellung der Fakten meist kürzer und damit weniger gründlich als die Zeitung, kann es mit Reportagen ein Höchstmaß an öffentlicher Aufmerksamkeit und Betroffenheit herstellen und damit die Verantwortlichen in Konfliktsituationen zum Handeln zwingen.

In der Folge bröckelte die Mauer des Schweigens, die von der Firmenleitung aufgebaut worden war. Zunehmend waren Mitarbeiter und Angehörige der Geschäftsführung, konfrontiert mit den Vorwürfen der Gewerkschaften, bereit - wenn auch zunächst nur hinter vorgehaltener Hand - manches zu bestätigen. So stellten die Rechercheure fest: tatsächlich lagen die Vorstandsmitglieder miteinander in heftigem Streit, über Besitzverhältnisse und Betriebsvermögen herrschte weitgehend Unklarheit, eine neue Kreditlinie der Banken war zunächst nicht in Sicht. Die Lage war schlimmer als erwartet - und doch nicht ganz hoffnungslos.

5. Die Analyse: Eine Pendelrecherche durchführen

Als der Vergleichsverwalter am 17. Dezember 1997 endlich vor die Presse ging, wollte er zunächst lediglich Weihnachtsstimmung verbreiten. Nachdem er die Geschicke der Firma Hagenuk in die Hand genommen hatte, gelang es ihm, die Gläubigerbanken mit einer Bürgschaft des Wirtschaftsministeriums zu einem Verwalterkredit zu bewegen. Damit konnten die Dezemberlöhne gezahlt werden. Die Produktion sollte im Januar wieder anlaufen. Doch im Laufe der Pressekonferenz kam der Vergleichsverwalter nicht umhin, das ganze Desaster des Unternehmens in Umrissen zu skizzieren und wesentliche Details preiszugeben.

So mußte der Sequester auf wiederholte Nachfrage bestätigen, daß der ehemalige Hagenuk-Hauptgesellschafter und Geschäftsführer Manfred Schmidt wesentlich zum Niedergang der Firma beigetragen hat und für die desolate Finanzlage mitverantwortlich ist. Unter anderem war inzwischen belegt, daß Schmidt 1996 über einen Strohmann eine Firma gründete und ihr wertvolle Hagenuk-Patente verkaufte.

Als Katalysator dienten wiederum die internen Informationen der Gewerkschaftsseite. Sie boten die Grundlage für eine Pendel-Recherche: eine Konfliktpartei wird mit den Aussagen der anderen Konfliktparteien konfrontiert mit dem Ziel, eine Bestätigung oder eine Korrektur der recherchierten Zusammenhänge zu bekommen.

Tatsächlich ist es auch im Falle Hagenuk nach und nach gelungen, durch wechselseitige Konfrontation der Versionen von Hagenuk-Firmenleitung, Betriebsrat, Belegschaftsmitgliedern, Wirtschaftsministerium, Banken und Vergleichsverwalter ein weitgehend stimmiges Bild der Betriebssituation zu erhalten. Basis dafür war eine genaue Befragungsliste. Zu guter Letzt blieb dem Vergleichsverwalter angesichts mehrmaliger faktengestützter Nachfrage nichts anderes übrig, als die vorgelegten Hypothesen zu bestätigen.

Klar, daß in dieser Phase der Recherche der wiederholte Gang ins Archiv von besonderer Bedeutung war. Es mußten Fakten über den ehemaligen Geschäftsführer Manfred Schmidt auf den Tisch, über seine geschäftlichen Aktivitäten und den Zeitpunkt, als der versuchte, die bereits angeschlagene Firma Hagenuk durch Aktientausch mit dem Mutterkonzern IPC in Singapur loszuwerden - ein mühseliges Zusammensetzen von Mosaiksteinen, die deutlich werden ließen, daß in der Ära Schmidt wesentliche Fehlentscheidungen getroffen wurden.

6. Follow-up: Ein Thema weitertreiben

Nun - nachdem das Eis gebrochen war - wurde es auch zunehmend leichter, die Hagenuk-Story in Bildern zu erzählen. Zu den Pressekonferenzen, Grafiken, Außenansichten des Werks und Archivbildern aus der Produktion kamen nach der Jahreswende 97/98 neue Ereignisse und Handlungsträger: die Produktion konnte wieder anlaufen, die Firma Tiptel interessierte sich für ein Engagement, für Teile der Belegschaft wurde eine Auffanggesellschaft gegründet.

All diese Ereignisse bildeten den nächsten Schritt der Recherche: das Vervollständigen. Hier galt es, für die im Fernsehen gebotene Schnelligkeit und Kürze, nicht perfektionistisch, sondern pragmatisch zu recherchieren. Der Leitgedanke, angesichts drohender Arbeitsplatzverluste sozial verantwortlich zu berichten und die Verschleierung der betrieblichen Finanzlage auf Kosten der Beschäftigten zu verhindern, blieb dabei weiter erhalten.

7. Erfolgskontrolle: Die Berichterstattung auswerten

Keine Recherche ist perfekt. Auch unsere war es nicht. Das hat viele Gründe. Da sind einmal die Produktionszwänge des Fernsehens: feste Sendezeiten, hoher Aktualitätsdruck, Probleme mit der optischen Umsetzung, Zeitdruck bei Recherche, Dreh, Bildbearbeitung und Texten. Oft fehlten zum Zeitpunkt der Sendung noch Interviews mit den wichtigsten Augenzeugen oder Teile der Archivrecherche. Denn das Aufdecken des Hagenuk-Vergleichs konnte nur durch Rekonstruktion sowie in der Form der „fließenden Recherche“ geleistet werden. Überprüfen und vervollständigen gingen Hand in Hand.

Dennoch läßt sich die Qualität der Berichterstattung durchaus bilanzieren. Da ist einmal die Anzahl der gesendeten Filme: Allein der Autor findet in seinen Unterlagen die Texte von fünf Magazinstücken, die Gesamtzahl der gesendeten Beiträge liegt wesentlich höher. Das zeigt auch: qualifizierte Fernsehrecherche funktioniert allein schon wegen der komplexen Produktionsbedingungen häufig nur im Team. In der kritischen Rückschau läßt sich ebenfalls festhalten: Der Inhalt der Filmbeiträge war durchgehend korrekt. Alle Informationen waren durch mehrere voneinander unabhängigen Quellen belegt; was als persönliche Meinung gekennzeichnet und bewußt spekulativ veröffentlicht worden war, konnte im wesentlichen im Fortgang der Recherche bestätigt werden. Die Quote der Sendungen läßt die Vermutung zu, daß auch das Thema Hagenuk die Publikumsanbindung des Magazins durch Glaubwürdigkeit, Verläßlichkeit und journalistische Unabhängigkeit erhöht hat.

Schlechter ist die Bilanz für Hagenuk. Ende Juni 1998 gelang dem Vergleichsverwalter der Verkauf der verbliebenen Handy-Sparte an den italienischen Telefonhersteller Telital. Von den 1300 Stellen blieben 750 übrig. Die Gläubiger gingen leer aus. Hart ging der Vergleichsverwalter mit dem ehemaligen Mehrheitseigner Manfred Schmidt ins Gericht. Er habe niemals nur eine eigene Mark in die Firma gesteckt und am Niedergang des Unternehmens kräftig verdient. Es wird noch Jahre dauern, bis das Geschäftsgebaren des Konkursgewinners restlos aufgeklärt ist. Ein vorsätzlicher Konkursbetrug ist jedoch bislang nicht nachweisbar.

In anderen Köpfen denken können

Franziska Hundseder

Alle atmeten auf: Stadtverwaltung, Staatsschutzabteilung der Polizei und Pforzheimer Antifa waren sich an diesem Abend, dem 6. November 1991, sicher, der Auftritt des britischen Rechtsextremisten David Irving in Pforzheim, der Goldstadt am Nordschwarzwald, sei verhindert worden. Irving werde nicht auf einer Veranstaltung, zu der ein stadtbekannter Unternehmer und langjähriger CDU-Mandatsträger geladen hatte, sprechen können. Das Leugnen der Vernichtung von Juden in Gaskammern des Dritten Reiches werde zumindest in Nordbaden nicht stattfinden.

Das tat es aber doch. Behörden und Antifa waren ausgetrickst worden. Und das ging so: Im Oktober 1991 verschickte Dr. Manfrid Dreher, Chef einer marktbeherrschenden Firmengruppe und für seine Verdienste mit zwei Bundesverdienstkreuzen ausgezeichnet, Einladungen zu einem Vortrag des „weltbekannten Historikers" David Irving in der Stadthalle in Pforzheim. „Die Propaganda in den letzten 50 Jahren" habe „systematisch ein falsches Deutschlandbild aufgebaut", hieß es in der Einladung, Irving könne aufgrund seiner Forschungsergebnisse das Geschichtsbild der Deutschen korrigieren. „Diesem Zurechtrücken der Vergangenheit ist sein Vortrag gewidmet," schrieb der Gastgeber und Organisator. Für Dr. Dreher, den in Pforzheim jeder und jede kennt, war es nicht schwierig gewesen, für eine Veranstaltung mit dem Titel „Neues Europa" die repräsentative Stadthalle anzumieten. Doch nachdem ruchbar geworden war, wer der Referent sei, nämlich dieser free lancer der Zeitgeschichte David Irving, der seit 1990 zur Zurückweisung an der deutschen Grenze ausgeschrieben ist, hagelte es Proteste zum Beispiel von der Pforzheimer Friedensinitiative und dem DGB-Vorsitzenden Jürgen Schroth, und die Stadthallenverwaltung weigerte sich, weiterhin Räume zur Verfügung zu stellen.

Am Veranstaltungstag erschien dann ein Inserat in der Pforzheimer Zeitung, der für 18.30 Uhr vorgesehene Vortrag müsse abgesagt werden. Gerade als ich mich an diesem 6. November 1991 gegen mittag auf den Weg nach Pforzheim machen wollte, bekam ich die Nachricht von der Absage. Ich hatte diese Veranstaltung für ein ARD-Fernsehmagazin drehen wollen. Nun, nach den neuen Gegebenheiten, mußte die Redaktion von dem aktuellen Stand unterrichtet werden. Lohnte es sich, dennoch mit einem Kamerateam nach Pforzheim zu fahren, wenngleich kaum konkrete Hinweise, sondern nur ein Fingerspitzengefühl dafür sprachen? Die Uhrzeit für den Vortragsbeginn war etwas ungewöhnlich, nämlich 18.30 Uhr. Wer macht schon an einem Mittwochabend um halb sieben eine Veranstaltung? Vorträge beginnen doch insbesondere werktags eher um 19.30 oder 20.00 Uhr. Und wieso war in dem Anzeigentext so subtil formuliert worden, der für heute 18.30 Uhr vorgesehene Vortrag müsse abgesagt werden? Hätte es nicht genügt, den für heute vorgesehenen Vortrag abzusagen? Zweitens sollte Irving von einer „Welttournee" kommen, so daß kaum anzunehmen war, daß er lediglich für ein Privatissimum auf dem Sofa eines Unternehmers über den Ozean fliegt. Und drittens wäre es nicht das erste Mal, daß Rechtsextremisten eine Veranstaltung offiziell absagen, um sie dann unbehelligt von Medien und Behörden dennoch abzuhalten.*

Kurzum: Diese Merkwürdigkeiten wurden von der Redaktion für ausreichend gehalten, so daß ich nach Pforzheim fahren und auch das Team behalten konnte. Vor der Pforzheimer Stadthalle standen ab 18 Uhr Gruppen von Personen herum. Aber es war schwer auszumachen, ob diese nun Polizei in Zivil, beobachtende Antifa oder potentielle Veranstaltungsinteressenten waren. Etliche meist ältere Herrschaften strömten zur Stadthalle, lasen die Absage auf den Plakaten an den Eingangstüren und marschierten einfach wieder davon. Der Eindruck verstärkte sich, es fände tatsächlich kein Irving-Vortrag statt. Was macht man in einem solchen Moment? Manchmal ist es gut, sich in den Kopf des Veranstalters zu versetzen und sich zu überlegen, was einer wohl anstellen könne, wenn er partout einen in der Wolle gefärbten Rechtsextremen in Pforzheimer Kreise einführen und sich auch durch eine fristlose Mietvertragskündigung nicht davon abhalten lassen wolle.

Vielleicht ist ein Anruf bei Dr. Dreher sinnvoll, denn er selbst oder eine Sekretärin müßten doch am Telefon sitzen und enttäuschten Gästen die Absagegründe mitteilen, zumal Dreher vorher von 400 Anmeldungen gesprochen hatte. Doch es ging niemand ans Telefon. Das machte mich stutzig. Es findet statt, dachte ich mir, aber wo?

Schließlich marschierte ich nochmals mit resolutem Schritt an die Stadthalle, rüttelte an der Glastür und schimpfte laut vor mich hin: „So eine Sauerei! Das muß einem doch gesagt werden, bevor man von weither anfährt..." Und siehe da, es löste sich eine Person aus einer herumstehenden Gruppe und sagte mir: „Der Vortrag ist gar nicht hier, er ist doch im Adler in Büchenbronn um 20 Uhr." Abgesagt war also der

* Der erste Kongreß zum Thema Vernetzung, bei dem sogenannte nonkonforme Patrioten, von rechts gewirkten Burschenschaftern bis zu notorischen Neonazis, in Koblenz an einem Medienverbund und auch bereits an einem Mailbox-System bastelten, war ebenfalls abgesagt worden, hatte dann aber klammheimlich doch stattgefunden. Das war im November 1990. Damals hatte es auch geheißen, man müsse die Veranstaltung leider absagen, weil man Gegendemonstrationen befürchte. Offenbar war auch dieses ein Täuschungsmanöver, um ungestört tagen zu können. Sogar der Stargast kam auch: Detlef Kühn, damals noch Präsident des Gesamtdeutschen Instituts in Bonn, später Direktor der sächsischen Landesanstalt für privaten Rundfunk, hielt das Hauptreferat. vgl. Die Zeit, 16. November 1990

Vortrag um 18.30 Uhr, man traf sich ein paar Kilometer weiter in gediegenem Rahmen. Vor dem renommierten Restaurant wachten etliche Lederschränke, junge Männer, die aussahen, als kämen sie eben aus dem Body-building-Studio. Offenbar war an alles gedacht worden. Auch drinnen im Saal. Es wurden Platten mit Canapés serviert, Wein und Bier waren frei. Das Schlemmerlokal war bereits um 20 Uhr überfüllt, und man verstand sich prächtig in den braungefärbten Reihen bei trockenem Riesling und Lachsbrötchen. Schließlich kam Dr. Dreher mit stolzgeschwellter Brust und David Irving im Schlepptau. Aber Irving war nicht der einzige in Neonazi-Kreisen bekannte Leugner der Judenvernichtung im Dritten Reich an diesem Abend: Mit dabei waren die bekanntesten Vertreter der internationalen Neonazi-Szene: Ernst Zündel aus Toronto, ein unermüdlicher Leugner des planmäßigen Massenmords in Gaskammern, und Fred Leuchter aus den USA nebst Gattin. Sein Leuchter-Report, in dem er die angebliche technische Unmöglichkeit des Massenmords in Auschwitz beweisen will, gehört zu den braunen Bestsellern.

Was dort in der Nähe von Pforzheim über die Bühne ging, war gewissermaßen ein Weltgipfel der Holocaust-Leugner - auf Einladung eines CDU-Funktionärs und millionenschweren Unternehmers. Ausgerechnet ein Unionsmitglied, ein honoriges obendrein, hatte sich zum Türöffner für die sogenannte Auschwitz-Lüge in bürgerlichen Kreisen gemacht. Geladen waren zum Beispiel auch Vertriebenenfunktionäre und Mitglieder des Lions-Club. Während Irving in Österreich und Italien die Grenzen verschlossen blieben, konnte er im Badischen vor vollbesetztem Saal sprechen. Die Heimlichkeit hatte guten Grund. Es ging an diesem Abend nicht um ein „neues Europa“, sondern um ein Lieblingsthema von Alt- und Neonazis, nämlich daß es nie Gaskammern in Auschwitz gegeben habe. Das wiederhole er heute abend, sagte Irving unter tosendem Applaus und Bravo-Rufen, obwohl er wisse, daß das in Deutschland strafbar sei. Irving behauptete einmal mehr, es gebe keinen Beweis für den Holocaust, Auschwitz sei „nur eine Touristenattrappe“. „Wir haben sehr viel Interessantes gehört, und wir waren so fasziniert“, rief Dreher nach Irvings Vortrag begeistert, „daß uns die Zeit sehr kurzfristig gefallen ist.“ Über das Kamerateam war er verärgert und sagte das auch. Eingeladen hatte der Firmenchef allerdings einen Journalisten der Pforzheimer Zeitung, weil diese seine Leserbriefe ungekürzt bringe.

Dreher hatte es sich nicht nehmen lassen, auch vor Irvings unsäglichem Vortrag in das Thema einzuführen. Als der Hobbyhistoriker Dreher, Jahrgang 1923, von der „Gnade der frühen Geburt“ sprach, da wurde zustimmend geschmunzelt im Kreise der Eingeweihten, denen es offenbar als Gnade gilt, das Dritte Reich erlebt haben zu dürfen. Dr. Manfrid Dreher sprach auch selber die von Neonazis so genannte Auschwitz-Lüge an: „Der eigentliche Ansatzpunkt ist die Auschwitz-Lüge. Jeder soll künftig vor Gericht gezogen werden, der die offizielle Zahl der umgekommenen Juden anzweifelt. Bei den sechs Millionen muß es für die Deutschen bleiben, zu welchen Ergebnissen objektive Wissenschaftler auch kommen mögen. Es wurde also eine Religion hieraus gemacht..."

Dennoch stellte die Staatsanwaltschaft Karlsruhe 1992 ein Ermittlungsverfahren gegen Dr. Dreher ein. Begründung: Dreher habe nicht wissen können, daß Irving an diesem Abend die sogenannte Auschwitz-Lüge vertreten werde. Auf Einsicht in das gedrehte Material, das authentisch dokumentiert, was an diesem Abend bis 22.30 Uhr gesagt wurde, hat die Staatsanwaltschaft verzichtet.

Ein Parteiausschlußverfahren gegen Dr. Dreher ging durch drei Instanzen. Bis zum heutigen Tage mußte der Unternehmer sein CDU-Parteibuch nicht zurückgeben. Im Protokoll der mündlichen Verhandlung des Bundesparteigerichts der CDU am 21. September 1993 in Bonn ist zu lesen, daß von der Vorführung von Fernsehaufzeichnungen abgesehen wird. In dem höchsten CDU-Parteigericht sitzen so hochrangige Juristinnen und Juristen wie Dr. Heidi Lambert-Lang, Richterin am Bundesgerichtshof, der Präsident des Oberlandesgerichts a.D., Dr. Eberhard Kuthning, und die Vorsitzende Richterin am Oberlandesgericht Köln, Dr. Pia Rumler-Detzel.

Der Fall Dreher ist bis heute aktuell: In Köln nämlich ist seit Jahren ein Rechtsstreit anhängig. Es geht dabei um die Aberkennung der Bundesverdienstkreuze. Auf Initiative des ehemaligen Innenministers von Nordrhein-Westfalen, Herbert Schnoor, hatte Bayerns Ministerpräsident Edmund Stoiber beim Bundespräsidenten die Aberkennung der Orden beantragt. Stoiber ist der Auffassung, so heißt es in dem Schreiben vom 14.11.1993, daß sich Dr. Dreher der verliehenen Auszeichnung unwürdig erwiesen habe. „Dr. Dreher, dem die Thesen von David Irving bekannt sind, hat diesem nicht nur ein Forum geboten, sondern es auch unterlassen, dessen Äußerungen in der Öffentlichkeit ad hoc oder zu einem späteren Zeitpunkt deutlich zu widersprechen... Vor dem Hintergrund der Welle rechtsextremistischer Gewalt, die später in Vorfällen wie in Rostock, Hoyerswerda, Mölln und Solingen gipfelte, muß Dr. Dreher vorgehalten werden, daß eine Aktion, wie er sie durchgeführt hat, den geistigen Nährboden für rechtsradikale Gewalt geliefert hat."

Daraufhin hat der Bundespräsident das Bundesverdienstkreuz aberkannt, und dagegen hat Dr. Dreher sofort Klage beim Verwaltungsgericht Köln eingereicht. Dreher zeigt sich als Unbelehrbarer, er will den Orden nicht hergeben. Bis heute hat das Kölner Gericht noch nicht einmal einen Termin anberaumt, geschweige denn das gedrehte Rohmaterial, das diesen Abend dokumentiert, gesichtet.

Informanten im braunen Netzwerk

Wolfgang Zehrt

Er stand etwas abseits, betont lässig an einen Wagen gelehnt, das Handy in der linken Hand, die rechte Hand in den Gürtel gehakt, die Gürtelschnalle in Form eines stilisierten, aber unverkennbaren Hakenkreuzes. Während seine Kameraden von Beamten des Mobilen Einsatz Kommandos abgeführt wurden, ging ich auf ihn zu. Seine erste Reaktion hatte ich erwartet: Eine ablehnende Handbewegung, ein halbes Wegdrehen - kein Kontakt zur „bürgerlichen Systempresse", er selbst hatte diese Parole ausgegeben und seine Kameraden hielten sich daran. „Michael Meyer[1] meint, ich sollte mal mit Ihnen reden" - immerhin, er dreht sich wieder zurück, verzieht aber keine Miene. „Ach, Sie sind das also ?" Wir blieben neben dem Wagen stehen, beobachten den Abtransport der Neo-Nazis. Schwerbewaffnete Polizisten sichern das Gebäude, der ruhige Wohnort hatte sich innerhalb von Minuten in ein Feldlager verwandelt. Der Staatssekretär des Innenministeriums erscheint und erklärt das waffenstarrende Polizeiaufgebot. „Wir hatten Hinweise bekommen, daß mehrere der Saalschützer bewaffnet sind, einige sollen abgesägte Schrotgewehre haben". Alte Bekannte werden in Handschellen aus der Gaststätte geführt: Da sind die Vertreter der „White Arean Resistance" aus Schweden, die flämischen Nationalisten, eine größere Gruppe der französischen „Front National" wird laut protestierend zu einem Bus der Bereitschaftspolizei geführt. Wo sich vor wenigen Minuten noch Rechtsextremisten um das Rednerpult scharten, an dem Wiking-Jugend Chef Wolfram Narrath zur „Rassenschande" referierte, sichern Beamte in Zivil Beweismaterial und Baseballschläger, Flugblätter und Gaspistolen.

Wir verabreden uns für die nächste Woche, meine „Eintrittskarte" hat funktioniert. Ohne Empfehlung, ohne ein Weiterreichen von Funktionär zu Rädelsführer, von Gruppenleiter zum „Gau-Wart" läuft kaum etwas. Seit mehr als einem Jahr hatte ich mich gelegentlich mit einem Hamburger Neonazi-Führer getroffen, der mir viel über die wirklichen Strukturen und Strippenzieher erzählt hatte. Aus seinem Motiv hatte er kein Geheimnis gemacht, er wolle ab und zu auch mal mit jemandem sprechen, der politisch ganz und gar nicht seiner Auffassung sei, innerhalb der Szene würde ihm ja nie jemand widersprechen. Außerdem habe er keine Angst etwas auszuplaudern, man

1 Alle Namen sind zum Schutz der Betroffenen geändert, insbesondere bei denen, die die rechte Szene verlassen haben.

würde die „nationalen Ziele" auf jeden Fall erreichen, da könne nichts passieren. Irgendwann hat er mir erklärt, wie die nationale Führung der organisierten Rechtsextremisten zu erkennen ist. Egal, ob Schriftführer, Kassenwart oder Vorstandsmitglied - wer in eine übergeordnete Funktion einer ganz bestimmten nationalen Organisation gewählt wird, gehört zum „nationalen Kader". Der kann - egal zu welcher Fraktion oder Richtung er gehört - davon ausgehen, daß der größte Teil der gewaltbereiten Szene zu ihm steht - und zu dem, was er an Aktionen „empfiehlt". Den „Kameraden", der in Düsseldorf so lässig den Abtransport seiner Mitkämpfer begutachtete, wollte ich kennenlernen, weil er in dieser Organisation ganz weit oben stand. Außerdem war er einer der Wortführer einer anderen, inzwischen verbotenen bundesweiten Gruppierung. Über diese beiden Gruppen hatte der nordrhein-westfälische Verfassungschutz-Chef gesagt, „wenn es einen Durchlauferhitzer für spätere Rechts-Terroristen gibt, dann sind es ohne Zweifel diese beiden Organisationen". Ohne einen Anruf und die „Empfehlung" des Hamburger Kameraden hätte mich mein zukünftiger Informant nicht angeguckt.

Das Treffen in der nächsten Woche lief glatt. Wir hatten den Draht zueinander, ohne den nichts läuft. Er wußte, daß ich für Neo-Nazis die gleiche Sympathie empfinde wie für Pest und Cholera. Sein Motiv, trotzdem mit einem Journalisten zu reden, hörte ich in den nächsten Jahren noch öfter. Die geistigen Führer am rechten Rand sind verdammt alleine. Ihre Mitstreiter an der Spitze sind zwar auch hochintelligent, aber sich alle in der Sache weitgehend einig und schlau genug zu erkennen, daß sie deswegen Fehler machen. „Ich rede lieber mit einem Autonomen aus der Hafenstraße als mit einem scheißliberalen Spießer" - als Gegenleistung für seine Informationen wollte er Einschätzungen und Kritik von mir hören.

Ein Aufnahmegerät einschalten? Notizen machen? Ich mußte es in den ersten Monaten nur erwähnen, schon baute sich eine undurchdringbare Wand auf. „Sie zitieren nichts, Sie schneiden nichts mit, dafür wissen Sie mehr über uns als andere" - ich ließ mich darauf ein, weil seine Informationen stimmten. Immer. Inbegriffen einer kostenlosen Warnung, weil ich bei einer anderen Neonazi-Recherche offenbar in ein Wespennest gestochen hatte, ohne es zu merken. Auf dem Weg zu einem möglichen Informanten nach Antwerpen, einem ehemaligen SS-Offizier, rief er an: „Ich würde da nicht unbedingt hinfahren" - „Warum nicht?" - „Ich habe jetzt keine Lust, das groß zu erklären, aber es wäre wirklich besser so". Ich habe ihm geglaubt und bin umgekehrt, zumal ich ihm von diesem Treffen in den Niederlanden nie erzählt hatte, er hatte es irgendwie erfahren.

Ich schrieb über das, was er mir erzählt hatte, entgegen der Absprache. Im Einverständnis mit den Redaktionen änderte ich von ihm genannte Orte und Namen, so daß er bestenfalls ahnen konnte, der Informant in dieser oder jener Geschichte gewesen zu sein. Um es ihm zusätzlich zu erschweren, wechselte ich die Pseudonyme, unter denen ich schrieb, von Artikel zu Artikel. Zu dieser Zeit trat ich selbst in eine der „Kader-Organisationen" ein: Ein verfälschtes Paßbild, eine unter falschem Namen gemietete Wohnung, ein erfundener Lebenslauf. Eine Woche später war der Mitgliedsausweis da. Und die Einladung zur Mitgliederversammlung. Ich hatte Glück: Ich rief meinen Informanten an, und er sagte mir ohne Verdacht zu schöpfen, daß er nicht zu diesem Treffen kommen würde. Trotz Kontaktlinsen und veränderter Frisur hätte er mich dort erkannt, und ich wollte nicht ausprobieren, wie belastbar unser Verhältnis ist. Meine Verkleidung auf dem Weg nach Bayern stimmte: Auf einem Autobahnparkplatz nahm eine etwa 16jährige Schülerin ihren ganzen Mut zusammen, baute sich vor mir auf, guckte noch einmal zu ihrer Klasse, die abwartend am Reisebus stand - „Du dreckiger Nazi!" - und ging.

Die Gaststätte liegt idyllisch zwischen Weinbergen, ein Badesee in der Nähe. Eine romantische Bilderbuch-Gegend, wäre da nicht dieses Herzklopfen und die feuchten Hände. Ausweiskontrolle am Eingang, die beiden Skins tragen Gasrevolver im Hosenbund, mehrere Baseballschläger stehen einsatzbereit im Windfang der Gaststätte. Das Wirtshaus-Ehepaar bezeichnet sich selbst als „deutsch-national" und versorgt die schwitzenden Aufpasser mit kalten Getränken. Von meinem Fotografen ist nichts zu sehen, er liegt 300 Meter entfernt zwischen den Weinstöcken und schießt mit einem Tele die Bilder vom Einzug der Mitglieder in die Gaststätte: Ältere Herren in Trachtenjoppe, die begleitende Gemahlin im adretten Faltenrock und weißer Bluse, durchtrainierte Burschenschaftler, langhaarige, im selbstgestrickten Pullover ankommende Anhänger der immer größer werdenden neo-nazistischen Öko- und Esoterikgruppen und die große Mehrheit der ganz unauffällig gekleideten, unauffällige Autos fahrenden Rechtsextremisten. Mehr als 250, die sich mit der Mitgliedschaft in dieser Organisation zur Gewaltbereitschaft und zur Unterstützung gewalttätiger Organisationen bekennen, zu fanatischem Antisemitismus und einer weitgehenden Verehrung des Hitler-Regimes. Mein Mitgliedsausweis übersteht die Überprüfung, und der Saalwächter gibt sich damit zufrieden, daß ich meinen Personalausweis leider vergessen habe. Erleichtert falle ich auf einen der Stühle, doch jetzt fängt das Theaterspiel erst richtig an. Mein Tischnachbar, ein Gymnasiallehrer aus dem Württembergischen, regt sich über den Brandanschlag von Solingen auf. „Man muß doch sehen, daß das nicht der richtige Zeitpunkt ist, wie kann man so bescheuert sein" - ich pflichte ihm bei, strategisch sei das wirklich sehr ungünstig gelaufen. Man ist unter sich. Es sind Beamte, Handwerker, viele Studenten, Bankangestellte, ein Journalist, ein früherer BND-Mitarbeiter, mehrere pensionierte Bundeswehroffiziere, die endlich einmal ohne Rücksicht auf die Öffentlichkeit ihren ganzen Haß auf Ausländer und Juden ausleben können. Die keinen Zweifel daran lassen, daß sie ihren Haß für völlig berechtigt halten und daß nur sie den „Untergang der arischen Rasse“ aufhalten können. Verrückte - verrückt und intelligent. Die Tagung beginnt mit einem Grußwort der „NSDAP-Aufbau- und Auslandsorganisation“ aus Lincoln/Nebrasca. Die NSDAP-AO propagiert den bewaffneten Kampf für eine reinrassige Gesellschaft, ihr Chef sitzt seit zwei Jahren in Hamburg im Gefängnis. Mein Kontakt zur NSDAP-AO ist gut, ich habe unter meinem falschen Namen mehrfach Flugblätter und Plakate in größerer Auflage bestellt, dadurch finanziert sich die Organisation. Plötzlich legt jemand von hinten seine Hand auf meine Schulter, ich erstarre am Tisch, es ist einer der Saalschützer. „Kamerad, hast Du schon Deine Stimmkarte?“ - ich schüttele den Kopf und bekommen drei farblich unterschiedliche Stimmkarten.

Anrufe von Verfassungs- oder Staatsschutz nach der Teilnahme an solchen Veranstaltungen gab es regelmäßig. Es wurde akzeptiert, daß ich meine Recherchen ausschließlich Redaktionen zur Verfügung stellen würde. Trotzdem bekam ich nach mehrjährigem telefonischem Kontakt immer öfter Tips von den Rechercheuren im Staatsdienst, wobei ein „Deal“ besonders wichtig ist: Ich kann einigen dieser Spezialisten eine Einschätzung schildern, die ich aufgrund einer Recherche gewonnen habe, und sie sagen mir - ebenfalls ohne Details zu nennen -, ob diese Einschätzung ihren Erkenntnissen nach stimmen könnte. Ich hatte keine Lust, halbfertige oder zusammenkonstruierte Recherche-Ergebnisse als journalistische Wahrheiten zu verkaufen, auch wenn die große „Neonazi-Verschwörungstheorie“ von einigen Kollegen gut verkauft wird. Es gab nicht nur einen Michael Born. Der Gegencheck der staatlichen Informationen funktionierte dann wieder über die Informanten aus der „nationalen Bewegung“. Oft genug sagten sie zu Berichten in den Medien, „so weit wären wir gerne, aber das ist alles hoffnungslos übertrieben“. Trotz aller Recherche und Gegenrecherche bleibt der Rechtsextremismus ein Gebiet, in dem man aus rund dreiviertel aller Informationen nie eine Geschichte macht, weil der letzte Beweis nicht zu erbringen und die letzten Ungereimtheiten einfach nicht auszuräumen sind. Manchmal sind das die spannendsten Geschichten.

Die Herausforderung, über den organisierten Rechtsextremismus zu berichten, ist von Jahr zu Jahr größer geworden: Die Szene hat sich vor allem in der Führungsetage hermetisch abgeschirmt, selbst über das Internet werden wegen der zu großen Gefahr der Überwachung kaum noch heiße Informationen ausgetauscht, fast alles läuft über Mobiltelefone. Die „Macher“ im rechten Lager sind weitgehend die, die auch schon vor 10 Jahren das Sagen hatten. Es sind nicht mehr als ein Dutzend Männer und eine Frau, die erheblichen Einfluß haben. Gleich vier von ihnen kommen aus Hamburg.

Eineinhalb Jahre nach unserem ersten Treffen zieht sich das Netz um einen der wertvollsten Informanten zusammen: Gleich drei Ermittlungsverfahren werden eröffnet, wegen Propagandadelikten, Volksverhetzung und Aufruf zu Gewalttaten. Noch ist er in der Ausbildung und lebt bei seinen Eltern, eine schnelle Festnahme droht ihm deswegen nicht, zumal sein Vater - ein überzeugter Demokrat - in Bonn erheblichen politischen Einfluß nehmen kann. Doch dann beginnt ein viertes Ermittlungsverfahren - wegen Bildung einer terroristischen Vereinigung. Ich versuche, ihn zum Ausstieg zu überreden und mache ihm klar, daß der Ausstieg eines Spitzenfunktionärs nur geglaubt wird, wenn er öffentlich passiert, am besten in Form eines Interviews. Er besucht mich in Hamburg, zum ersten Mal gebe ich einem Rechtsextremisten meine Privatanschrift. Er befürchtet seine Festnahme, reist nur noch durch die Republik, wechselt ständig die Unterkunft. Ausstieg oder Abtauchen...

Zwei Wochen später ruft er an, er will auspacken. Nicht um sich an seinen Mitstreitern zu rächen, sondern um die Gerichte und Staatsanwälte davon zu überzeugen, daß er wirklich alle politischen Aktivitäten einstellt. Mit einem Kollegen fliege ich nach Köln, mitten in der Karnevalszeit. Im Hinterzimmer einer Kneipe - vorne tanzen die Jecken auf den Tischen - sitzen wir bis 4 Uhr morgens und bereiten das Interview vor. Wir zeichnen seine gesamte politische Karriere nach und bauen immer wieder Fallen ein, wollen ihn mit falschen Zusammenhängen und falschen Zeitangaben auf Herz und Nieren prüfen. Die Redaktion hatte uns angeboten, mit ihm in ein Hotel ins Ausland zu fliegen, um das Kreuzverhör in aller Ruhe zu führen. Wir waren uns nur nicht mehr sicher, ob die Ermittlungsbehörden einer solchen Auslandsreise zustimmen würden. Das Interview fand in einem Nobelhotel in den Wäldern um Bonn statt. Als wir zum Abendessen gehen, müssen wir lachen: In einem der Säle tagt eine Arbeitsgruppe des Bundestages zum Thema „Innere Sicherheit".

Interviewerfahrung? Der jordanische Kronprinz, palästinensische Extremisten im Süd-Libanon, der libanesische Staatschef, yemenitische Stammesälteste, Willy Brandt - dieser Gesprächspartner war anstrengender. Es wurden insgesamt 16 Stunden, davon sind die Kaffeepausen schon abgezogen. Er erzählt über Zusammenhänge zwischen Polizei und Neo-Nazis, von hohen Regierungsbeamten und deren Verbindungen zu Rechtsextremisten, von Anwälten und Geschäftsleuten in Frankfurt, die ihre Unterstützung für die braune Szene perfekt organisiert haben. Wir glauben ihm erst mal kein Wort. Wir wechseln uns bei den Fragen ab, ihm bleibt keine Zeit zum Ausweichen oder Konstruieren, im Laufe der Stunden fragen wir fünf- oder sechsmal dieselben Schilderungen ab, seine Darstellungen weichen nie voneinander ab. Völlig erschöpft setzen wir uns zur Auswertung des ersten Tages zusammen, vergleichen die Interviewpassagen mit unseren Archivmaterialien, telefonieren mit Staats- und Verfassungsschutz, um zumindest grobe Unwahrheiten unseres Informanten schnell entlarven zu können. Ich gleiche seine Schilderungen mit einem Berg von Artikeln aus Neonazi-Magazinen ab, kann aber nichts finden, was seinen Darstellungen widerspricht. Die Erfahrung mit dem Aussteiger Ingo Hasselbach ist Warnung genug: Seit Jahren reist der Vorzeige-

Aussteiger durch die Redaktionen, um Abenteuergeschichten zu erzählen, die für jeden Journalisten mit ein oder zwei Telefonaten als frei erfunden zu erkennen wären. Aber dann wäre ja die Story „gestorben"...

Irgendwann im Morgengrauen stellten wir fest, daß unsere Recherche-Ergebnisse alle Interviewaussagen bestätigten. Und beschließen, trotzdem das Material am zweiten Tag noch einmal durchzugehen, von vorne bis hinten. Wir kommen am zweiten Tag zu einem Punkt, der eine Top-Story hergibt: Ein Mord, begangen an einem Kameraden unseres Interviewpartners, der aus der Szene raus wollte und drohte auszupacken, wenn er nicht in Ruhe gelassen wurde. Auspacken auch über eine bestimmte Polizeieinheit, die eng mit der Kameradschaft einer süddeutschen Neonazi-Organisation verwoben ist und mit dieser zusammen Kampfsportraining macht. Wir glauben diese Geschichte auch am zweiten Tag nicht, werden aber nachdenklich: Unser sonst so souveräner, hochintelligenter Neonazi-Stratege rutscht bei diesem Thema auf dem Sofa hin und her, fängt sichtbar an zu schwitzen und versucht abzublocken - „mehr sage ich Ihnen dazu nicht, ich bin doch nicht irre".

Ein Jahr später habe ich ganz vorsichtig versucht, diese Geschichte weiter zu recherchieren und fand einen deutlichen Hinweis darauf, daß diese „Räuberpistole" durchaus so passiert sein kann. Da das Nachspüren unaufgeklärter Mordfälle nur in Miss Marple-Krimis für den Rechercheur gut ausgeht, landeten die Notizen vorläufig in einer verstaubten Ablage.

In meinem Briefkasten stecken zwei Briefumschläge, prall gefüllt mit internen Unterlagen einer Neonazi-Organisation, die auf der Abschußliste des Generalbundesanwaltes steht. Versammlungsprotokolle, Kassenunterlagen, Schulungsmaterialien, Dossiers über „Abtrünnige", Berichte aus Vorstandssitzungen. Kein Absender, abgestempelt in Berlin. Für diese Informationen hätte ich monatelang recherchieren müssen. Fast zeitgleich mit der Aussteiger-Geschichte im Stern erscheint das Zeit-Dossier über den militanten Rechtsextremismus. Das Dossier schlägt in der Szene wie eine Bombe ein, unter meinem falschen Namen bekomme ich die Mordaufrufe zugeschickt, die offenbar im ganzen Land kursieren: „Findet heraus, wer das war - und dreht ihm den Hals um". Vor allem die Hamburger Gruppen werden aufgerufen, irgendwie das Pseudonym zu lüften, schließlich säße die Redaktion der Zeit ja in Hamburg. Unter ganz unterschiedlichen Vorwänden versucht man, den echten Namen der Autoren zu erfahren: Mal ist es ein Buchverlag, der angeblich das Dossier verwenden will, mal eine angebliche Gewerkschaftsgruppe, die zum Thema Rechtsextremismus einen Referenten sucht. Die Staatsanwaltschaft meldet sich und empfiehlt, in der nächsten Zeit vorsichtig zu sein, die „nationale Bewegung" sei offenbar sehr wütend.

Immer wieder erzähle ich Kollegen aus unterschiedlichen Redaktionen von meinen Ergebnissen, weil ich dringend Rückmeldungen brauche von Leuten, die zwar das journalistische Handwerk beherrschen, aber von diesem Thema nicht allzuviel wissen: Hört sich das alles an wie böhmische Dörfer, setze ich viel zuviel voraus, und sind das nicht längst zu sehr ins Detail gehende Nebenaspekte, mit denen ich mich beschäftige? Meine damalige Lebensgefährtin, auch Journalistin, ist das wichtigste Korrektiv und erkennt mehr als einmal in einem Wust von Recherche-Ergebnissen den Kern der potentiellen Geschichte.

Reisen zu Treffen von Rechtsextremisten im Ausland, intensiver Briefwechsel mit Neo-Nazis, gleichzeitig persönlicher Kontakt zu sechs oder sieben Szene-Größen - mir wird klar, daß es nur noch eine Frage der Zeit ist, bis meine Doppel-Identität auffliegt. Außerdem wird das Vorgehen gegen Journalisten immer aggressiver, bei einem Treffen der Wiking-Jugend im niedersächsischen Hetendorf werden wir auf einer Landstraße gleich zweimal fast von der Straße gedrängt, die Beamten im Streifenwagen vor uns wollen nichts gesehen haben. Als wir und andere Reporter wenig später massiv bedroht werden, wendet sich die Polizei demonstrativ ab. Als wir von dieser Verbrüderung der niedersächsischen Polizei mit den Rasse-Fanatikern im NDR berichten, reagiert das Innenministerium sofort und schickt einen Zug Bundesgrenzschutz, der den Berichterstattern wieder ihre Arbeit ermöglicht, ohne ständig mit Kampfhunden bedroht zu werden. Einer unheilvollen Allianz aus Polizei und Neo-Nazis steht man bei der Vorort-Recherche öfter gegenüber: Während mehr als 10 000 Beamte bundesweit den Rudolf-Heß-Marsch verhindern sollen, bedauern Einsatzleiter die auf dem Domplatz von Fulda schwitzenden Marschkolonnen, weil es keine Wasserversorgung gibt. Als die Stiefelträger abmarschieren, werden Fotografen und Kamera-Teams von Beamten rüde abgedrängt.

Auch wenn der Nahostkonflikt zunächst wenig mit europäischen Neo-Nazis zu tun hat, gibt es eine Gemeinsamkeit: Die Recherche ist bei beiden Themengebieten schwierig, fast immer sehr zeitaufwendig und läuft oft ins Leere. Die Aussagen eines palästinensischen Extremisten zu überprüfen ist nicht viel einfacher als die Angaben eines NPD-Funktionärs zu checken. Zum Recherchieren ist beispielsweise Beirut am Ende des Bürgerkrieges eine hervorragende Schule gewesen: Einen Interviewpartner in einer Stadt ohne Telefonleitungen und Straßenschilder - aber dafür mit um so mehr Straßensperren unterschiedlicher Milizen - zu finden, kann einen ganzen Tag dauern. Einen Neo-Nazi zum Auspacken zu überreden, mitunter eineinhalb Jahre.

Ostpreussenreise

Stefan Rocker

Eigens zur Begrüssung ist eine Trachtenkapelle aus Südtirol angereist. Es gibt russischen Sekt und deutsche Volksmusik als Willkommensgruß für eine fast hundertköpfige Reisegruppe aus der Bundesrepublik, die sich ins Hinterland Kaliningrads aufgemacht hatte. Früher hieß das einmal Königsberg. Und damit das Deutsche auch hier im nördlichsten Zipfel des ehemaligen Ostpreußens wieder unüberhörbar werde, feiern die Anwesenden die Grundsteinlegung für ein deutsches Dorf samt Schule. Rußlanddeutsche, vorwiegend aus Kasachstan und Kirgisien, sollen hier angesiedelt werden; angelockt durch großzügige private Spenden. Die Osterweiterung Deutschlands hat - so die Symbolik dieses Tages - begonnen.

Den größeren deutschen Zeitungen ist dieser Spuk keine Zeile wert, bis auf den „Bayernkurier". Auf einer ganzen Seite, umrahmt mit zahlreichen Fotos, rühmt das offizielle Parteiorgan der CSU das großdeutsche Siedlungswerk als eine „bemerkenswerte Privatinitiative". Bei der Grundsteinlegung, so zitiert das Blatt wohlwollend einen Teilnehmer, sei es zu einer Wiedervereinigung der „südlichsten Deutschen" (Tiroler) mit den „nördlichsten" (Rußlanddeutschen) gekommen. Die Leser werden nicht darüber informiert, daß der Organisator des Siedlungsprojektes und Veranstalter der Reise nach Ostpreußen einer der prominentesten Rechtsextremisten der Bundesrepublik ist. Nichts erfahren die Zeitungskäufer davon, daß große Teile der Spendengelder von neonazistischen Gruppierungen stammen. Verschwiegen wird, daß der Artikelschreiber des Bayernkuriers nicht nur als Berichterstatter an der Reise teilnimmt, sondern selbst aktiver Teil der Veranstaltung ist. Zusammen mit einschlägig bekannten rechtsextremen Autoren hält er als offizieller Referent vor der Reisegruppe eine Art Schulungsvortrag.

Das ganze ereignete sich im Oktober 1994, und bis heute werden diese Art Fahrten und Projekte in schöner Regelmäßigkeit weitergeführt. Erst letztes Jahr geriet die Bundeswehr in die Schlagzeilen, als bekannt wurde, daß sie einer obskuren Hilfsorganisation des wegen Rechtsterrorismus verurteilten Manfred Röders kostenlos Material für ein Ostpreußenprojekt überließ. Immer treten diese Organistaion in der Maske des Humanitären und Seriösen auf. Meist läßt sich aber durch genaueres Hinschauen und etwas Recherche die krude Mischung aus rechten Geschäftemachern und Ideologen schnell erkennen. Vorausgesetzt, es gibt das Interesse an Aufklärung.

Für das ARD-Fernsehmagazin REPORT aus Baden-Baden nahm ich an der oben beschriebenen Reise im Jahr 1994 teil, allerdings ohne mich als Journalist zu erkennen zu geben.

Die Reise

Am 30.September 1994 startete das russische Kreuzfahrtschiff „M/S Akademik Sergey Vavilov“ zu einer achttägigen Fahrt auf der Ostsee. Auf dem Programm standen unter anderem Ausflüge nach Dresden, Kleipéda (früher Memel) und - als Höhepunkt -in das ehemalige Trakehnen, in dessen Nähe ein neues deutsches Dorf aufgebaut werden sollte.

Veranstalter der Reise waren die „Bernstein Reisen“, Teil der verschachtelten Reise- und Verlagssgruppe Dietmar Muniers. Seit vielen Jahren ist er in Verfassungsschutzberichten von Schleswig-Holstein und des Bundes namentlich aufgeführt, als einer der größten rechtsextremen Verleger Deutschlands. In seinem Buchangeboten finden sich immer wieder Werke von bekennenden Auschwitzleugnern und ehemaligen NS-Größen. Schon 1994 schreibt der Kieler Verfassungschutz in seinem Jahresbericht, daß die von Munier ins Leben gerufene private Hilfsorganisation „Aktion Königsberg“ für das ehemalige Ostpreußen offenkundig das Ziel verfolge, „mit der Wiederansiedlung Deutschstämmiger Gebietsanspruche zu untermauern“

Für die Reise wurde in Prospekten geworben. Diese wurden sowohl an die Verlagskunden geschickt als auch einer auflagenstarken Zeitung eines Vertriebenenverbandes beigelegt. Damit ließ sich eine große Zahl von Vertriebenen erreichen.

Entsprechend war die Zusammensetzung der rund 100 köpfigen Reisegruppe. Darunter: ältere Vertriebene, sogenannte Heimwehtouristen, die auf einer organisierten Fahrt ihre ehemalige Heimat wiedersehen wollten, bis hin zu organisierten Rechtsextremen. Erstaunlich: Gut ein Drittel der Teilnehmer waren Jüngere bis etwa 30 Jahren.

Verdeckte Recherche und verdeckter Dreh

Die REPORT-Redaktion beschloß im Sommer 1994, über den rechten „Aufbruch“ ins ehemalige Ostpreußen zu berichten. Um den Organisatoren die Möglichkeit zu nehmen, nur die humanitäre Fassade zu zeigen, um tatsächliche Hintergründe und Abläufe einer solchen Reise in den Osten deutlich herauszuarbeiten, kam als einzige Methode der Berichterstattung nur der verdeckte Dreh in Frage.

Der Südwestfunk hat dafür sehr enggefaßte Grundsätze erlassen, die das Ausstrahlen heimlich aufgenommener Aufnahmen nur in Ausnahmefällen erlaubt, nämlich dann, wenn „ein erhebliches Interesse der Allgemeinheit an bestimmten Informationen in einer die Öffentlichkeit wesentlich berührenden Frage angenommen werden kann und diese Informationen nicht anderweitig oder in anderer Form ... beschafft werden können.“

Genau dies wurde von der Redaktion bejaht. Besonders deshalb, weil zu erwarten war, daß allein auf diesem Wege Erkenntnisse zur Art und Weise der Finanzierung solcher Hilfsprojekte und zum Ausmaß der Verflechtung rechtsextremer mit bürgerlichen Kreisen gewonnen werden konnten. Um mich nicht als Journalist zu erkennen zu geben, wählte ich die Legende, daß ich stellvertretend für einen angeblich schwer erkrankten Verwandten an der Reise teilnähme. Dieser stamme aus dem ehemaligen Ostpreußen, sei nach dem Krieg enteignet worden und habe mich gebeten, ihm über die Reise, die er gerne selbst mitgemacht hätte, in Wort und Bild zu berichten. Das erlaubte mir, mit einer kleinen Handkamera offen zu drehen, getarnt als private Reiseerinnerungen. Es war überraschend, wie problemlos diese einfache Legende akzeptiert wurde. Schwierigkeiten ergaben sich nur aus dem Vorsatz, mit dem ich mich auf die Reise begeben hatte, mich nicht - auch um den Preis des „Auffliegens" - an irgendwelchen rassistischen Tiraden oder rechtsextremistischen Sprüchen zu beteiligen.

Erlebnisse, Hintergünde, Fakten

Die Ostpreußenreise beginnt wenig spektakulär wie eine Fahrt von eher arglosen Heimwehtouristen. Bei Reisepreisen bis zu knapp 3000 DM pro Person ist das Publikum eher bürgerlich gemischt: Studenten, Anwälte, Bundeswehrsoldaten, Krankenschwestern, Kleinunternehmer, Pensionäre. Während der Schiffsreise wird ein Seminarprogramm angeboten, täglich Vorträge und Diskussionen mehr oder weniger über ein einziges Thema: Krieg und Vertreibung.

Zu Beginn der Reise ist noch eine gewisse Vorsicht zu spüren, immerhin sind für die Veranstalter Unbekannte an Bord, vor allem Vertriebene, die zum Teil organisiert und politisch noch nicht genau zu orten sind. Doch schnell entpuppt sich das nach außen eher harmlos klingende Programm als eine Art ideologischer Schulung. Die Referenten: fast ausnahmslos rechte Szene-Autoren, die für das DVU-Blatt „Deutsche Nationalzeitung", für vom Verfassungsschutz als rechtsextrem eingestufte Verlage publizieren. Innerhalb weniger Tage lassen sowohl Referenten als auch Reiseteilnehmer die Zurückhaltung fallen. Zum Vorschein kommt ein aggressiver Rassismus und Revanchismus, wie er selten so offen zu erleben ist.

Bei Tisch, bei Ausflügen und während der Abendgespräche geht es darum, daß in Kneipen „Hunde und Neger" nichts verloren haben, daß die „Pollacken mit Feuer und Schwert" aus den ehemals deutschen Besitztümern vertrieben werden müßten, daß man „kotzen muß, wenn man Pollacken reden hört", daß die deutsche Polizei die Deutschen nicht mehr schützte, dafür aber „Verbrecher, Homosexuelle, Zigeuner und Asylbetrüger", daß in „Dachau genügend Arbeit für jeden da war" und das KZ-Motto doch stimme, daß „Arbeit frei mache". Ein Gedichtvortrag wird mit grölender Zustimmung aufgenommen, in dem deklamiert wird: „Wir haben keine Hand deutschen Sandes zu verschenken, wir werden nicht eher ruhen, bis die deutsche Heimat wieder deutsch ist". Ein Referent fordert eine erneute polnische Teilung zwischen Rußland und Deutschland und erntet dafür Beifallsstürme.

Auf dem Fest zur Grundsteinlegung der deutschen Schule werden Spenden gesammelt für das Dorfprojekt. Ein Unternehmer aus Nordrhein-Westfalen kündigt an, das Siedlungswerk mit einigen Tausend Mark zu unterstützen. An den Tischen ist zu erfahren, daß schon im Frühjahr eine Großspende von 135 000 Mark eingegangen sei. Spender: „Die Notgemeinschaft für Volkstum und Kultur" und der „Freundekreis Hutten".

Auch hier genügt ein Blick in Verfassungsschutzberichte oder einschlägige Handbücher über Rechtsextremismus, in denen beide Organisationen als neonazistisch und rassistisch aufgeführt werden, deren Ziel die Errichtung des „IV" Reiches" sei.

Nicht alles ließ sich durch die Kamera dokumentieren, schriftliche Gedächtnisprotokolle am gleichen Abend hielten zumindest das Gesprochene in Erinnerung. Im Bild festzuhalten war aber der Auftritt zweier Referenten, die in einem solchen Milieu eher nicht zu vermuten sind: Ein festangestellter Redakteur des CSU-Organs „Bayernkurier" und der damalige Pressereferent des Vorsitzenden des Bundes Freier Bürger, Manfred Brunner, ehemals FDP-Mitglied und EU-Kommissar. Der Bogen auf dieser Veranstaltung war weit geschlagen, von Heimwehtouristen bis zu organisierten Vertriebenen, von Neonazis, Rechtsextremisten bis hin zur demokratischen Rechten.

Reaktionen

Wenige Tage nach der Reise bringt der Bayernkurier einen großen Artikel über den Aufenthalt der Gruppe in Ostpreußen. Obwohl dem Redakteur, der die ganze Zeit dabei war, das Milieu, der Inhalt der Gespräche und Vorträge, der politische Charakter der Veranstalter schwerlich entgangen sein konnten, wird all dies ausgeblendet, ein Jubelartikel geschrieben. In persönlichen Briefen weist Dietmar Munier, der Veranstalter der Reise und der Ostpreußenhilfe, später alle Teilnehmer auf den Bayernkurier-Beitrag hin, in dem die eigene Aufbauleistung „ausführlich" gewürdigt würde. Weiter schreibt er: „Da unsere Bemühungen der bekannten 'Schweigespirale' unterliegen, bin ich Ihnen dankbar, wenn Sie in Ihrem Einflußbereich zur Weiterverbreitung der Tatsachen beitragen, die der 'Bayernkurier' in Nord-Ostpreußen vorgefunden hat."

Ende Oktober 1994 berichtet Report aus Baden-Baden über die tatsächlichen Hintergründe der Fahrt, über die Verflechtungen des rechtsextremen Bereichs mit konservativen und bürgerlichen Kreisen. Der „Bayernkurier" reagiert mit einem weiteren Artikel. Darin wird das ARD-Magazin diffamiert. Der Beitrag sei ein „billiges Stück von verlogenem Einschleichjournalismus", das „den kläglichen Versuch einer billigen Schmutzwerferei gegen die Zeitung der CSU" unternommen habe. Zum Schluß heißt es: „Und weil man selbst extremen linken Positionen sehr nahe steht, wird als rechts diffamiert, was nicht dem eigenen Lager zuzuordnen ist". In der Folge finden sich ähnliche Schmähungen in Publikationen rechter Medien. In keinem dieser Artikel stand etwas über die tatsächlichen Hintergründe des ganzen Unternehmens, immer handelte es sich nur um harmlose und arglose Reisende, zu Besuch bei einem rein humanitären Hilfprojekt in Ostpreußen. Auch dieser Extremismus des Verschweigens und Beschönigens war Grund, über die Reise zu berichten.

Ermittlung in misstrauischer Luft

John Siegfried Mehnert

Recherche bedeutete mir immer die Enthüllung verdeckter sozialer Kennzeichen, möglicher politischer Absonderheiten oder gar gesellschaftswidriger Zustände. Ohne Gefühl für Gut und Böse, für gerecht und ungerecht - ohne Moral - sind Ausdauer und Kraft für diese Arbeit wahrscheinlich nicht zu entwickeln. Recherche glaubt an jene öffentliche Meinungsbildung, die in der Tradition der Aufklärung steht. Persönliche Ausstattung: Neugier, Spürsinn, Einfühlung in Menschen und Lebensräume, Lust am Rätselraten, Freude an sportlichen oder politischen Zweikämpfen, Fähigkeit zur konzeptionellen Systematik.

Ich war 1972 Autor der „Spiegel"-Titelgeschichte über das „Geschäft mit der Rüstung", des ersten umfassenden Reports über die wiedererwachten industriellen Streitkräfte Westdeutschlands. Für Umschau und Bewertung sammelte ich Informationen wie Punkte bei einem Brettspiel: durch Kombinieren und Überlisten, durch Taktik und Überraschung. Anders hätte die neue Macht der alten Kameraden nicht aufgedeckt werden können.

In einem düsteren, mit schwerem Mobiliar bestückten Büro saß ich beispielsweise dem Nürnberger Uhrenmacher Karl Diehl gegenüber und versuchte, Umfang und Art seiner Geschäfte mit der Regierung herauszubekommen. Diehl hatte mir zu Beginn des Gesprächs das neueste Modell eines elektrischen Weckers geschenkt und wiegelte seine Lieferungen an das Verteidigungsministerium ab: In einer „Sonderfertigung" würde er zwar Panzerketten montieren, bedeutungsvoller sei aber der Verkauf von Signalen und Anzeigetafeln an das Wirtschafts- oder Verkehrsministerium. „Wie kommt ein Uhrenmacher überhaupt zum Militär?", fragte ich und bewunderte demonstrativ den formschönen lautlosen Wecker. „Lautlose Zeiten - lautlose Zünder", lächelte Diehl - und erbleichte. Die Bewunderung hatte seinen Stolz zum Reden gebracht. Nach Sekunden des Schweigens räumte er den Verkauf von panzerbrechenden Geschossen, Treibladungszündern, Handgranaten und Minen ein.

Bei Ludwig Bölkow, dem umtriebigen, vergnügten Flugzeugbauer aus München mußte ich Produktions-Fakten kaum recherchieren. Der von ihm geführte Konzern MBB hing fast vollständig von der Luftwaffe ab; und da galt es vornehmlich, das Geschäftsklima zu schildern, das seinen Industriekomplex bestimmte. Ich besuchte ihn also nicht nur in seiner mit militärischem Spielzeug bestückten Kommandozentrale, sondern reiste ihm auch in den Sylter Urlaub nach. Ich versuchte, den energischen Frohsinn eines unternehmerischen Ingenieurs kennenzulernen, dem wissenschaftliche

Spiellust womöglich über gesellschaftliche Orientierung ging. Wir hockten in seinem sonnigen Sylter Garten und parlierten über den Riesen Rübezahl und über den Kaiser Barbarossa; er zitierte Rückert, ich Heine; und zwischendurch kamen wir auf seine Geschäfte zu sprechen; und er offenbarte frohgelaunt und sprudelnd die Erfinderseele eines homo fabers, der am Kalten Krieg Gefallen findet: „Unsere Moral? Wir lösen die Probleme der Militärs." ... „Waffenexporte verhindern Kriege." ... „Ich vergesse nicht, daß wir von den Russen davongelaufen sind." ..."Jede meiner Waffen ist bislang besser als die der Amerikaner." Star-Ingenieur Bölkow stand symbolisch für die Ressentiments, Verdrängungen und Vergnügen der Elite des Wiederaufbaus; in seinem Konzern arbeiteten 20 000 Menschen an Jagdbombern, Abwehrraketen oder Brandsätzen.

Drastischer noch als Bölkow demonstrierte Dietrich Falcke, Direktor der Waffenschmiede Rheinmetall, seine Kampfbereitschaft. In einer riesigen Werkhalle in Düsseldorf durfte ich mich in einen Panzer setzen, und er gab von draußen die Lebensweisheiten eines Rüstungs-Ingenieurs zum Besten (die ich drinnen notierte): „Mit den amerikanischen Haubitzen wäre kein deutscher Artillerist 1939 in das Feld gezogen." ... Die Bundesrepublik benötige die Geschoß-Wirtschaft, „um sich Respekt zu verschaffen". ... Seine Firma „diene der äußeren Sicherheit wie andere der Verkehrssicherheit". Ich hatte erzählt, daß ich bei der Bundeswehr sechs Monate länger geblieben sei als nach der Pflicht nötig - und schon schien er mich für einen Kumpan seiner Weltschau zu halten. Die gruselige Ordnung der Werkhalle glich einem Reichsparteitag voller Kolonnen von Gewehrläufen und Kanonenrohren.

So ergab sich aus teils harmlosen, stets höflichen Gesprächen eine Collage westdeutschen Wehrwillens. Der Report lokalisierte die Rüstungsstätten an der Küste und in den mitteldeutschen Tälern, erspürte die Zentren im Ruhrgebiet, an der Weser und in den Alpen, beschrieb das Selbstverständnis der Produzenten und die Alimentation ihrer Geschäfte; er klärte über eine neue Kraftmeierei auf. Die Tagespresse bekundete ihre Überraschung mit ironischen bis beißenden Kommentaren (je nach Couleur).

Premiere hatte ich auch mit einem „Spiegel"-Report über die Bedeutung gesicherter Nummernkonten für den Schweizer Wohlstand. Erstmals wurden Konto-Chiffren samt Geldmasse und Besitzern genannt. Die Geschichte schlug in der Schweiz ein wie die Nachricht über ein Attentat auf den Bundespräsidenten. Den „Spiegel"-Juristen schien danach die Rechtslage so gefährlich, daß sie mir rieten, nicht in die Schweiz zu reisen. Ein kleiner deutscher Gauner war zu uns in die Redaktion gekommen und hatte seine abenteuerliche Lebensgeschichte erzählt: Er hatte mit Hilfe eines Schweizer Bankangestellten jahrelang mehrere Kontenbesitzer aus Belgien, Frankreich und den USA erpreßt und sich mit dem Geld in der Normandie ein schönes Leben gegönnt. Die erpressten Steuerbetrüger gingen nicht zur Polizei, sondern schenkten dem Spitzbuben sogar zwei Hotels. Erst durch den Konkurs der Hotels flog die

Gemeinsamkeit auf. Von der französischen Gendarmerie an die Schweiz abgeschoben, wurde ihm daraufhin in Basel ein Prozeß gemacht, der die Öffentlichkeit ausschloß, keinen einzigen Zeugen benötigte und alle Schriftsätze verschlüsselte („Von der Stadt C telefonierte er mit dem Kunden drei.").

Die Komödie war druckreif; die Redaktion beschloß, nur noch das mittelalterlich anmutende Gerichtsverfahren zu hinterfragen. Von den Prozeßbeteiligten erfuhr ich jedoch nichts: Der Pflichtverteidiger verweigerte ein Treffen; der Staatsanwalt entließ mich nach drei Minuten mit dem Hinweis, er würde sich selbst straffällig machen, gäbe er irgendeinen Laut. Und so begann ich eine Rundreise durch die Kantone, als gehörte ich zum Untergrund: Zwei Jura-Professoren und ein Bankier - mühsam gefunden - wollten mit mir allenfalls im Dunkeln spazierengehen und verlangten Garantien, nicht zitiert zu werden. Bei einem dieser Spaziergänge am Züricher See fühlte sich mein Gesprächspartner beobachtet und sprang kurzentschlossen in ein gerade abfahrendes Fährboot; er hatte mir immerhin ein Papier gegeben, das einen ähnlichen Geheim-Prozeß in Chur ankündigte. Völlig überrascht von der stickigen Atmosphäre, kam ich mir vor wie in der DDR. Als der vermeintliche Observierer mich ansprach, sah ich mich bedroht: Er fragte nur nach dem Weg.

Der deutsche Erpresser hatte uns keine Dokumente überreicht; selbst die Angaben der Nummernkonten standen auf handgeschriebenen Zetteln; auf meiner Rundreise wedelte ich also mit unbelegten Details. Aber das lächelnde Abwehren, nervöse Flüstern, absurde Verbergen der Eidgenossen machte die Geschichte des Ganoven immer wahrscheinlicher. Wären seine Behauptungen über das Geheimtribunal erfunden gewesen, hätte ihn schon eine thematische Offenheit am Gerichtsort entlarvt, wäre auch die verstörende Tuschelei im Land nicht gewesen. Die Recherche folgte eigentlich dem Beckenbauer-Motto „Schaun mia mal." Doch je länger die Reise dauerte, um so klarer gestaltete sich der Auftrag: Ich mußte ein Gesellschaftssystem skizzieren, das den sonderbaren Prozeßinhalt und -verlauf ermöglichte.

Ich suchte Kontakte (mit Hilfe des Schweizer „Spiegel"-Korrespondenten) zur oppositionellen Minderheit und zu einheimischen Querdenkern. Zweimal mußte ich „einen abgelegenen Ort" oder „eine andere Stadt" als Treffpunkt akzeptieren. Am Ende allerdings konfrontierte ich einige Repräsentanten der Politik und des Bankenwesens mit meinen Erfahrungen und machte deren Zitate zu Pointen der Untergrund-Gespräche. Herauskam, was die Schweizer zwar wußten, aber anders bewerteten als ein Ausländer: Die Volkswirtschaft Helvetias hofiert die großen internationalen Geldverbrecher (Diktatoren, Devisenschieber, Steuerbetrüger) und lebt von Verbrechensgeldern. Die Weitergabe von Geschäftsinterna wird dort strafrechtlich so verfolgt wie militärischer Geheimnisverrat oder politische Spionage. Die Nummernkonten besitzen also eine verfassungsrechtliche Qualität und verpflichten die gesamte Nation zum

Schweigen. Eine Republik als Tresor - kein Land der Welt hält seine Wirtschaft so verriegelt.

„Ausgerechnet die Deutschen, die die Gaskammern von Auschwitz ersannen, wollen uns Ethik lehren", zürnte eine Züricher Zeitung auf den fertigen Bericht („Die Doppelmoral der Schweizer Banken"). Fast die gesamte Schweizer Presse verurteilte die Analyse als Angriff auf ein nationales Kulturgut. Da ich Kontennummern veröffentlichte, wäre ich als Einheimischer wohl im Gefängnis gelandet. Heute erscheinen mir Story und Aufregung wie ein Vorspann zur Debatte um das Nazigold der Banken.

Der von mir enthüllte „Neue Heimat"-Skandal zehn Jahre später lag insofern anders, als dieser Konzern mich angestellt hatte und ich der Verschwiegenheitspflicht unterlag. Aber vergleichbar war das Motiv meiner Recherche: dicke politische Luft, die meinen Widerwillen auslöste.

Einen Gewerkschaftsausweis besaß ich seit Anfang der siebziger Jahre; als Presse-Direktor der „Neuen Heimat" erlebte ich sodann in der Spitze der sogenannten Arbeiterbewegung einen solchen Zirkus von Hybris und Betrug, daß ich mich zunächst veranlaßt sah, ein Tagebuch anzulegen. Im größten Wohnungskonzern der Welt (und um ihn herum) gab es einfach zu dünkelhafte bis kriminelle Vorfälle, um nicht allwöchentlich zu staunen über die Kuriositäten unserer Welt. Die gewerkschaftseigene „Neue Heimat" hielt sich für einen „Schrittmacher des Fortschritts", sah sich als humane Instanz, die selbst den Sozial-Behörden Paroli bieten wollte - und drinnen beobachtete ich, wie sie Mieter betrog, Steuerzwänge umging, Subventionen erschlich, Chaos verwaltete und Kredite weltweit verjuxte. Meine Notizen hatten anfangs kein anderes Ziel, als Lebenserinnerungen zu werden oder Hilfsmittel zu sein, um interne Veränderungen zu erzwingen.

Politisch entrüstet fühlte ich mich allerdings mehr und mehr über den Betrug an den Mietern: ihre Heizungsgelder wurden manipuliert und ihre Pauschalen für Instandhaltung zweckentfremdet. Dies zu begreifen und zu belegen, dauerte eine Weile. Parallel zu diesem abstoßenden Punkt erschreckten mich Gerüchte über private Bereicherungen: 1.) ein Generalbevollmächtigter des Konzerns sollte sich mehr als tausend Wohnungen zugelegt haben; 2.) Vorstände sollten im Steuerparadies West-Berlin fast kostenlos ganze Straßenzüge eingesteckt haben; 3.) Ministerpräsident Lothar Späth sollte in den Jahren, in denen er Vorstandsmitglied der „Neuen Heimat" war, Privatgeschäfte mit Zulieferanten des Konzerns begonnen haben; 4.) eine Münchener Firma namens „Terrafinanz", die für den Konzern als Grundstücksmakler gearbeitet hatte, sollte in den privaten Händen der Herren der „Neuen Heimat" liegen. Ungeheure Gerüchte. Konzern-Chef Albert Vietor meinte dazu: „Was ein Geschäftsführer privat mit seinem Geld macht, geht den Konzern nichts an." Und zu meiner Irritation verbat sich auch Aufsichtsratschef Heinz-Oskar Vetter, Vorsitzender des Deutschen

Gewerkschaftsbundes (DGB), weitere Fragen nach den Besitzverhältnissen der „Terrafinanz".

In einer Situation, in der ich mir über meine Mitarbeit unsicher zu werden begann, erhielt ich - nach drei Jahren - überraschend die vorzeitige Entlassung, weil ich wie ein Fußballtrainer verantwortlich gemacht wurde für eine werbliche Niederlage: Der „Stern" hatte den Konzern mit bekannten Affären und Schauder-Photos in die Pfanne gehauen und außerdem vertrauliche Firmenpapiere zitiert, deren Veröffentlichung mir zur Last gelegt wurde. Im „Stern" stand kaum etwas Falsches; dennoch verunglimpfte mich Vietor danach als journalistische Niete. Es war wirklich verrückt: Ich hatte mich vom Solidaritätsbegriff der Gewerkschaften bis zur Perversität einfangen lassen, und plötzlich wurde mein Berufs-Ethos von jenen in Frage gestellt, für die ich es hatte ankratzen lassen. Daß die „Neue Heimat" meine Arbeit in Frage stellte, rief mir meinen journalistischen Werdegang und seinen politischen Kodex wieder in Erinnerung.

Nach der Kündigung ärgerte ich mich darüber, daß ich den ungeheuren Gerüchten, der Vorstand habe Privatgeschäfte zu Lasten des Konzerns betrieben, nicht gezielt genug nachgegangen war. Bei meinem ersten Gespräch über die Vertragsauflösung bestand ich auf Auszahlung des noch zwei Jahre laufenden Kontrakts. Personal-Vorstand Pinther zeigte sich über die Forderung verblüfft; ich nutzte seine Überraschung zur Frage: „Ja und? Kennen Sie eigentlich die Privatfirmen Ihrer Kollegen?" - „Was? Wieso?" - „Ich habe immer wieder was läuten gehört." - Pinther schaute sehr verärgert: „Wie stellen Sie sich das denn vor? Nebengeschäfte hier in den Schränken? So ein Unsinn!"

Ich warf einen Blick in das Zimmer, das fast allen anderen Büros im Haus glich: Auf der Längsseite, den Fenstern vis-à -vis, stand eine einfache Schrankwand, hinter der sich in der Tat (wie bei mir) oft Persönliches und Wichtiges verbergen konnte. Und im gleichen Moment erinnerte ich mich, wie ich Jahre zuvor im Büro des Vorstands Vormbrock - das Pinthers Raum gegenüberlag - eintrat und Vormbrock einen dieser Schrankwände abschloß und den Schlüssel in ein Kästchen auf dem Schreibtisch legte. Die Verhandlungen mit Pinther zogen sich hin, weil ich eine Anwältin einschaltete und weil Konzern-Chef Vietor - als Gegenleistung für die volle Auszahlung - von mir ein Konzept für eine Mieterzeitschrift verlangte. Der Auftrag sollte mich schikanieren, denn ich hatte längst entsprechende Zeitungskonzepte vorgelegt. Ich akzeptierte dennoch: Wegen dieser Forderung blieb ich im Büro, unterhielt mich mit wohlwollend gebliebenen Kollegen - und dachte darüber nach, wie sich die Vorstandsschränke öffnen ließen. Warum sollte in Pinthers Verärgerung nicht ein goldener Wegweiser liegen? Wenn jemand dem Konzern-Chef nacheiferte, dann der stets wichtigtuende Vormbrock. Die Vertragsauflösung wurde schließlich unterschrieben. Kurz darauf teilte Vietors Sekretärin mir mit, daß der Vorsitzende nicht mehr für mich zu sprechen sei; Fragen oder Mitteilungen nur noch schriftlich; auch eine offizielle Verabschiedung werde nicht geplant. Klangloses Ende.

In West-Berlin stand die „Neue Heimat“ derweil bei rund 30 Bauprojekten unter dem Verdacht des Subventionsbetruges; ein Staatsanwalt ermittelte. Zahlreiche Mietprozesse der NH erregten zudem die Stadt. Immer wieder ging es dabei um die Heizungskosten, die von der unabhängigen Firma „teletherm“ kassiert wurden. Diese „teletherm“ war im Besitz eines ehemaligen NH-Mitarbeiters, und sie spielte in den Vorstandsberatungen eine nebulös wichtige Rolle: an sie hatte Vietor jene Konzerntochter verkauft, die bislang den Mietern die überteuerten Heizöl-Rechnungen servierte. Ich fuhr an die Spree und erfuhr dort mit Hilfe zweier Studienfreunde, die im Senat Karriere machten, daß Vietor mich kurz zuvor belogen hatte: Sein privater Berliner Wohnungsbesitz stand gleichfalls im Verdacht des Subventionsbetrugs. Auf der Heimreise schwor ich mir, meine Hemmungen zu überwinden und auf Suche nach Belegen für private Raubzüge der Manager zu gehen.

Beinahe hätte ich dem Konzern-Boss die Lügen ins Gesicht geworfen. Zwei Tage nach meiner Rückkehr aus Berlin traf ich ihn im Fahrstuhl. „Herr Vietor, das Zeitschriften-Konzept steht. Kann ich es Ihnen bringen?“ - „Legen Sie`s in die Post.“ - „Sie schulden mir einen Abschlußtermin.“ - Er schaute mir in die Augen und brummte: „Nehmen Sie sich nicht so wichtig.“ Die Lifttür ging auf - weg war er.

Bis zu diesem Zeitpunkt fehlte noch immer jedes Indiz für einen Skandal, der die Gewerkschaften hätte erschüttern können. Der finanziell desolate Zustand des Konzerns nahm diesem zwar die sorglose Zukunft (vom Verwalten einiger Wohnungen abgesehen), aber keine Enttarnung unternehmerischen Betrugs - wenn mir das überhaupt erlaubt gewesen wäre - hätte das historische Ausmaß gewerkschaftlicher Kriminalität besser zeigen können als die Enthüllung von privaten Winkelzügen. Den Gewerkschaftsführer Döding hatte ich auf den Betrug bei Mietern bereits aufmerksam gemacht; zu DGB-Chef Vetter besaß ich kein Vertrauen mehr, nachdem ich sah, wie stark er in die Konzern-Schiebereien verwickelt war und wie verdächtig er harmlose Fragen nach der `Terrafinanz´ abblockte.

Drei Monate nach meinem Rausschmiß fühlte ich die Bereitschaft, mir Vormbrocks Schlüsselkasten einmal anzusehen. Ich war genug motiviert, selbst fragwürdig zu recherchieren: An einem Samstag ging ich in die 11. Etage der Konzernzentrale, in der Pinther und Vormbrock ihre Büros führten. Das Haus stand leer. Pinthers Sekretärin kannte ich privat. Für den Fall, daß jemand aufkreuzen würde, hatte ich ein kleines Geschenk für sie eingepackt, das ich dann auf ihren Schreibtisch hätte legen wollen. Mehr Deckung für meine Neugierde besaß ich nicht. Zu meiner Erleichterung fand ich Vormbrocks Büro offen. Der Schrankschlüssel lag tatsächlich noch immer in dem kleinen Behälter auf dem Schreibtisch. Ich öffnete eine der vier dünnen Türen:

Mein Blick erfaßte zwei Ordner mit den Beschriftungen „Wölbern“ und „teletherm“. - Bingo? Rausgezogen, durchgeblättert. Nervös lauschte ich mit übergroßen Ohren auf die Geräusche im Haus. Und dann wurde ich wie vom Blitz gerührt: Ich sah einen Treuhandvertrag für die Heizfirma „teletherm GmbH & Co. KG“ mit den Unterschriften der gesamten Konzernspitze! Als Treuhänder zeichnete der frühere Mitarbeiter Eberhardt. Ich rannte - blöderweise mit dem Aktenordner - ins Treppenhaus: War ich allein? Hörte ich jemanden in den unteren Etagen?

Ich lief zurück und kritzelte auf, was ich las: Namen, Termine, Prozente. Danach „Wölbern Hausbau“ - erneut ein Treffer: Zwei Bänker namens Wölbern hatten sich mit dem Generalbevollmächtigten Bamberg zusammengetan. Bambergs riesiger Wohnungsbesitz verdeckte die Häuser der Vorstände. Und ich las einen Brief, nach dem der umfangreiche Hausbau sich vom Konzern „betreuen“ ließ. Manometer. Die Wölbern Ziffern prägte ich meinem Kopf ein, Akte zu, Schlüssel zurück. Ich sauste wieder nach unten in mein Büro.

Ich saß an meinem Schreibtisch und atmete flach; die Entdeckungen hatten mir die Luft genommen. Mein Gott, die „teletherm“! Sie stand aktuell im Mittelpunkt des strategischen Heizgeld-Schwindels. Und jetzt erfuhr ich , daß ein Ex-Kollege als Strohmann (Treuhänder) für die Privatgeschäfte der Vorstände arbeitete. Vietor hatte sich ein Monopol-Geschäft geschnappt. Die „teletherm“ (oder ein Teil davon) gehörte dem Vorstandskollegium! Außerdem - der Gipfel - sulte auch Bankier Walter Hesselbach, oberster Vermögensverwalter der Gewerkschaften, in der Rotte.

In den Siedlungen der „Neuen Heimat“ wohnten überwiegend Sozialmieter; die Privatgeschäfte gediehen auf deren Buckel. Wieso hatte der mit DGB-Funktionären besetzte Aufsichtsrat den Heizöl-Einkauf durch fremde, teurere Firmen gebilligt? Hatte er vielleicht von den Eigentumsverhältnissen gewußt? Nach dem Unternehmensrecht hätten die Vorstände ihr Geschäfte ohnehin vom Aufsichtsrat genehmigen lassen müssen. Aber eine Erlaubnis machte den Fall noch schrecklicher. Erstmals beschlich mich das Gefühl, in einer Räuber-Höhle zu sitzen. Ich überlegte, ob mein Leben gefährdet sei, wenn mich einer aus der Gang erwischte. Ich erkundigte mich bei befreundeten Wirtschafts-Journalisten nach dem Bankhaus Wölbern und bekam einen Rückruf vom Bayerischen Rundfunk: „Wölbern war vor Jahren an der `Terrafinanz´ beteiligt.“ - „Vom wem hast Du das?“ - „Von einem eurer Leute.“ - „Von wem?“ - „Egal. Der würde Dir nichts sagen.“ Ich wühlte in meinen Unterlagen: Ja, ein Claus Wölbern tauchte in Bayern auf, beteiligt an einer Münchener „Baubetreuung“. Und dann fand ich einen Hinweis auf eine „Tischvorlage“ (ein Geheimpapier) über die „Terrafinanz“. Ich erinnerte mich plötzlich, daß im Vorstand über ein Grundstück in der Stadt Keferloh gesprochen wurde, das der „Terrafinanz“ abgekauft worden sei.

Ich traute mich nun, den von mir geschätzten NH-Kollegen W. einzuweihen.

W. und ich hatten uns mehrfach zufällig bei Jazz- und Pop-Konzerten getroffen und stets angeregt getrunken. „Glaube ich nicht", kommentierte er stirnrunzelnd, „zeig es mir."

Etwa drei Wochen nach meiner Entdeckung fuhr ich also nochmals an einem Samstag in das 11. Stockwerk. Obwohl ich nicht mehr Mut brauchte als beim ersten Aufstieg, schien mir der Weg in der Wiederholung länger. Ich angelte mir die „teletherm"-Akte und nahm sie hinunter in mein Büro. Ich schätzte, es sei unwahrscheinlich, daß ausgerechnet diese Akte in dieser Stunde von jemandem gebraucht würde. Ich vervielfältigte die wichtigsten Papiere, soweit ich sie in der Eile beurteilen konnte. Nach einer halben Stunde schob ich die Akte zurück an ihren Platz. Weil es so gut lief, wollte ich noch den „Wölbern"-Ordner greifen, um damit nach unten zu hasten, als im Haus eine Tür anschlug: Schrank zu, Schlüssel weg, rüber in Pinthers Büro, das mitgebrachte Geschenk in den Händen. Mein Herz klopfte. Durch das Fenster, durch das ich den Hauseingang beobachten konnte, sah ich jemanden aus der Finanzabteilung weggehen. Himmel, ich hatte seine Anwesenheit nicht bemerkt und war schon zweimal mit dem alten Fahrstuhl hochgefahren. Hoffentlich übertönt der Straßenlärm den Lift, flehte ich. Mein Magen schmerzte, und ich überlegte, abzubrechen. Doch dann überwog der Zorn die Nervosität, und ich setzte meinen Ermittlungslauf fort. Nach noch einer halben Stunde lagen zwei Dutzend „Wölbern"-Papiere fotokopiert vor mir, und der Ordner ruhte wieder hinter seiner Holzwand.

Über die „Terrafinanz" fand ich nichts, obwohl ich die Aktenrücken überblickt hatte. Wieso hatte der Vorstand von ihr in Keferloh ein Grundstück gekauft, wenn dort nicht gebaut werden konnte? Der Rechtskampf der Stadt gegen die Bauwünsche der „Terrafinanz" machte inzwischen Schlagzeilen. Ich nahm mir vor, in Bayern zu recherchieren. Fürs erste fuhr ich mit meiner Beute nach Hause und betrank mich. W. zeigte ich den „teletherm"-Vertrag bei einem Spaziergang an der Elbe. „Nein!", schrie er so laut, daß sich die Leute umdrehten. „Nein! Das kann nicht wahr sein! Nein!" Er versprach mir eventuellen Beistand: „Mal sehen." Und dann traute ich meinen Ohren nicht, als sich ein zweiter NH-Kollege meldete: Einige Tage später traf ich M.A. auf jener Wahlparty im Hamburger Rathaus, auf der der Kanzlersieg von Schmidt über Strauß gefeiert wurde. M.A. arbeitete als leitender Angestellter im Konzern. Wir sahen uns auf dieser Party zweimal. Zuerst befanden wir uns in einer Runde mit anderen, und er sagte ironisch und laut, daß ich ein „Feingeist" sei und nicht zur NH passe. Etwa eine Stunde später standen wir nebeneinander und blickten in die TV-Monitore, um die letzten Hochrechnungen zu lesen. Da hörte ich ihn flüstern: „Ich könnte Ihnen etwas zeigen." Wie ich durch die „teletherm"-Akte auf weitere Privatgeschäfte stieß, wie mir dabei diese zwei NH-Kollegen halfen, wie groß und filzig sich schließlich die Berliner Vermögensbildung ausnahm, wann und von wem die „Terrafinanz" als Vietors

Besitz entlarvt wurde, warum ich nie in Betracht ziehen konnte, den Skandal gewerkschaftsintern zu lösen - das alles steht detaillierter in meinem Buch „Die Gewerkschaftsbande“ (Rotbuch-Verlag).

Publiziert wurde die Enthüllung der Privatgeschäfte im „Spiegel“ im Februar 1982. Die Veröffentlichung war nicht nur der Beginn des Untergangs der „Neuen Heimat“ - sondern des kompletten Industrie-Vermögens der Gewerkschaften. Innerhalb von acht Jahren verlor der DGB einen Konzern mit 320 000 Wohnungen, die Handelskette „co-op“ mit 50 000 Beschäftigten, den Versicherungskonzern „Volksfürsorge“ sowie die „Bank für Gemeinwirtschaft“ (mehrheitlich). Die Erklärungen für diesen die gesamte deutsche Sozialpolitik beeinflussenden Zusammenbruch sind bis heute undeutlich geblieben, weil sie die Rolle der Gewerkschaften in unserem Land schmälern würden und traditionelle Sozialpolitiker dies verhindern.

Meine technisch einfache, psychologisch harte Recherche entdeckte nur den Zipfel eines heuchlerischen Bonzentums, das die Führungskaste der Gewerkschaften und damit auch das zentrale Management ihres Vermögens umfaßte: Die allerhöchsten DGB-Repräsentanten stachelten sowohl Vietor als auch den später überführten „coop“-Chef Otto an; sie nutzten ihren historischen Solidaritätsbegriff für eine gleichermaßen dreiste wie fahrlässige Besitz- und Machtpolitik. Den Beweisen über die Privatgeschäfte folgten die Erkenntnisse über das Mißmanagement, und diesen wiederum folgten - nach der Entlassung des NH-Vorstandes - Rettungsversuche, die weit grotesker waren als alle Mängel Vietors. Einmal die Decke angehoben, die die bigotte Luft im Industrie-Club des DGB zusammenhielt - und schon zeigte sich, daß die Gewerkschaften überall von Einbildung lebten.

Der Zustand hat sich leider nicht verändert. Er offenbart sich erneut jedem, der die Arbeitslosenpolitik des DGB betrachtet: Wieder wird Solidarität geredet und die eigene Tasche bedient - besonders deutlich im Öffentlichen Dienst. So unsolide die DGB-Konzerne geführt wurden, so unehrlich scheint mir heute der DGB-Beitrag zum Sozialbesitz. Ich glaube, die Recherche für eine zweite Enthüllung wäre politisch noch wichtiger.

Recherche mit der Kamera oder: "Schau'n 'mer mol"

Ernst Krell

Die Recherche mit der Kamera ist sicherlich so alt wie der Fernsehjournalismus selbst. Und nur um die journalistische Fernseharbeit soll es im folgenden gehen: das journalistisch aufbereitete Nachrichtenstück, den Magazinbeitrag, das Feature oder die Reportage. Gewandelt hat sich jedoch der Umfang und die Art und Weise dieser Recherche, und zwar in einer rasanten Geschwindigkeit in den letzten 10 bis 15 Jahren. So schnell, daß es einem im wahrsten Sinne des Wortes schlecht werden kann.

Schon immer gab es Themen und Stoffe, die der Redakteur nicht vom Schreibtisch aus, nicht durch reines Studium der Quellen, der Fachliteratur und der Faktenlage, nicht per Telefon, nicht durch intensive Informantengespräche und auch nicht durch entsprechende Vorbesichtigungen bis in das letzte Detail recherchieren kann. Er kann sie lediglich so vorbereiten, sich die Inhalte so erarbeiten, daß er mit einem ordentlichen Rüstzeug zum Dreh fährt, endgültige Ergebnisse sich aber doch erst vor Ort mit der Kamera ergeben. Wir machen Fernsehen. Die Story kann noch so brisant, das Thema noch so packend und die Inhalte noch so informativ sein, sie kommen erst "rüber", wenn auch die passenden Bilder dazu gefunden worden sind, denn was ich höre, will ich auch sehen, sonst schalte ich früher oder später erst ab und dann um.

Ein Beispiel sind Portraits von Menschen. Erst im Verlaufe intensiver Gespräche in deren natürlicher Umgebung, bei denen die Kamera mitläuft, sie sich über einen längeren Zeitraum an das ungewohnte Medium, das Team, das immer mithört, wenn auch über sehr persönliche Dinge gesprochen wird, gewöhnt haben und sie Kamera und Team im besten Falle vergessen haben, weil ein vertrauensvolles Klima geschaffen werden konnte, sind auch ganz authentische, wirklich persönliche O-Töne zu bekommen, agieren die Menschen unverkrampft und unverstellt. Und genau das müssen Redakteur und Kameramann gemeinsam herausarbeiten, soll ein möglichst dichtes und dem Menschen gerecht werdendes Portrait entstehen.

Erst die bildliche Umsetzung eines Stoffes vor Ort mit dem Kameramann und der Kamera formen eine runde Geschichte. Immer wieder ergeben sich unvorhersehbare Details, die eine andere Wendung geben, einen Menschen anders charakterisieren, eine Örtlichkeit in einem anderen Licht erscheinen lassen. Diese Dinge sind es, die der Kameramann neben der inhaltlichen Recherche des Redakteurs als optisches Rechercheergebnis mit manchmal entscheidender Bedeutung auch für die inhaltliche Anlage des journalistischen Stückes beitragen kann und muß. Manchmal auch als Korrektiv zur "Schreibtischarbeit" des Journalisten. Hier sind die Kameraleute gefordert. Im Gegensatz zum Redakteur, der sich intensiv mit seinem Thema befaßt hat, erfährt der Kameramann in der Regel erst vor Ort, bestenfalls auf der Fahrt zum Drehort, um was es eigentlich geht. Immer seltener hat der Redakteur schon die Ortskenntnisse voraus, weil in aller Regel Zeit und Geld für eine Vorbesichtigung und Recherche vor Ort fehlen. Trotzdem muß der Kameramann nun mit seiner optischen Recherche beginnen, die Bilder finden, die inhaltlich gefordert sind. Das funktioniert aber nur, wenn der Redakteur selbst thematisch fest im Sattel sitzt und seine Inhalte auch vermitteln kann. Der Kameramann ist schließlich der erste Rezipient des künftigen Fernsehbeitrages. Wenn er die Inhalte nicht versteht, die Geschichte nicht sieht, kann er sie auch nicht so in Bilder übersetzen, daß sie nachher von einem Massenpublikum verstanden wird. Das unterscheidet ein gut recherchiertes Stück von der Masse der neuerdings obligaten Fernsehbeiträge

Die im Untertitel zitierte legendäre Redewendung des Fußballkaisers ist dagegen dabei, zum Credo und Arbeitsstil einer ganzen Reportergeneration zu werden. Vorbei die Zeiten, wo der Redakteur erst nach gründlicher Recherche das Kamerateam für den gut geplanten Dreh orderte, vorbei die Zeiten, wo der Kameramann auf der Fahrt zum Drehort ein fundiertes Briefing erhielt und, inhaltlich gerüstet, vor Ort "nur" noch die richtigen Bilder zum Thema machen mußte, sich ganz auf diese Aufgabe konzentrieren konnte. Da gab es Redakteure, die selbst originelle Bildideen zu ihrem Stoff entwickelten und zusammen mit dem Kameramann umsetzten, die vor Drehbeginn ihr Stück, und war es nur Einsdreißig, auch bildlich im Kopf hatten. Die Story war eben gut recherchiert und schon vorher, soweit das immer absehbar ist, fertig.

Mit der Installation der Privaten begann sich dann das Karussell der Aktualität immer schneller zu drehen. Gut recherchierter Hintergrund wird immer seltener. Die schnelle, reißerische, quotenträchtige Info ist angesagt. Man kann schon gar nicht mehr davon sprechen, daß die Inhalte immer oberflächlicher werden, wir sind schon weit über der Oberfläche.

Das geht dann so: Nach einer kurzen morgendlichen Redaktionssitzung unter dem Motto: Was machen wir heute?, der schnelle Blick in die Bildzeitung, ein kurzer Anruf: "Gibt's die Person wirklich?", "Ist das wirklich passiert?". Das Kamerateam ist natürlich schon Standby. Und ab die Post. Recherchiert wird auf der Fahrt – nein, es wir telefoniert -, und geflucht, weil man ja keine Zeit zum recherchieren hat. So kommt es, daß viele junge Kollegen wahrscheinlich Probleme haben, das Wort selbst richtig zu buchstabieren. Und dann wird im wahrsten Sinne des Wortes mit der Kamera recherchiert. An jeder Haustür, an der man Anwohner zu einem Sachverhalt befragt, also vor Ort recherchiert, läuft die Kamera nach Möglichkeit mit, - als Bilddiktaphon ? Alles wird gedreht, was irgendwie in das Puzzle passen könnte, das man in den nächsten drei bis vier Stunden zusammenträgt, zusammentragen muß. Überhaupt sind es zunehmend die Kameraleute, die die Stücke beim Dreh recherchieren und noch einigermaßen sinnvoll entstehen lassen. Leider sind sich nicht alle Kollegen, vor allem die jungen und frei arbeitenden, der Verantwortung bewußt, die sie tragen. Gesendet werden kann schließlich nur das, was auch gedreht wurde. Der Programmablauf kennt keine Gnade, die Sendung beginnt pünktlich. Und geschnitten werden muß ja auch noch. Wenn dann nicht alles hundertprozentig stimmt, die Bild/Text-Schere klafft, die Bilder verwackelt, die Schwenks verrissen sind, was macht das schon. Zum Glück hat der Kameramann einen noch halbwegs frischen Blutfleck - Spermaflecken werden auch immer gern genommen - gedreht, der diese kleinen Mängel überdeckt.

Das mag überzeichnet erscheinen, geschieht aber in vielen Fällen so und ist moderat geschildert. Mit Recherche und verantwortungsbewußten Journalismus hat das alles nichts zu tun. Leider geraten jedoch auch die gestandenen, gut arbeitenden Fernsehjournalisten immer mehr unter den Druck aus Geldmangel, Zeitdruck und Quotenwahn.

Also: Schau'n 'mer mol!

Was geschah wirklich in Srebrenica?

Andreas Zumach

Srebrenica, Anfang Juli 1995. Seit über drei Jahren wird die mehrheitlich von Muslimen bewohnte Stadt in Ostbosnien von serbischen Truppen belagert, die Humanitären Hilfskonvois der Internationalen Gemeinschaft wurden von den Serben seit Beginn der Belagerung nur in wenigen Ausnahmefällen in die Stadt gelassen. Im Mai 1993 hat der UNO-Sicherheitsrat Srebrenica, die beiden anderen ebenfalls belagerten ostbosnischen Muslimenenklaven Gorazde und Zepa zu „UNO-Schutzzonen" erklärt. Die Stationierung und der Einsatz schwerer Waffen in dieser Zone ist verboten. Doch dieser Beschluß ändert wenig an der hoffnungslosen Lage von rund 200.000 Menschen in den drei Enklaven. In Srebrenica sind es rund 50.000.

Am 5. Juli 95 beginnen Panzer und Artillerieverbände der bosnischen Serben sowie der Armee Serbiens mit dem Angriff auf Srebrenica. Rund 12.000 serbische Soldaten sind im Einsatz. Problemlos überrennen sie die 300 leichtbewaffneten niederländischen Blauhelmsoldaten, die von der UNO zum Schutz der Enklave abgestellt wurden. Auch die wenigen in Srebrenica verbliebenen Einheiten der bosnischen Regierungsarmee haben keine Chance. Etwa eine Woche vorher hatten knapp 8.000 Regierungssoldaten die Enklave verlassen.

Am Morgen des 11. Juli haben die serbischen Angreifer Srebrenica erobert. Weite Teile der einst blühenden Stadt sind in Folge des tagelangen Beschuß mit Panzer und Artillerie zerstört. In den folgenden Tagen treiben die Serben unter dem Kommando des bosnisch-serbischen Generals Ratko Mladic rund 40.000 muslimische Zivilisten aus der Stadt. Und dann beginnt, was in der offiziellen Geschichtsschreibung inzwischen als das größte Völkermordverbrechen in Europa seit Ende des Zweiten Weltkrieges gilt: rund 8.000 muslimische Zivilisten, überwiegend Männer und Jungen werden von den Serben systematisch massakriert und anschließend in Massengräbern in der Umgebung Srebrenicas verscharrt.

Durch die Welt, die die Kriege in Kroatien und Bosnien seit 1991 mit großer Aufmerksamkeit und Anteilnahme für die Opfer verfolgt hatte, geht ein Aufschrei der Empörung. Insbesondere in den Hauptstädten der 16 NATO-Hauptstädte machen Regierungs- und Oppositionspolitiker in erster Linie die UNO verantwortlich für den Völkermord in Srebrenica. Obwohl eigentlich jeder weiß, daß die UNO über keinerlei eigene militärische Mittel verfügt und völlig von ihren Mitgliedsstaaten abhängig ist, wird sie in den Wochen nach dem Drama von Srebrenica erfolgreich zum Sündenbock gestempelt. Mit der Folge, daß die UNO heute in weiten Teilen der öffentlichen Meinung diskreditiert ist und für jegliche Form militärischer Missionen - ob Blauhelme oder Kampfeinsätze - anscheinend nicht mehr in Frage kommt.

In Deutschland spaltet sich die Friedensbewegung über die Ereignisse von Srebrenica. Nachhaltige Wirkung hat ein öffentlicher Brief, mit dem der Grünen-Politiker Joschka Fischer Ende Juli 1995 seine Partei unter Berufung auf den Völkermord in Srebrenica auffordert, grundsätzlich umzudenken und militärische Interventionen zur Verhinderung von Völkermordverbrechen zuzustimmen - auch unter Beteiligung der Bundeswehr. Ende August 1995 beginnt die NATO mit einem dreiwöchigen heftigen Bombardement serbischer Stellungen in Bosnien - unter weitgehender Zustimmung der Bevölkerung in den NATO-Ländern, die noch ganz unter dem Eindruck des Völkermords stehen.

Soweit die offizielle Version der Geschichte. Doch was geschah wirklich in Srebrenica? Kamen die serbischen Angriffe auf die UNO-Schutzzone tatsächlich überraschend? Waren ihre Eroberung und das anschließende Massaker an 8.000 Zivilisten tatsächlich nicht zu verhindern?

Bei meinen Recherchen zu dieser Frage erhielt ich Ende September 1995 Einblick in Abhörprotokolle der US-amerikanischen Geheimdienste Central Intelligence Agency (CIA) und Defence Intelligence Agency (DIA). Mindestens seit dem 17. Juni (das waren die frühesten Protokolle, die ich einsehen konnte) - also drei Wochen vor Beginn des serbischen Angriffs auf Srebrenica - hatten die beiden Dienste den damals täglichen Funk- und Telefonverkehr zwischen dem bosnisch-serbischen General Ratko Mladic und dem Stabschef der Armee Serbiens, Momcillo Perisic, dem obersten Militär von Präsident Slobodan Milosevic abgehört. In diesen Funk- und Telefongesprächen wurde der serbische Angriff auf Srebrenica in allen Details geplant und vorbereitet. Das genaue Aufmarschgebiet und die Stärke der Panzerverbände war ebenso zu erfahren, wie die Grenzorte, über die Verstärkungseinheiten der Armee Serbiens nach Ostbosnien vorrücken sollten. Auch das Ziel des Angriffs - Eroberung der Stadt und Vertreibung ihrer muslimischen Bevölkerung - wurden mehrfach deutlich angesprochen. Befehlsgeber in den Funk- und Telefongesprächen war Perisic, Befehlsempfänger Mladic.

Weitere Recherchen erbrachten, daß vor und während des serbischen Angriffs sowie in den Tagen nach der Eroberung Srebrenica unbemannte Aufklärungsflugzeuge der USA das Gebiet überflogen und Luftaufnahmen gemacht haben. Von nach meiner Einschätzung verläßlichen Quellen habe ich gehört, daß sowohl Luftaufnahmen vom Aufmarsch der serbischen Verbände um Srebrenica existieren, wie vom Abstransport der später massakrierten muslimischen Männer auf Lastwagen. Letzte Gewißheit fehlt mir allerdings, da ich diese Fotos aber bis heute nicht mit eigenen Augen gesehen habe.

Am 16. Oktober veröffentlichte ich meine Rechercheergebnisse in der Berliner „Tageszeitung“ und anderen Zeitungen - verbunden mit der Annahme, daß die USA die Erkenntnisse ihrer beiden Geheimdienste nicht nur den in Bosnien stationierten und für den Schutz von Srebrenica verantwortlichen UNO-Truppen (UNPROFOR) vorenthalten hatte, sondern auch ihren NATO-Verbündeten. Diese Annahme wurde kurz darauf korrigiert in einem Gespräch mit einem General der Bundeswehr, der längere Zeit in „internationaler Verwendung" war. Nach Angaben des Generals war die Zusammenarbeit zwischen den US-Geheimdiensten und dem deutschen Bundesnachrichtendienst (BND) zum Thema Jugoslawien gut und erhielten die Deutschen spätestens seit September 1994 mindestens 90 Prozent aller nationalen Aufklärungserkenntnisse der USA. Bis September 94 hatten die Geheimdienste der USA und Großbritanniens sehr eng kooperiert. Doch dann erhob die Regierung in London öffentlich den Vorwurf, der CIA mische sich in Bosnien auf Seiten der mehrheitlich muslimischen Regierung von Präsident Alija Izetbegovic ein. Daraufhin reduzierte Washington die Kooperation mit London drastisch. Nach Angaben des Bundeswehrgenerals war der BND wegen seiner engen Zusammenarbeit mit dem österreichischen Heeresnachrichtendienst („Quasi ein Tochterunternehmen des BND") auch gar nicht unbedingt auf die Erkenntnisse von CIA und DIA angewiesen - zumindest was das Abhören von Telefongesprächen betrifft. Der österreichische Heeresnachrichtendienst hat in den Alpen an der Grenze zu Slowenien die modernste Abhöranlagen installiert, mit denen er weit über Ex-Jugoslawien die gesamte Balkanregion abhören kann. Die Erkenntnisse von BND, CIA und DIA würden in einem Abhörzentrum in der Nähe von Augsburg regelmäßig gemeinsam ausgewertet, erklärte der Bundeswehrgeneral.

Eine Überprüfung beim BND und anderen Quellen ergab eine Bestätigung sämtlicher Informationen des Generals.

Darüber hinaus erhielt ich die Information, daß auch der militärische Informationsdienst Frankreichs über die Angriffsvorbereitungen auf Srebrenica vorab informiert war, und daß diese Informationen zwar nicht offiziell an das UNPROFOR-Hauptquartier in Zagreb weitergeleitet wurden, sondern lediglich an den damaligen Oberbefehlshaber der UNPROFOR für ganz Ex-Jugoslawien, General Bernhard Janvier in seiner Eigenschaft als französischer Offizier. Weitere Recherchen ergaben: bereits auf einer Sitzung des UNO-Sicherheitsrats am 24. Mai 95 hatte Janvier dafür plädiert, Srebrenica und die anderen fünf UNO-Schutzzonen aufzugeben. Am 5. Juli, dem ersten Tag des serbischen Angriffs auf Srebrenica ebenso wie in den folgenden Tagen wurde Janvier insgesamt sechsmal vom Kommandanten der niederländischen UNPROFOR-Einheit in Srebrenica ersucht, NATO-Luftstreitkräfte zur Verteidigung der UNO-Schutzzone anzufordern. Diese Aufforderung wurde vom britischen UNPROFOR-Befehlshaber für Bosnien in Sarajevo ebenso unterstützt, wie von zahlreichen UNPROFOR-Offizieren im Hauptquartier in Zagreb. Janvier lehnte das Ersuchen fünfmal ab. Am Abend des 10. Juli - dem Vorabend der Eroberung - erhielt

Janvier einen Anruf aus dem Pariser Elysee-Palast mit der Order, keine NATO-Luftstreitkräfte anzufordern. Nach meinen Recherchen kam der Anruf von Präsident Jaques Chirac. Die bis heute gültige offizielle Version lautet hingegen, der damalige UNO-Generalsekretär Boutros Boutros Ghali und sein Sonderbeauftragter für Ex-Jugoslawien, Yasushi Akashi, hätten eine rechtzeitige Anforderung von NATO-Luftstreitkräften verhindert. Erst am Spätmorgen des 11. Juli, wenige Stunden bevor die serbischen Angreifer das Zentrum Srebrenica erobert hatten, forderte General Janvier eine eher symbolische NATO-Unterstützung an. Daraufhin bombardierten NATO-Kampfflugzeuge einen serbischen Panzer am Rande der Stadt und ein Artilleriegeschütz. Daraufhin drohte der bosnisch-serbische General Mladic, die in seiner Gewalt befindlichen niederländischen Blauhelmsoldaten der UNO „wie Schweine abzuschlachten". Erst auf diese Drohung hin - als Srebrenica längst erobert war - ersuchte der niederländische Verteidigungsminister Akashi(?), bis zur Befreiung der niederländischen Blauhelme aus serbischer Geiselhaft vorerst keine weiteren NATO-Lufteinsätze anzufordern.

Am 1. November 1995 veröffentlichte die „Taz" diese Rechercheergebnisse. Die beiden „Taz-Artikel" vom 16. Oktober und 1. November lösten vor allem in den USA intensive Recherchen der großen Zeitungen und elektronischen Medien aus (u.a. Washington Post, New York Times, CNN, ABC). Die Recherchen der „Taz" wurden in weiten Teilen bestätigt. Die Regierungen in Washington, Bonn und Paris haben bis heute keine klare Stellungnahme darüber abgegeben, geschweige denn ein Dementi. Das einzige Dementi kam vom Pariser Elysee-Palast: Der Anruf für General Janvier am Abend des 10. Juli 95 sei nicht von Präsident Chirac gekommen.

Auch das im Juni 98 erschienene umfangreiche und ansonsten sehr informative Buch des ehemaligen Chefvermittlers der USA in Bosnien und heutigen NATO-Botschafters Richard Holbrooke („Meine Mission - der Krieg in Bosnien") liefert keinen Aufschluß über das Kapitel Srebrenica. In Sarajevo hat inzwischen eine offizielle Untersuchung der damaligen Ereignisse begonnen.

'Bonne Recherche' oder: die verhüllte Enthüllung

Heinz Suhr

Nee, nee, der P. ist völlig zuverlässig, kannste einen drauf lassen. Der hat mir gestern unter dem vertraulichen Siegel der absoluten Verschwiegenheit erzählt, daß die N. vor der Wahl noch den Persönlichen hochhieven will.“ Umgehender Griff zum Telefon nach der zufälligen Begegnung im Regierungsviertel.

Der Personalrat des Ministeriums: “Also, gehört habe ich da schon was, aber es gibt nix Schriftliches. Und rausgeben können wir eh nichts, Datenschutz.“ „Würden Sie denn was vor der Kamera ...“ „Ich? Nö, nö, dann heißt es, die Personalvertretung macht Wahlkampf. Kommen Sie nach der Wahl wieder vorbei, dann wissen wir's genauer.“ Leider interessiert es dann kein Medium mehr.

These 1: Die Relevanz einer Recherche ist eine Frage des Timings.

Bonn, so ist von in- und ausländischen Korrespondenten in der ehemaligen Hauptstadt zu hören, sei die „offenste Politzentrale, die es gibt.“ Ganz anders und nicht so abgeschottet wie etwa London, Washington, Paris, Moskau oder gar Peking und Tokio. Von wegen Raumschiff-Atmosphäre: Bonn war und ist so offen, weil die politische Klasse räumlich und personell eher dörflich strukturiert war. (Natürlich bleiben uns die Tellerrand-Gucker, die Möchtegern-Profilierer und die Wichtig-Wichtig-Tuer auch in Berlin erhalten.) Aber die ergiebigste Quelle ist der deutsche Beamte unter zwei Voraussetzungen: 1. Man muß ihm versichern, daß man das Berufsbeamtentum nicht abschaffen will und 2. , daß man selbstverständlich von der Pressestelle die Genehmigung eingeholt habe, mit ihm zu sprechen und daß man außerdem den Minister persönlich kennt. Das führt uns zum nächsten Ansatz.

These 2: Überwinde die Pressestellen und nähere Dich informativeren Quellen!

Eine wahre Begebenheit zur Illustration: Vor etlichen Jahren gelang es dem Autor, an der Pressestelle des Verteidigungsministeriums vorbei den zuständigen Referenten für Umweltschutz bei der Bundeswehr an die Strippe zu kriegen, der von Herzen froh war, jemandem von der Wichtigkeit seiner Aufgabe berichten zu können. In den rund 600 Mio. DM für 'Umweltschutz', so erfuhr der Rechercheur, sei auch das Rasenmähen vor Offirierswohnungen (25 mal im Jahr) und das Rattengift für die 5000 Liegenschaften der Bundeswehr enthalten. Eine hübsche Geschichte, die in einem bekannten

Nachrichtenmagazin unter der Überschrift „Rattengift von Wörner"(ehem. Verteidigungsminister) ihren Niederschlag fand und leider den Informanten die nächste Beförderung kostete. Jeder, der in seinem Leben offiziellen Pressestellen Informationen abringen mußte, weiß um das Problem der taktischen Verschweiger, freundlichst im Ton, nichtssagend in der Sache. Sprecherprofis lügen natürlich auch am Telefon ohne rot zu werden. Für den Bonner Rechercheur sehr hilfreich ist es, mit den Abgeordneten und den Ausschußsekretären des jeweiligen Fachausschusses zu telefonieren, bevor man die amtliche Stellungnahme des Ministeriumssprechers einholt.

Ein Beispiel: Als zur Olympiade '94 in USA eine Initiative 'Atlanta plus' Furore machte, die sich um benachteiligte Sportlerinnen in islamischen Ländern kümmerte, war im Büro des CDU-Abgeordneten Heiner Geißler ziemlich leicht an die Berichte deutscher Botschafter aus dem arabischen Raum heranzukommen. Darin war detailliert beschrieben, welchen Restriktionen die Olympionikinnen dort unterworfen werden. Der Sprecher des Auswärtigen Amtes hatte keine Probleme damit, zu erklären, es gebe keine Berichte der Botschaften zu diesem Problem, um die deutsch-iranischen Beziehungen nicht zusätzlich zu belasten. Konfrontiert mit den Fakten, erklärte er pflichtgemäß auch nach tagelanger Wartezeit, nichts von diesen Berichten seines Ministeriums zu kennen.

These 3: Glaube keiner Pressestelle, bevor du nicht die Bestätigung Dritter hast.

Neben den Kollegen und den Beamten sind die wichtigsten Bonner Recherche-Quellen die Abgeordneten- und Fraktionsmitarbeiter, vornehmlich der Opposition. Sie erarbeiten Kleine und Große Anfragen, beobachten akribisch alle Beteiligten eines Themas und sind in aller Regel kompetenter als ihre Abgeordneten. In sitzungsfreien Wochen, wenn sich die Volksvertreter auf Feuerwehrfesten die Beine vertreten, haben sie auch genügend Zeit, Hintergrundinformationen zu liefern, ohne vom MdB allzu oft gestört zu werden.

Bei den Abgeordneten ist es häufig so, daß das Profilierungsstreben im umgekehrten Verhältnis zur gefragten Kompetenz steht. Je mehr Hinterbänkler, desto mediengeiler - ist allerdings der Grundsatz bei der Suche nach Sommerloch-Themen. Sie eröffnen auch dem unbekannten Parlamentarier die Chance, auf die Titelseiten etwa mit der Forderung nach einem Radfahrer-Führerschein zu kommen.

These 4: Wie setze ich ein Thema durch Recherche?

Auch in Bonn liegen die „Vertraulich"-Papiere aus den verschiedenen Quellen nicht immer so am Thekenrand. Deshalb fischt man in trüben Zeiten am einfachsten in einem Teich mit zwei Angeln: Durchschlagende Meldungen lassen sich häufig recherchieren, wenn man zu einem selten diskutierten, aber brisanten Thema unterschiedliche, vom Mainstream abweichende Meinungen aus einem politischen Lager einholt. „Streit bei ..." läuft immer gut. Es soll auch Journalisten geben, die schon die Reaktion auf die Reaktion der Aktion einholen, um ihr Thema „zu setzen".

Allerdings werden auch von Ministern Akzente in die Welt gesetzt - durch bestellte Fragen bei sympathisierenden Journalisten. Manchmal werden so auch offiziell falsche Fährten gelegt, um die Meute in die falsche Richtung schnüffeln zu lassen.

These 5: Enthüllung ohne Scheckbuch

Erfolgversprechend für Hintergrundgeschichten ist die kombinierte Recherche. Sie beginnt häufig mit wissenschaftlichen Studien kurz vor ihrer Fertigstellung, mit Informationen aus Staatsanwaltschaften, Untersuchungsausschüssen oder aus der Abgeordnetenpost über Mitarbeiter. Vor Veröffentlichung sammelt man reihum den politischen Stand der Debatte in der Administration, in Pro- und Contra-Organisationen und Stimmen Betroffener. Alles kühl gequirlt und heiß serviert mit prickelnden neuen Formulierungen alter Geschichten - und fertig ist die verhüllende Bonner Enthüllung, die das hochverehrte Publikum im Wochenrhythmus schüttelt.

Adenauer und die Banane - oder wie der alte Kanzler zu einem neuen Zitat kam

Helmut Lorscheid

Nein, meinte der Redakteur vom Dienst, nein - er wolle, im Gegensatz zu seinem Vorgänger RvD aus der vergangenen Woche, kein ernstes Stück über die neue Bananenmarktordnung der Europäischen Kommission. Eine Glosse - das wär's. Für uns, meine Kollegin Elke Bröder und mich, bedeutete dies: Neues Konzept, alles umstricken, die Interviewpartner austauschen oder auf ihre „Glossentauglichkeit" hin überprüfen. Was, so die Frage der Autoren, wird mit dem historischen Aspekt - Adenauers Kampf für die zollfreie Banane? Den, so findet der Redakteur, wolle er auf jeden Fall, nur eben nicht so ganz ernst, mehr glossierend. Die freien Autoren gehorchen: Adenauer, Banane, Europäische Wirtschaftsgemeinschaft - alles ein bißchen lustig. Sollte er haben.

Neue Recherche - diesmal eben für eine Glosse. Bundeskanzler Konrad Adenauer - so wußte eine Sprecherin des Fruchthandelsverbandes - habe wie ein Löwe für jene Sonderregelung gekämpft, die den Nachkriegsdeutschen im Westen eine zollfreie Einfuhr der Bananen ermöglichte. Der Altkanzler soll sogar 1957 die Unterzeichnung der Römischen Verträge zur Gründung der Europäischen Wirtschaftsgemeinschaft um einen Tag verzögert haben, um gegen alle Widerstände der künftigen europäischen Partner doch noch die so heiß geliebte gelbe Frucht billig aus südamerikanischen Ländern importieren zu können.

Wie ein Zitat entstand

Darüber müßte es doch irgendeine Aussage geben, vielleicht ein Adenauer-Zitat aus einem Interview oder aus einer Rede im Bundestag. Die Suche dauerte Tage. WDR-Pressearchiv - Fehlanzeige, Schallarchiv - auch nichts. Filmarchiv? Wochenschau? Nur Aufnahmen von der Vertragsunterzeichnung in Rom und aus der danach folgenden Bundestagsdebatte. Die Suche nach möglichen O-Tönen Adenauers zu seinem heroischen Kampf für die billige Tropenfrucht blieb vergeblich. Pressearchiv Bundestag, Sach- und Sprechregister des Bundestages (wo alle Plenarreden erfaßt sind) - Fehlanzeige. Trotz der damaligen Halsstarrigkeit des Kanzlers - keine Aussage zur Banane auffindbar. Letzte Hoffnung - die Konrad-Adenauer-Stiftung. Den Stiftungsarchivaren ist zwar der siegreiche Einsatz des CDU-Patrons geläufig. Zitate des Altkanzlers zur Banane sind jedoch keine zu finden.

Was bleibt - aus dem Vorhandenen das Mögliche machen - schließlich wird's eine Glosse und kein ernstes Stück. Also etwa so: Adenauer in Rom, bei der Unterzeichnung der Römischen Verträge, anschließend im Parlament, „der Alte“ in seinem Rosengarten in Rhöndorf. Adenauer beugt sich über eine Pflanze - das ist es! Dazu der Hamburger Fruchthafen, damals wurden dort noch komplette Fruchtstauden ausgeladen. Und so wurde es gesendet : Adenauer im Garten, gebeugt über einen Setzling dazu der Text „Der eigene Anbau ging zwar daneben.“ Adenauer geht aus dem Garten - Schnitt - Bananenimport in Hamburg. „Also holte Konrad Adenauer die Bananen aus Lateinamerika - und zwar zollfrei.“ Vertragsabschluß in Rom. Kommentar: „Die Europäische Wirtschaftsgemeinschaft wollte Adenauers zollfreie Frucht nicht. Da sprach der Kanzler ein Machtwort.“ Adenauer vor dem Bundestag - anläßlich der Debatte über die Europäische Wirtschaftsgemeinschaft, O-Ton Adenauer: „Sie ist eine Hoffnung für viele und eine Notwendigkeit für uns alle“. Adenauer sprach natürlich über die Wichtigkeit der EWG - und nicht etwa über die Banane - diese Selbstverständlichkeit erschloß sich aus dem Gesamtbeitrag ebenso wie die Tatsache, daß Adenauer Rosen züchtete und nicht etwa versuchte Bananen anzubauen. Zudem enthielt der Beitrag Zeichentrick-Elemente und gespielte Szenen, in denen ein vermeintlicher EU-Beamter an seinem mit Bananenschalen überdeckten Schreibtisch sitzt und mit der Lupe Bananen auf ihre Herkunft hin überprüft. Kurzum - der Beitrag war als „nicht ganz ernst gemeint“ deutlich zu erkennen. Daß bei einem Film - bei einer Glosse - Text und Bild zusammengehören, könnte sich insbesondere unter Journalisten herumgesprochen haben. Eine Selbstverständlichkeit - so dachte ich.

Ein ZEIT- Redakteur redigiert

Weil das Thema „Neue Bananenmarktordnung“ gerade aktuell war, fragte als erster die Redaktion des Stern an. Der Grund: Wir hatten in unserer Glosse auch die offiziell von allen Seiten in ihrer Existenz gänzlich bestrittene, weil sehr verärgerte Korrespondenz zwischen dem „Enkel Adenauers“, Bundeskanzler Kohl, und dem damaligen EU-Kommissionsvorsitzenden Jacques Delors veröffentlicht. Die Sternredaktion bekam Kopien dieser Briefe ebenso wie den Text der Glosse. Das hatte Folgen. Im Heft 46/1992 erschienen vier bunte Seiten über „Die Deutschen und ihre Kultfrucht - Alles Banane“. Auf der dritten Seite war zu lesen: „Adenauer erhob die Banane in einer zittrigen Bundestagsrede gewissermaßen zur Mutter Teresa unter den Südfrüchten: Sie ist eine Hoffnung für viele und eine Notwendigkeit für uns alle!“

Ein neues Adenauer-Zitat war geboren. Und wie das mit Zitaten so ist, sie werden halt zitiert. Beispielsweise im Beiheft der Hamburger Wochenschrift mit dem Anzeigenteil für Hochschulabsolventen - richtig: im Zeitmagazin. Darin widmeteten sich zwei freie Autoren ebenfalls auf vier Seiten „dem sauberen Früchtchen“. Auf der letzten Seite folgender Satz: „Im Zusatzprotokoll 10 des EWG-Gründungsvertrages ist - immer noch - ein zollfreies Kontingent für Bananen vorgesehen. ‚Die Banane ist eine Hoffnung für viele und eine Notwendigkeit für uns alle!', erklärte der volksnah-gewitzte Kanzler damals vor dem deutschen Bundestag..."

Nicht weil es sich bei dem „Deutschen Bundestag" um einen Eigennamen handelt, der auch im „Zeitmagazin" richtig - nämlich mit großem „D" - geschrieben werden sollte, nein weil mir die Veränderung im ohnehin vermeintlichen Adenauer-Zitat so gut gefiel, begann ich am 11. Januar 1993 meine Recherche zur Nicht-Recherche meiner Berufskollegen und fragte, mit maschinengeschriebenen Briefkopf, als unbedeutender freier Journalist bei der Redaktion des Magazin an : „Sehr geehrte Damen und Herrn, sehr geehrter Herr K. (Name des Autors), in Ihrem interessanten Beitrag zitierten Sie den damaligen Bundeskanzler Adenauer mit dem Satz: ‚Die Banane ist eine Hoffnung für viele und eine Notwendigkeit für uns alle'. Ich habe mich im Parlamentsarchiv auf die Suche gemacht, konnte aber im erwähnten Jahr 1957 diese Aussage vor dem Bundestag nicht finden. Könnten Sie mir bitte die Quelle für diese doch interessante Aussage des Alt-Bundeskanzlers nennen? Für Ihre Antwort danke ich Ihnen vielmals." Wochen vergingen - ohne Antwort aus Hamburg.

Am 27. Januar 1993 eine erneute Anfrage: „Ich möchte noch mal - ebenso höflich wie dringlich - um Beantwortung meiner Frage nach Angabe der Quelle für das von Ihrem Autor angeführte Adenauer-Zitat bitten. Ich habe mittlerweile wirklich alle denkbaren Bonner Archive durchwühlt: Weder im Bundestag, noch bei der Adenauer-Stiftung, noch im Adenauer Haus oder im Bundespresseamt, ist diese, ich muß schon sagen - vermeintliche - Aussage Dr. Adenauers bekannt..." Als eine Antwort auch weiterhin ausblieb - ein telefonischer Versuch. Nein, man habe jetzt keine Zeit für mich, hieß es in der Redaktion des Zeitmagazin. Vertröstung auf die nächste Woche. Erneuter Versuch - ein leicht genervt klingender Redakteur erklärt mir, der Beitrag stamme von einem freien Autor, die Quelle für das Zitat sei aber seriös - es habe im Stern gestanden...

Wieso ich denn daran zweifle? Was ich denn eigentlich wolle? Wer ich denn sei? Nach Beantwortung dieser und weiterer, nicht gestellter Fragen, kam immerhin das Eingeständnis - nicht der Autor, - nein er, der Redakteur, habe redigiert - und so wurde aus dem Adenauer Zitat zur EWG (Sie ist eine Hoffnung für viele...) „Die Banane ist eine Hoffnung für viele..." Nachdem ich mich im weiteren Gespräch als einen der beiden Autoren der WDR-Glosse geoutet hatte, fragte mich der Redakteur recht unvermittelt, worüber ich denn im Zeitmagazin schreiben möchte? Vielleicht sollte ich dieses Angebot doch einmal aufgreifen. Denn daß das Zeitmagazin viel gelesen wird, war schon daran zu erkennen, daß diese neue, leicht redigierte Version des vermeintlichen Adenauer Zitats nun ebenfalls auf dem Markt der Abschreiber war. Im

Sender VOX gab es im Juni 1993 noch mal die „Sie ist eine...“- Version. Dafür stand in einem Kommentar der taz am 16. Juli 1993: ‚Die Banane ist eine Hoffnung für viele und eine Notwendigkeit für uns alle‘...schmetterte der Kanzler seinerzeit durch den Bundestag. Ein Satz, der 32 Jahre später wieder Geschichte machte, als die Bürger der DDR die Mauer durchbrachen und die rote Fahne gegen gelbe Bananen eintauschten...“ Es war nur die Kommentatorin der taz (heute beim Spiegel), die mich bei späterer Gelegenheit lachend aufforderte, die Geschichte des vermeintlichen Adenauer-Zitats doch bitte aufzuschreiben. Wer in Sachen „Bananen“ in diesem Land recherchiert, gelangt unweigerlich zum „Ersten deutschen Bananen-Museum“ in Sierksdorf bei Kiel. Von dort erhielt ich - leider erst einige Jahre nach Erscheinen eine weitere Verwendung des vermeintlichen Adenauer Ausspruchs.

Das „Zitat“ als Überschrift

Die „Neue Presse“ in Hannover überschrieb ihren Report in der Samstagsausgabe vom 20. Februar 1993: „Adenauer erkannte Bedeutung der Banane für die Deutschen: ‚Sie ist Hoffnung für viele und Notwendigkeit für alle‘“.

Der Autor eines ganzseitigen Reports über das innige Verhältnis der Bundesbürger zu „ihren“ Bananen konnte sich offenbar genau erinnern : „Es war eine große Stunde der Deutschen. Zittrig erhob der Kanzler den Finger und sprach zum Bundestag: ‚Sie ist eine Hoffnung für viele und Notwendigkeit für alle‘. Es war nicht die Freiheit, die er meinte. Nicht die Demokratie, die beschworen wurde und auch nicht die Marktwirtschaft. Vielmehr erhob Konrad Adenauer unter dem Applaus von Regierung und Opposition ein völlig undeutsches Erzeugnis zum nationalen Symbol: die Banane. Spätestens seit diesem denkwürdigen Tag des Jahres 1957 mußte aller Welt klar sein: Die Deutschen und die Banane, das ist eine Beziehung der ganz besonderen Art...“ Allein schon wegen des Gebrauchs der Formulierung „undeutsch“ hätte ich gerne auch mit diesem Kollegen gesprochen - er war leider nicht auffindbar. Dafür durfte ich erleben, wie das Adenauer-Zitat im November 1996 erneut im WDR-Programm auftauchte. Doch diesmal nicht in einer Glosse - sondern ernstgemeint in einem Verbrauchermagazin namens „Kostprobe - Tests und Tips für Ernährung & Haushalt.“ Der Autor hatte unsere Glosse aus dem WDR-Archiv entnommen und nach eigenem Bekunden nicht feststellen können, daß die Glosse eine solche und deshalb nicht ganz ernst gemeint war. Also flimmerte Adenauers Rede aus dem Jahr 1957 abermals über den Bildschirm, nur diesmal ganz ernst gemeint und blieb - zum Nachlesen für Bildungshungrige - erhalten im Begleitheft zur Sendereihe, erschienen im Walter Rau Verlag. Dort heißt es, angefangen habe es im Jahre 1957. „Konrad Adenauer, damals Bundeskanzler, schätzte die Banane sehr und verkündete: Sie ist eine Hoffnung für viele und eine Notwendigkeit für uns alle“.

Vielleicht sollte ich diesem Verlag auch mal schreiben. Denn - auf Seite zwei der „Hintergrundinformation zur Sendung“ werden die lieben Zuschauer aufgefordert, sich mit Themenvorschlägen, Anregungen und auch kritischen Anmerkungen an das Kostprobe-Team zu wenden. „Vielleicht wird aus Ihrer Zuschrift ja einmal ein Beitrag in Kostprobe. Wir sind gespannt darauf“.

Cindy und Bert und Peter Arnett

Walter Schumacher

Es war für die Heimat-Zeitung meiner Heimat-Stadt Kaiserslautern, und ich war Schüler und schrieb Lokal-Artikel. Ich war stolz. Journalismus war was Großes, Platz reserviert, Freikarte, die Getränke sind schon bezahlt; und begrüßt wurden extra vom Oberbürgermeister-Präsidenten-Vorsitzenden „nicht zuletzt die Vertreter der Presse“, das war einer, ich. Und das Zeilengeld war Taschengeld.

Im schönsten Saal der Stadt feierte eine Firma Jubiläum. Daraus wurde ein Aufmacher für die Lokalseite, denn die Firma inserierte wöchentlich. Ich durfte zum Termin. Die Reden waren lang und langweilig, und dann war da noch ein Show-Programm angekündigt. Also, ich war ja schon ein Profi und - so gut wie - Journalist, sechzehn Jahre alt und bereits ein Jahr bei der Pfälzischen Volkszeitung, ich mußte wirklich nicht bis zum Schluß bleiben, die Redakteure gingen auch immer früher.

Mein Bericht war prima Werbung für die Firma. „Den Höhepunkt des wunderbaren Gala-Abends bildete der Auftritt des berühmten Schlager-Duos Cindy und Bert, die das Publikum von den Sitzen rissen“. Der Lokal-Redakteur ist vom Stuhl gefallen. Weder Cindy noch Bert waren aufgetreten, sie hatten abgesagt, nur mir nicht. Der Redakteur nannte künftig oft das Wort „Recherche“.

Die Pointe meiner Geschichte folgt: Der Chef der Firma bedankte sich bei der Redaktion und bei mir für den großartigen Artikel - und daß ich nichts geschrieben hätte über die Absage von Cindy und Bert; das wäre ihm doch peinlich gewesen, wenn das auch noch in der Zeitung gestanden hätte. So waren alle happy, der Unternehmer, der Verleger, der Redakteur; und ich, weil ich diese Geschichte heute erzählen kann.

Cindy und Bert haben sich inzwischen getrennt und waren schon wieder zusammen, und die Pfälzische Volkszeitung war im Konzentrationsprozeß zum Tod verurteilt. Der Verleger hatte einen letzten Versuch unternommen, die Zeitung zu retten, und ein modernes Konzept bestellt, das ein Zeitungswissenschaftler erstellte. Es war ein unerhört dynamischer Typ, er hieß Peter Glotz und hat sich inzwischen auch - wie Cindy und Bert - getrennt, von einigen Frauen, Ämtern und Mandaten. Er ist auch kein Zeitungswissenschaftler mehr, vielmehr Medienwissenschaftler.

Recherche. Einer der berühmtesten Journalisten unserer Zeit, Peter Arnett, hat neulich ein Fernseh-Magazin moderiert - und drin einen Film, der schlecht recherchiert war. Wie verteidigt sich der legendäre Kriegs-Reporter? „Ich habe nur mein Gesicht zur Verfügung gestellt.“ In Amerika wurde eine Agentur zur Recherche von Recherchen gegründet.

„Recherche ist unverzichtbares Instrument journalistischer Sorgfaltspflicht", postuliert der Presse-Kodex, und irgendwie paßt der Satz nicht zu CNN und zu anderen Sendern mit drei Buchstaben.

Kommt ein Fernseh-Team aus Frankfurt nach Mainz in die Staatskanzlei, um Ministerpräsident Kurt Beck zu interviewen. Er kennt das Thema, nur das Team weiß es nicht, denn es wurde von der Redaktion in Köln beauftragt und hatte unterwegs noch ein anderes Statement abzudrehen - äh Hauptsache, das Ding war in der Hauptnachrichtensendung.

Ich schreibe nicht kulturpessimistisch, und bei journalistischen Veteranen-Treffen „kommt die Erinnerung", wie Cindy und Bert richtig sangen, und diese Erinnerungen taugen nicht für Volontäre.

Ruft ein Radio-Moderator in der Früh-Sendung einen Korrespondenten an, weil dpa aus seinem Land was meldet. Ich las ihm die Meldung vor, es war vor Erfindung des Fax, und Minuten später berichtete der Korrespondent authentisch und telephonisch, was dpa gemeldet hatte. Doch, ist passiert.

Der Zeit-Druck, der Konkurrenz-Druck in den Medien wird ärger. Schnelligkeit ist wichtiger als Gründlichkeit. Es werden einfach die Verlautbarungen als Meldungen genommen. Aber soll ich mich jetzt darüber beschweren, als Regierungssprecher mit täglichem Pressedienst?

Ja, wenn ich einmal aus dem Geschäft bin, wie Cindy und Bert, dann habe ich dafür Zeit.

Beruf: Unterwegs und zu spät. Recherchen über einen Rechercheur

Gero Gemballa

Ein Abgang der Business-Class. Zuerst werden die Beine weich, die Umgebung verschwimmt, Linien verlaufen plötzlich anders als zu erwarten. Hände und Füße werden kalt. Dann: Auf Wiedersehen. Eine resolute Adelige aus der Lufthansa-Lounge zeigte Kompetenz. Nicht zum ersten Mal lag ein Kunde mit dem Rücken auf dem Teppichboden, die Füße auf dem blauen Lederfauteuil, während sie in kleinen Dosen Coca-Cola anbrachte und auf die Sanitäter wartete. „So schnell stirbt es sich nicht, Gemballa", war die erste Bemerkung des Arztes. „Infarkt". Kein Wunder, wurde ich plötzlich belehrt: Zeitlebens keinen Tropfen Alkohol trinken, aber Filme über die Promillegrenze der Republik drehen, wo Rotwein doch so gut für's Herz sein soll. Kein Nikotin und (zur Verzweiflung so manchen Pressesprechers) immer nur Treppen steigen statt Aufzug. Blöd. Der Kardiologe jagte Konstrastmittel durch die Adern („Es wird ein bißchen warm, wie beim Drogen-Flash", kündigte er das Ereignis an, weil Reporter ja offensichtlich auch das schon hinter sich haben), zwei kleine Narben am Herzen. „Sie sollten Yoga machen" der Ratschlag. „Fühlen Sie sich wohl? Nein!

Recherche. Mehr als ein Jahrzehnt im Auftrag des Gebührenzahlers, jetzt in eigener Sache. „Hallo, gucken Sie doch mal in meine Karteikarte, was steht denn da?" Vegetative Dystonie (von Ärzten böse „VW" genannt, „vegitative Würstchen"), Synkopen. Zu niedriger Blutdruck. Zu hoher. Synkopen, so das Lexikon, sind ein Punkt und ein Strich, die Verlängerung eines Tonintervalls, in der Medizin: Bewußtseinsverlust. „Und was steht da noch?". „Depr." steht da. „Depr."?

Im Januar war ich mit einem Kollegen Reporter-Kollegen mit der Kamera hinterhergereist, sogenannten „Polizeireportern", Bluthunden. Kollegen, die verbrannte Erde hinterlassen und Bilder verkaufen, Leichen bevorzugt, am besten so abgedeckt, daß noch ein bißchen was zu sehen ist (nicht zu viel, denn das würde dann nicht gesendet), für kommerzielle und öffentlich-rechtliche Wettbewerbe, hochorganisiert mit eigenen Abhörzentralen für den Polizeifunk, rücksichtslos nicht nur im Straßenverkehr auf dem Weg zum Ereignis. Der Film ist bis heute nicht fertig.

Ob man es nun „Depr." abkürzt oder nicht. Da saß ich auf dem Land, blickte in die Landschaft oder in den Kamin, hob das Telefon nicht ab, öffnete keine Briefe, rasierte mich nicht, denn im Spiegel hätte ich ja vielleicht auch so ein Arschloch erkennen können, einen Bluthund eben, der verbrannte Erde hinterläßt. Auf jeden Fall aber jemanden, der, wäre er das Ziel eigener Recherchen, eine flotte illustrierte Abrechnung in Dreiundvierzig Dreißig Brutto abgeben würde. Grundrecherche: Jedes Jahr knapp dreitausend neue Adressen im Computer, Daten von Menschen, denen ich geschrieben, mit denen ich telefoniert, die ich getroffen habe. Anruflisten, auf denen gut zweihundert Namen standen, always being short. „Unterwegs und zu spät" als Berufsbezeichnung. Hübsche Plastikkärtchen von drei Fluggesellschaften. Goldige vom Autovermieter. Freundliche Angebote zum Upgrade, die immer dann kommen, wenn man sie nicht braucht. Punkte-Millionär mit dem Recht, im Ballon oder der Ju zu fliegen, Rent-a-Clock für 12 Personen in Anspruch zu nehmen. Einmal im Monat eine kleine Inspektion am Auto. Alle zwei Jahre ein neues. Eine freundliche Dame vom Finanzamt Köln-Mitte, die als Betriebsprüferin gerne wüßte, wie man an einem Tag an fünf Orten und in drei Ländern gewesen sein kann (und welche Aufwandspauschale dann zu nehmen ist)? Man kann. Die Lufthansa hilft, und Flughäfen bieten Konferenzräume, Hotels. Kein Problem. Das Abfragen als Sozialtechnik, im Kopf den vom Gesprächspartner begonnenen Satz schon beendet. Das heitere Beruferaten: Sieht die Person so aus, wie ich sie mir vorgestellt habe? Im Archiv Ein-Zoll-,U-Matic-,Betacam-Kassetten, Filmbüchsen und Tonbänder zu Hunderten, Pappboxen zu Treuhand, Subventionsbetrug, Steuerhinterziehung, Folter; Korruption, Repressionsinstrumente, Waffenhandel, Sekten, Banken, Söldner, Opus Dei, Engelwerk, Malteser, Johanniter, Lehrer, Alkohol, Kliniken, Abfindungen, Neonazis, Rattenlinie, Hollywood, Geschmacksverstärker, Medienpolitik, Betrüger, Barschel, Wege der Drogen, Europäische Gemeinschaft...

In mehreren hundert Umzugskisten (auf jeder der Aufdruck „Der gute Umzug - 20 kg sind genug") das „Archiv": Papier, Bücher, Zeitschriften, Zeitungen, Akten. In der Patientendatei beim Arzt die regelmäßig gesetzten Impfungen und einmal pro Jahr die große Inspektion, eine Vergiftung 1990, Schwächeanfall 1992, Kieferfraktur und lädiertes Gehörknöchelchen 1997. Und schließlich „Depr.". Ich werde nie arbeitslos, es gibt genug Schweine auf der Welt, habe ich immer frech behauptet, Leitz-Ordner auf Sackkarren gestapelt, bin hinter meinem Anwalt (und dem obligatorischen „Stempelanwalt", der am Gericht zugelassen war und für Ahnungslosigkeit genauso teuer bezahlt werden mußte wie der ahnungsvolle wirkliche Anwalt), dann in die Säle diverser Landgerichte gezockelt. Jedes Stück investigativer Journalismus ein Crash-Kurs in Urheber-Recht, Besonderheit Bundesrepublik Deutschland. Bald den geschärften Blick. Im Fernsehen wird uns in der Regel das angelsächsische Rechtssystem präsentiert, als Serie, als Spielfilm, als TV-Movie. In der Bundesrepublik sieht das ganz anders aus.

Da ist der Richter der „unvoreingenommene erste Zuseher" (ein Richter am Landgericht Saarbrücken, in der Unkenntnis, daß der Satz „Eine Zensur findet nicht statt" auch die Vorzensur umfaßt, fragte zur Entgeisterung von sechs teuren Anstalts-Juristen mal auf gut saarländisch: „Ei, junger Mann, könne ma das denn nit vorher angucke was sie da gefilmt hann?"). Stimmen die Daten, sind die Kläger auch antragsberechtigt? Wurden die Anlagen verfälscht (Kläger lieben unvollständige Anlagen, verwischte Fotokopien und „Sekretariatsfehler")? Wer sind die Beklagten (in der Regel elf ARD-Anstalten und ich als „Verfügungsbeklagter zu 12")? Wo wird geklagt? Geht die Redaktion, gehen die Sender mit? Spannend (Lästerer behaupten: spannender als der ausgestrahlte Beitrag) wurde es meistens nach der Ausstrahlung. Der Medien-Prinz, juristischer Prinzessinnen-Verteidiger, kämpfte für die Ehre seines vom Springer-Verlag mit Millionen abgefundenen „Bild"-Zeitungs-Prinzen-Vater. Die Millionenzahlung des Verlags sei dem Intimleben des Papa zuzurechnen. Ein dicker Schriftsatz als Erläuterung

Kajo Neukirchen, tja, arbeitslos seien viele geworden, er qua Abfindung über dem selben Vorgang zum Multimillionär. Aber das eine mit dem anderen in Verbindung zu bringen? Unterlassung gefordert bis zum...

Werner Mauss, Hauptberuf Vertrauensbruch und Lügen im Privat- und Staatsauftrag, wird in Kolumbien festgehalten, schafft es aber, in der Stuttgarter Kanzlei seines Anwaltes, der zufälligerweise Deutschlands bekanntesten Urheberrechtskommentar verfaßt hat und eng befreundet ist mit dem Justitiar einer großen deutschen Fernsehanstalt, eidesstattliche Versicherungen zu unterschreiben. In denen bestätigt der Mann, von dem ich gerne mal wüßte, wo er seine Millionen versteuert, die er als „Kriminalsachverständiger" erwirbt, was sein Anwalt will. Vorher die dringende Einladung ins Bundesamt für Verfassungsschutz. Das Amt, das eine Verfassung schützt, die auch Artikel 5 umfaßt, läßt den Hausjustitiar, den Redakteur und mich antanzen. Als ich meinen Anwalt mitbringe (der dann im Amt ständig mit „Gemballa" angesprochen wird, weil mein Gymnasiasten-Äußeres irgendwie nicht den Erwartungen der Verfassungsschützer entspricht, die gerne Müller heißen), macht sich Verwunderung breit: „Das hier findet nicht statt. Das ist gar kein Gespräch. Das ist alles vertraulich".

Während mir eine „hochrangige Person aus dem deutschen Sicherheitsbereich" erläutern will, wie gefährdet der „Kriminalsachverständige" Mauss doch sei, und daß er überhaupt nicht mit dem Tod von Dr. Dr. Uwe Barschel zu tun habe („alles pure Zufälle"), reicht dessen Anwalt gerade in Stuttgart Antrag auf einstweilige Verfügung ein. Die darauffolgende Gebührenrechnung: die Hälfte meines Honorars. Keine Erstattung vom Sender. Beruf oder Hobby? Beruf!

Die Macht und der Mißbrauch von Macht haben mich immer fasziniert. Wie schaffen es einzelne Menschen oder Gruppen, sich und andere zu bereichern, anderen ihren Willen aufzuzwingen, zu siegen, vielleicht sogar, was mich bei der ersten Recherche über seltsames Gebaren bei der Bundesversicherungsanstalt für Angestellte noch verblüffte, das Bundesverdienstkreuz ans Revers geheftet zu bekommen?

Bedarf für die große oder kleine Enthüllung ist da. Auch der Markt. In den zehn

Jahren, in denen die Fernsehkritiker zuerst den Untergang des Abendlandes ob des Aufkommens kommerzieller Sender beklagten, dann in jeder Kritik einen Absatz über die Einschaltquote des Produkts einschoben, um heute (zumeist) der Los-Angeles-Medienlogik zu entsprechen, wonach nur beachtet wird, was Quote bringt, denn das interessiert vermutlich auch die meisten Leser, in diesen zehn Jahren haben sich die Bedingungen für recherierenden Journalismus entscheidend verändert.

Pressefreiheit wird so verstanden, daß der oder die zu Beobachtenden die Freiheit haben, sich ihren Beobachter auszusuchen. Unverblümt wird nachgefragt, ob der Film positiv oder negativ ausfallen werde. „Was haben wir davon"? Der dezente Hinweis, daß (zum Beispiel) ein Milliarden-Unternehmen in einer demokratisch organisierten Gesellschaft, erst recht, wenn dort getroffene Entscheidungen Hunderttausende von Menschen beeinflussen, ein wenig zur Transparenz beitragen sollte, erweckt dann schnell den Verdacht, daß man irgendwie einer kommunistischen Splittergruppe angehört. Daß in einer immer komplexer werdenden Welt (Stichwort: Globalisierung) es immer schwieriger wird, Urheber von Entscheidungen auszumachen, daß manche Entscheidungswege (Beispiel: Europäische Gemeinschaft) so organisiert sind, daß Verantwortlichkeiten kaum mehr herzustellen sind, würde den Bedarf an gründlicher Recherche, Hartnäckigkeit und Unbestechlichkeit erhöhen. Dem ist aber nicht so. Denn je komplexer der Vorgang und je penetranter die zu erwartende nachträgliche juristische Auseinandersetzung, desto gefährlicher der Höllenritt, auf den man sich einläßt, erst recht, wenn man „fürs Fernsehen" arbeitet.

Komplizierte Vorgänge sollen nämlich einfach und leicht verständlich dargestellt werden. Gerne würde ich das ja. Aber die Filme müssen am Ende aussehen wie abgefilmte Leitz-Ordner, denn Richtern und Anwälten ist die Verständlichkeit einer Fernsehdokumentation ziemlich schnurz. Sie lesen Filme nämlich, sehen oder hören sie nicht. Sie bekommen den Film als Akt, verschriftet. Ob etwas geschnitten werden mußte, ob eine Dramaturgie eingehalten wurde, ob man sich um narrative Abfolge bemüht hat... im Gerichtssaal wird dann gefragt, warum man nicht noch das gesagt hat oder das, warum nicht hier relativiert wurde oder da. Besondere Spezialität ist dabei, daß man nach deutschem Recht auch für die Aussagen seiner Interviewpartner verantwortlich ist, sie sich mit dem Einarbeiten in den Film „zu eigen" macht. Die angelsächsischen Kollegen haben es da leichter. Die zeigen ihren Zeugen. Die Zeugen müssen dann auch zu ihrem Wort stehen.

Willkommen sind Menschen wie ich häufig nicht und immer seltener. Es hat mich zärter gemacht, nicht härter, daß ich bei jedem Zusammentreffen mit Gesprächspartnern (die fünf häufigsten Sätze: „Wie wird denn der Film?", „Kommen Sie rein, es ist aber gar nicht aufgeräumt", „Ich fotografiere mich so schlecht", „Was bekomme ich dafür, wenn ich mitmache", „Schicken Sie mir eine Kassette") mit den Bluthunden der

Branche identifiziert werde, sich aber frech auch jeder das Grundrecht auf Lüge (oder Verschweigen) herausnimmt. Unseriös sei mein Berufsstand, Lügen unter Antrieb, muß ich mir oft anhören, dabei gehören Menschen aus meiner Abteilung wie Richter, Steuerfahnder und Banker ohne Zweifel zu denen, die am häufigsten und am schamlosesten belogen werden. Die Folgen sieht man am Programm.

Das Grundkapital eines Mediums, das vor zwanzig Jahren noch als so seriös wie die Regierungssprecher angesehen wurde (das war vor Hauser), nämlich das Vertrauen, das man ihm zumaß, ist verbraucht worden auf dem Weg vom Quality- zum Quantity-TV. Die zweite Generation der Fernsehkinder weiß längst, wie Fernsehen entsteht. Die hat die oft geforderte Medienkompetenz und goutiert manche erfolgreichen Programme auch mit der Lust am gut gemachten Schummeln. Beispiel: Die Fünf-Minuten-Dreissig über den vergewaltigten Ackergaul im Sauerland (gab es, gleich auf drei Sendern). Es gibt ganze Programmgenres, an denen kann man schon am Berichtsgegenstand erkennen, wer sie sich anguckt. Die Skandale und Skandälchen bewegen sich in einer bestimmten sozialen Schicht, berichtet wird für und über Menschen, die, wenn sie verbraucht und verheizt wurden, nicht zum Anwalt gehen (und nicht gehen können, denn sie haben für lächerliche dreihundert Mark alle ihre Rechte verkauft, manchmal sogar noch exklusiv). Kamen vor zehn Jahren nach einer Ausstrahlung (um 20.15 Uhr statt um 2.45 Uhr) hunderte, manchmal tausende Briefe, machen die Redaktion und mich heute fünzig, sechzig richtig glücklich. In der Republik gibt es ein Fernsehformat, das streckt das Programm, indem es die Menschen, über die im Film berichtet wurde, dann zur Sendung noch ins Fernsehstudio auf die Couch zum Moderator expediert. Das Konzept schließt damit sämtliche Themen aus, bei denen sich - was bei investigativen Themen heute die Regel ist - Menschen Reportern verweigern.

Wenn ich ein Buch aus dem Verlag, der einst Wallraff veröffentlicht hat, von Michael Born lese (früher hat Augstein im Knast Tagebuch geschrieben), um danach zu erfahren, daß der bald „wahre Geschichten" im Fernsehen anmoderieren soll, gibt's in meinem Herzen einen Punkt und einen Strich. Kompliziert und komplex sollte es nicht mehr sein. Daß heute so der Betrug ist, daß es teuer und aufwendig ist, sich selbst die Kompetenz zu verschaffen, einen Vorgang zu verstehen, manchmal über Jahre dran zu bleiben, das wird zwar anerkannt, aber nicht bezahlt. Ein investigatives Produkt liegt im Preis in derselben Höhe wie eine Reportage. Recherche wird in der Republik eigentlich nicht bezahlt. Also muß man querfinanzieren, von den fünf, sechs, sieben Alltagsbeobachtungen das Geld für das recherche-intensive Stück nehmen, Luft holen und behalten, anrecherchieren und eben manchmal auch wegwerfen. Teurer Müll. Und wenn es den dicken Prozeß gibt, zahlen.

Das Gerücht, pervers veranlagt zu sein (seit ich auch in Belgien lebe, erfreue ich mich der freundlichen Einstufung als einer päderastisch veranlagten Schreinemakers-Kopie des Steuerflüchtlings, dabei versteuere ich in der Republik, über die ich berichte, und ganz nebenbei auch noch einen Zweitwohnsitz und eine Betriebsstätte in Belgien), trifft hier zu. So wie jeder Mitarbeiter einer Reisekostenstelle quasi naturgemäß jede Reise mit der eigenen Urlaubsreisenschablone abrechnet und im Hotelaufenthalt nicht Notwendigkeit, sondern Luxus sieht, sind mental die Tausende, die eine Auftragsproduktion kostet, bei vielen eins mit dem Gewinn. Der Produzent/Autor ist flott Millionär. Unbemerkt spielt sich dann ab, wenn man einen Prozeß, dessen Streitwert künstlich auf sechzig Millionen Mark getrieben wurde, um ja die Kosten in Höhe steigen zu lassen, zwar durch mehrere Instanzen hindurch gewinnt, sich dazwischen aber, weil der Kläger nach jeder verlorenen Unterlassungsklage eine neue, leicht abgeänderte an einem neuen Gericht einbringt, die Kosten addieren und auf Antrag des unterlegenen Klägers ein Kostenurteil zustandekommt, daß zwar den Anwälten der ARD volle Kostenerstattung zuspricht, dem „Verfügungsbeklagten zu 12", also mir, nicht, denn ich hätte mich ja der Anwälte der ARD bedienen können und nicht eines eigenen Vertrauensanwalts. Weg war eine Eigentumswohnung. Abgerechnet wird, leider, leider, nach der Gebührenordnung.

Da kann ein Brief, dessen Inhalt man vielleicht sogar noch selbst entworfen hat, beim entsprechenden Streitwert schon mal so teuer werden wie ein neuer Golf. Selbst dran schuld. Ja. Wie weitermachen, wenn sich jeder verweigert, entsteht auch nur der Anschein, da würde eine Person antanzen, die nachfragt (manchmal sogar Fragen stellvertretend für Zuschauer stellt, selbst wenn sie die Antwort schon weiß)? Wie, wenn sich herumspricht, daß sich jemand um Unabhängigkeit bemüht? Wie, wenn man (hinter dem Rücken, aber man erfährt wirklich alles) erfährt, daß da ein von Berichterstattung Betroffener lästert, in dem investigativen Genre müsse man doch eigentlich mehr Geld verdienen, wenn man sich fürs Nichtveröffentlichen honorieren ließe? Wie, wenn man neunzig Prozent seiner Recherchen nicht präsentieren kann, weil sie entweder „zu kompliziert" oder eben nur schwer zu bebildern sind, wenn die spannendere Geschichte der Vorgang der Recherche ist? Wenn man Fakten am publikumswirksamsten nur noch als Fiktion verkauft, also zuerst ein „IV-Movie", eine Alltagsgeschichte dramatisiert, die dann in einer direkt im Anschluß ausgestrahlten „Back to Back"-Dokumentation als authentisch geadelt wird? Wie, wenn die einzigen Nachfragen zu Recherchen über „national befreite Zonen" in den neuen Bundesländern von einem öffentlich-rechtlichen und einem kommerziellen britischen Sender und von einem italienischen Staatssender kamen, zwei Jahre bevor im Dossier der „Zeit" das kleine Einmaleins der Hooligans aufgeschrieben wird?

So: Als Arschloch. Als der erste promovierte Diplom-Ingenieur der Berufsgenossenschaft für Feinmechanik und Elektrotechnik am Hohenzollernring 84 in Köln nachsehen wollte, wo die Feuerlöscher hängen (in die Berufsgenossenschaft für Verwaltung werden selbstverständlich auch Beiträge bezahlt), als mir die Sachbearbeiterin von der Künstlersozialkasse den Erlaß des Bundesarbeitsministers durchfaxte, in dem erklärt wird, daß Renten- und Krankenversicherungsbeiträge nicht alleine für die Leistung von Kameramann und Tontechniker bezahlt werden, sondern auch für die Kosten des angemieteten Equipments (wessen Rentenbeitrag wird in Deutschland eigentlich am Aufwand statt am Einkommen bemessen, die spätere Rente dann aber am Einkommen?), als man mir erklärte, (nachdem ich fünf Jahre vorher in den Betriebsprüfungsberichten eines großen Klinikkonzerns geblättert hatte und auch aus anderen Erfahrungen weiß, daß das Steuergeheimnis nur so geheim ist, wie das Finanzamt es will), daß auf Bewirtungsquittungen jeder Name und jede Anschrift eines Gesprächspartners und wahrhaftig auch das Thema zu benennen seien (also auch der Chef eines Finanzamtes für Steuerstrafsachen zum Beispiel oder der Anbieter für „Repressionsinstrumente"), als ich für zwei mal vier Jahre Betriebsprüfung für die schlichte Tatsache, daß eine Steuerberater-Mitarbeiterin anläßlich der Prüfung anwesend war, soviel zahlte wie eine anständige Dokumentation kostet (und auf meine Bemerkung, daß die Deutsche Bank AG seit 1986 keinen gültigen Steuerbescheid hat, den Hinweis erhielt, ich könne die Steuerberaterkosten von der Steuer absetzen), war ich reif. Ich wurde klein. Ich entließ. Ich kündigte. Ich löste auf. Mietverträge. Abonnements. Kameraverleih. Dann Punkt und Strich. Übrig sind zwei von ehemals zehn Mitarbeitern und drei ziemlich flotte und ziemlich komplizierte Computer.

Ich öffne wieder die Post und hebe den Hörer wieder ab. Ich habe mir den einen Monat freigehalten, den ich noch einmal in einer ausgesprochen häßlichen Uniklinik verbringen soll. Ich werde mich als privat Krankenversicherter über jeden einzelnen Rechnungsposten aufregen und wahrscheinlich darüber nachdenken, daß man da mal genauer hinschauen sollte. Ich habe für letztes und dieses Jahr die „Verpflegungsmehraufwendungen", die „Übernachtungskosten" einschließlich der „Pauschbeträge" abgerechnet, denn die Grundrecherche inklusive privater Statistik hat ein jahrelanges Geschenk an den Fiskus offenbart. Jetzt wird nichts mehr verschenkt. „Sie haben die Midlifecrisis". Hatte ich. Jetzt habe ich zudem Kontaktlinsen, meine ersten Motorradfahrstunden hinter mir, zwanzig neue Kochbücher, die Anmeldung zu drei Crashkursen, um Englisch, Französisch und Spanisch aufs Wunschniveau zu trimmen, ein Fahrrad, eine neue Badehose, Laufschuhe für Straßenasphalt und Waldboden („Was halten Sie von Anstrengungssport?") und endlich wieder Lust.

Es ist aufregend, nachzufragen, zu lernen, zu wühlen, zu kombinieren, immer auch ein bißchen Schauspieler zu sein, dran zu bleiben. Es lebe der Ideenhandel.

Es gibt viel zu erzählen, viel zu enthüllen, vielen auf die Finger zu schauen, auch wenn längst jeder jedem alles zutraut. Es wird noch ein bißchen schwieriger werden, es wird noch komplizierter, komplexer, juristisch verzwickter. Die Ästhetik wird teurer werden, die Recherchen auch. Es ist aber auch etwas leichter geworden. Das Internet spart den Weg in Bibliotheken und Archive. Am Ende ist bei aller Mediensoftware das Produkt, das für die Zuschauer den Charakter des Senders ausmacht, das journalistische Produkt. Und es wird der Sender sein, der unbestechlich, hartnäckig, manchmal stur, vielleicht sogar penetrant, kompromißlos und unerschrocken das erzählt, von dem viele vermuten, daß es so ist, von dem viele wollen, daß es nicht laut gesagt wird, von dem aber viele wissen sollen und wollen. Es ist eine Leidenschaft.

Das Internet und die journalistische Recherche

Dagmar Hovestädt

Das schöne, anarchistische und aufregende am Internet: Jeder hat Zugang, jeder kann Informationen bereitstellen.
Das schlechte, chaotische und nervende am Internet: Jeder hat Zugang, jeder kann Informationen bereitstellen.

Dennoch ist es ein Recherchemittel, kein unerhebliches, ein schnelles, von dem man sich nur keine Wunderdinge erwarten sollte. Und bei dem man fast alles finden kann, wenn man nur lange genug sucht ...

Begriffserklärungen
Suchdienste oder Suchmaschinen oder Search-Engines - das sind die Hauptwerkzeuge, Webpages im Internet zu finden. Man ruft sie über eine Webpage-Adresse auf. Der Rest erklärt sich von dort aus.

Kataloge: einige Suchdienste bieten Kataloge, d.h. sie haben Informationen nach Oberbegriffen organisiert; klickt man den Bereich „Natur und Technik" oder „Politik" an, gibt es weitere Verzeichnisse, die von vornherein die Suche erleichtern.

Retrieval Engines: sie funktionieren als Stichwortsuche; je besser man den Begriff einschränken kann, desto überschaubarer ist das Rechercheergebnis.

Optionen für die Suche (z.B. beim Suchdienst Yahoo!):
- Suche nach einer Wortgruppe: zusammenhängende Begriffe in Anführungszeichen setzen, Bsp: „Brandenburger Tor" - so werden nur Dokumente angezeigt, die beide Wörter in der Reihenfolge enthalten;

- Begriffe, die unbedingt vorkommen müssen, mit einem „+" verbinden, Bsp. Karte + USA; Dokumente, in denen USA, aber nicht Karte vorkommen, werden nicht gezeigt;

- Begriffe, die auf keinen Fall vorkommen sollen, mit „-" kennzeichnen, Bsp. Kohl - Helmut, erlaubt die Recherche zum Gemüse Kohl, ohne an Dokumente zum Kanzler zu geraten;

- Suche auf den Dokumententitel beschränken, Bsp. t:Jazz - zeigt nur Dokumente mit dem Wort „Jazz“ im Titel;

- Suche auf die URL, die Internet-Adresse beschränken, Bsp. u:Jazz - zeigt nur Dokumente mit dem Wort „Jazz"“ in der Internetadresse;

- Suche mit Platzhaltern (Wildcards), falls man die genaue Schreibweise nicht kennt, Bsp. Sreb* für Srebrenica;

- jede Kombination der Optionen ist möglich, die Abfolge muß jedoch korrekt sein: + - t: u: „“ *.

Auswahl an Suchdiensten

deutschsprachig:	www.Aladin.de	
	www.Crawler.de	
	www.Kolibri.de	
	www.Yahoo.de	
englischsprachig:	AltaVista	www.altavista.digital.com
	Excite	www.excite.com
	HotBot	www.hotbot.com
	InfoSeek	www.infoseek.com
	Magellan	www.mckinley.com
	NetLocator	www.nln.com
	Open Text	www.opentext.net
	WebCrawler	www.webcrawler.com
	The Websurfer	www.io.com/~derae
	Yahoo!	www.yahoo.com

Suche nach Experten

Im Internet kann man Experten suchen und auch erste (Recherche-)Kontakte via e-mail knüpfen. Manchmal geht das schneller und billiger, zumal wenn man im fernen Ausland nach einer Auskunft sucht.

Über die Suchmaschinen kann man selber nach Experten suchen. Universitäten haben fast alle Webpages, die das Suchen nach Instituten und Experten leicht machen.

Man kann aber auch Agenten beauftragen, an die man seine Anfrage per e-mail richtet und die dann einen Experten suchen. Manche dieser Dienste kosten allerdings Geld:

- Informationsdienst Wissenschaft	idw.tu-clausthal.de
- Ask The Expert:	www.askanexpert.com
- Yearbook of Experts	www.yearbooknews.com

Suche nach Telefon- bzw. Faxnummern

Auch hier gibt es Anbieter, zum Beispiel www.eu-info.com/inter/world.asp www.super.de

Recherchieren in Diskussionsgruppen

Es gibt ein Vielzahl an themenorientierten Nutzergruppen oder Newsgroups des Internet, die sich über alles und jedes austauschen. Auch das kann eine Recherchequelle sein.

Ein Werkzeug, um an diese Nutzergruppen zu kommen:www.DejaNews.com

Des weiteren kann man auch Alta Vista oder Excite nach Newsgroups durchsuchen, in der Rubrik „Usenet“ statt „www“, oder bei www.Reference.com oder sift.standford.edu nachschauen.

Und nicht vergessen: Das Internet ist ständig in Bewegung!

Quelle:

Homepage eines österreichischen Studenten:

http://unet.univie.ac.at/~a9304922/pub/ts-p2.htm

Literaturhinweise

Pierre Bourdieu, Über das Fernsehen, Frankfurt 1998

Mathias Brendel, Frank Brendel, Richtig recherchieren, Ein Handbuch für Journalisten, Rechercheure und Öffentlichkeitsarbeiter, Frankfurt 1998

Clasen, Wallbrecht, Rommerskirchen, Internet für Journalisten - Online-Recherche im Netz der Netze, Neuwied 1998

Frank Esser, Die Kräfte hinter den Schlagzeilen, Englischer und deutscher Journalismus im Vergleich, Freiburg/München 1998
(vgl. besonders Seite 116-129 mit spezifischen Hinweisen auf die Literatur zum Thema Investigativer Journalismus)

Hacker's Best Friend, Version III, CD-ROM, UTECH, Oldenburg 1998

Michael Haller, Recherchieren. Die Reportage. Das Interview. Drei Handbücher für Journalisten, München 1983-1991

Stefan Lambrecht, Professionelle Recherche im Internet, München 1998

Herbert Riehl-Heyse, Bestellte Wahrheiten, München 1989

Ele Schöfthaler, Recherche praktisch, Ein Handbuch für Ausbildung und Praxis, München 1998

Jochen Wegner, Recherche Online, Ein Handbuch für Journalisten, Frankfurt 1998

Autorenverzeichnis

„Leidenschaft Recherche“
Dr. Thomas Leif, Jahrgang 1959, ist Chefreporter Fernsehen im SWR-Landessender Mainz.

„Recherche-Methoden“
Frank Politz ist Hörfunk-Korrespondent für den Deutschlandfunk in Kiel.

„Investigativer Journalismus“ und
„Von Akten, Oibes und Vernichtung“
Dagmar Hovestädt, Jahrgang 1965. Studium in Mainz, USA und Berlin. Seit 1993 Redakteurin beim ARD-Magazin „Kontraste“ des SFB
Roland Jahn, Jahrgang 1953. Ausbildung in Jena. Ausbürgerung 1983. Seitdem als freier Journalist im Westen tätig. Seit 1991 Redakteur beim ARD-Magazin „Kontraste“ des SFB.

„Kann man recherchieren lernen ?“
Dr. Jürgen Friedrichs, Jahrgang 1939, Professor für Soziologie, Direktor des Instituts für Sozialforschung an der Universität zu Köln. Daneben seit zwanzig Jahren als Interview- und Recherche-Trainer für die ZFP und verschiedene Rundfunkanstalten tätig.
Ulrich Schwinges, Jahrgang 1949, Diplomsoziologe in Hamburg, Medienberater und seit zwanzig Jahren als Interview- und Recherche-Trainer für die ZFP und verschiedene Rundfunkanstalten tätig.

„Recherchieren bei einer Nachrichtenagentur“
Dr. Guido Rijkhoek arbeitet für die Nachrichtenagentur ap in Wiesbaden.

„Ich habe da meine Quellen ... “
Egmont Koch arbeitet als freier Fernsehproduzent u.a. für ARD und ZDF in Bremen.

„Die Entlarvung der Geheimwaffe >M<“
Christoph Maria Fröhder arbeitet als freier Fernsehproduzent in Frankfurt

„Die Struktur-Recherche“
Prof. Dr. Joachim Raschke ist Professor für Politikwissenschaft an der Universität Hamburg und Parteienexperte.

„Eine ganz normale Recherche“ und
„ Der Fall Barschel“
Leo Müller, Jahrgang 1959, begann seine journalistische Laufbahn beim WDR-Fernsehen und ist seit fünf Jahren Redakteur beim STERN. Er veröffentlichte zahlreiche investigative Beiträge und Serien und zeichnet mitverantwortlich für viele aufsehenerregende Enthüllungen, unter anderem die Aufdeckung der „Schubladen-Affäre“, die erste Aufklärung eines Stasi-Mordfalles („Bulettenmord“) sowie zahlreiche Berichte über illegale Rüstungslieferungen und Giftgas-Schmuggel in den Nahen Osten, die zu Verurteilungen führten.
Rudolf Lambrecht und *Dr. Peter Sandmeyer* sind Redakteure beim Stern.

„Der Bäderkönig und die CSU-Größen“
Oliver Merz ist Redakteur beim ARD-Magazin „Report Mainz“ (SWR).

„ Der Fall Schneider - ein journalistisches Lehrstück“
Harald Feller, Jahrgang 1951 Redakteur und Reporter beim Hessischen Rundfunk; Recherchen-Schwerpunkte: Organisierte Kriminalität, Innere Sicherheit.

„Versteckte Kamera und Telefonbluffs“
Herbert Klar, Jahrgang 1953, berufliche Stationen: Wirtschaftsredakteur bei Stuttgarter Nachrichten und Die Welt, SWF-Fernsehen u.a. Report- Baden-Baden, VOX, ARTE. Beiträge für diverse Fernseh-Magazine (Monitor, Kennzeichen D). Seit ’97: ZDF-Redakteur, Ombudsmagazin „mit mir nicht“.
Thomas Walde, Jahrgang 1963, berufliche Stationen: NDR, Radio Bremen TV, VOX-Fernsehen, ZDF-Frontal, seit 1997 Vertreter der Redaktionsleiterin beim ZDF-Ombudsmagazin „mit mir nicht!“

„Die Paten der Fleischmafia“
Udo Lielischkies und *Stefan Stuchlik* sind ARD-Korrespondenten in Brüssel.

„Von der Faszination von Wendegeschichten“
Christian Boos, ab 1992 Hauptstadtkorrepondent für den SFB. Seit 1995 beim politischen Magazin des ORB-Fernsehens. Ab 1980 Rundfunk- und

Fernsehjournalist. Ab 1989 Hörfunkreportagen und -berichte für den SFB und die ARD über die DDR seit 1990 Berichterstattung aus Brandenburg.

„Korruption im Kanal"
Dr. Werner Rügemer, Publizist, Köln. Mitglied von Transparency International und Business Crime Control. Bücher: Staatsgeheimnis Abwasser (1995), Wirtschaften ohne Korruption? (1996). Anerkennungspreis der Friedrich Vogel-Stiftung 1998 für den Report „Die legalen Mittäter - Finanziers und Profiteure der Organisierten Kriminalität".

„Recherche ist eine Tugend"
Matthias Drobinski arbeitet als Redakteur bei der Süddeutschen Zeitung in München.

„Über Tote und Lebende"
Holger Weinert arbeitet als Fernsehjournalist und Moderator (HR u.a.).

„Die heimliche Seuche"
Dr. Klaus Weidmann ist Redakteur beim ARD-Magazin „Report Mainz" (SWR).

„Böses Blut"
Dr. Irene Meichsner arbeitet als freie Journalistin und Autorin in Köln.

„Diamanten Fieber"
Wolfgang Degen ist Polizeireporter beim Wiesbadener Kurier.

„Der Fall Hagenuk"
Patrik Baab arbeitet als Redakteur beim NDR in Kiel.

„In anderen Köpfen denken können"
Franziska Hundseder arbeitet als freie Journalistin.

„Informanten im braunen Netzwerk"
Wolfgang Zehrt, Jahrgang 1964, fing mit 19 Jahren an für „Taz" und „Hamburger Rundschau" zu schreiben, studierte nebenbei Sozialwissenschaften und kam über Radio Hamburg zu radio ffn. Dort kündigte er 1993, um aus Überzeugung wieder als freier Journalist zu arbeiten - für den NDR, Die Zeit, Stern und die Woche. Themenschwerpunkte: Rechtsextremismus , Multimedia und Nahostkonflikt. Zweiter Schwerpunkt: Journalisten- und Volontärsausbildung, vor allem in den Bereichen Nachrichten, Reportage und Recherche. Außerdem: Geschäftsführer einer Hörfunk- und Multimediaproduktionsfirma.

„Ostpreußenreise"
Stefan Rocker arbeitet als Redakteur beim SWR Fernsehen.

„Ermittlung in mißtrauischer Luft"
John Sigfried Mehnert arbeitet als freier Autor in Bremen; er war Pressesprecher der Neuen Heimat.

„Recherche mit der Kamera"
Ernst Krell arbeitet als Kameramann für ARD, ZDF und private Sender.

„Was geschah wirklich in Srbrenica?"
Andreas Zumach arbeitet als Korrespondent u.a. der taz u.a. in Genf.

„Bonne Recherche"
Heinz Suhr arbeitet als freier Journalist in Bonn.

„Adenauer und die Banane"
Helmut Lorscheid, Jahrgang 1955, Journalist in Bonn.

„Cindy und Bert und Peter Arnett"
Walter Schumacher früher SWF3-Moderator, heute Regierungssprecher und Stellv. Chef der Staatskanzlei im Mainz.

„Beruf: Unterwegs und zu spät -
Gero Gemballa arbeitet als freier Fernsehproduzent in Köln (Bilder und Worte).

Forschungsjournal
Neue Soziale Bewegungen
ANALYSE MIT TIEFGANG
1/99 Zukunft der Menschenrechte
2/99 Regionalismus in Europa
3/99 Ratlose Politiker - Hilflose Berater? Politikberatung in der Krise
4/99 Soziale Bewegung im 21.Jahrhundert - Bewegungs-Delphi 2000
Jahresabonnement z.Zt. DM 65,-, Probeexemplar DM 5,- bei:
Westdeutscher Verlag · Postfach 15 46 · 65005 Wiesbaden

Medien und Kommunikation

Claudia Mast,
unter Mitarb. von Th. Barth, K. Exner, S. Gaschütz, W. Hess, H. Meyn, H. Orgeldinger, W. Orians, M. Popp und R. Theilmann
Berufsziel Journalismus
Aufgaben, Anforderungen und Ansprechpartner
1999. 341 S. Br. DM 29,80
ISBN 3-531-13340-3
Journalismus – ein Traumberuf? Jedenfalls bewerben sich immer mehr junge Menschen um einen Praktikanten- bzw. Volontariatsplatz oder gar eine Anstellung als Redakteur(in). Die Orientierung in diesem ausgesprochen vielfältigen Segment der Medienberufe fällt schwer. Der Band analysiert Aufgaben und Anforderungen für Journalisten in den 'alten' Medien Presse und Rundfunk, die neue Anforderungen stellen sowie in den 'neuen' Angeboten wie Online-Diensten und dem angrenzenden Berufsfeld Public Relations. Adressen für Ansprechpartner beim Berufseinstieg steigern den Nutzwert der Publikation.

Miriam Meckel
Redaktionsmanagement
Ansätze aus Theorie und Praxis
1999. 271 S. mit 22 Abb. und 2 Tab.
Br. DM 42,00
ISBN 3-531-12980-5
Ausdifferenzierung und Konkurrenzdruck im Medienmarkt sowie eine Fülle von neuen Medienangeboten haben dazu geführt, daß Redakteure neben der journalistischen Tätigkeit auch redaktionelle Managementaufgaben übernehmen: von der Ablauforganisation über Personalführung, Kostencontrolling bis zum redaktionellen Produktmanagement. Das Buch analysiert diese Veränderungen hinsichtlich der Probleme und Chancen, die eine zunehmende Verzahnung von journalistischer Qualitätssicherung und ökonomisch bestimmten Produktionsbedingungen mit sich bringt.

Christoph Neuberger / Jan Tonnemacher (Hrsg.)
Online – Die Zukunft der Zeitung?
Das Engagement deutscher Tageszeitungen im Internet
1999. 283 S. mit 15 Abb. und 44 Tab.
Br. DM 52,00
ISBN 3-531-13256-3
Aus Sicht der „alten" Medien sind neue Informations- und Kommunikationstechniken stets als Chance und Risiko zugleich gesehen worden. Entwicklung und Perspektiven des Engagements der Tageszeitungen im World Wide Web werden für Deutschland und die USA in diesem Reader vorgestellt.

Änderungen vorbehalten. Stand: Januar 1999.

WESTDEUTSCHER VERLAG
Abraham-Lincoln-Str. 46 · D - 65189 Wiesbaden
Fax (06 11) 78 78 - 400 · www.westdeutschervlg.de